高校经典教材同步辅导丛书

经济数学——概率论与数理统计（第三版）同步辅导及习题全解

主编 钱颖

中国水利水电出版社
www.waterpub.com.cn

·北京·

内 容 提 要

本书是与高等教育出版社出版、吴传生主编的《经济数学——概率论与数理统计》（第三版）一书配套的同步辅导和习题解答辅导书。

本书共有十章，分别介绍随机事件的概率、一维随机变量及其分布、多维随机变量及其分布、随机变量的数字特征、大数定律和中心极限定理、样本及抽样分布、参数估计、假设检验、线性回归分析与方差分析、Excel 软件在统计分析中的运用。本书按教材内容安排全书结构，各章均包括本章知识结构图、知识点归纳、典型题型归类、习题全解、总习题五部分内容。针对各章节习题给出详细解答，思路清晰，逻辑性强，内容详尽，简明易懂，循序渐进地帮助读者分析并解决问题。

本书可作为高等院校学生学习《经济数学——概率论与数理统计》（第三版）课程的辅导教材，也可作为考研人员复习备考的辅导教材，同时可供教师备课命题作为参考资料。

图书在版编目（ＣＩＰ）数据

经济数学概率论与数理统计（第三版）同步辅导及习题全解 / 钱颖主编. -- 北京：中国水利水电出版社，2017.4（2019.2 重印）

（高校经典教材同步辅导丛书）

ISBN 978-7-5170-5277-7

Ⅰ．①经… Ⅱ．①钱… Ⅲ．①经济数学－高等学校－教学参考资料②概率论－高等学校－教学参考资料③数理统计－高等学校－教学参考资料 Ⅳ．①F224.0②O21

中国版本图书馆CIP数据核字(2017)第065427号

策划编辑：杨庆川　责任编辑：李 炎　加工编辑：高双春　封面设计：梁 燕

书　名	高校经典教材同步辅导丛书 经济数学——概率论与数理统计（第三版）同步辅导及习题全解 JINGJI SHUXUE——GAILÜLUN YU SHULI TONGJI（DI-SAN BAN）TONGBU FUDAO JI XITI QUANJIE
作　者	主编 钱颖
出版发行	中国水利水电出版社 （北京市海淀区玉渊潭南路 1 号 D 座　100038） 网址：www.waterpub.com.cn E-mail：mchannel@263.net（万水）　　　　sales@waterpub.com.cn 电话：(010) 68367658（营销中心）、82562819（万水）
经　售	全国各地新华书店和相关出版物销售网点
排　版	北京万水电子信息有限公司
印　刷	三河市祥宏印务有限公司
规　格	170mm×227mm　16 开本　15.5 印张　310 千字
版　次	2017 年 4 月第 1 版　2019 年 2 月第 2 次印刷
定　价	26.50 元

凡购买我社图书，如有缺页、倒页、脱页的，本社营销中心负责调换

前 言
PREFACE

　　吴传生主编的《经济数学——概率论与数理统计》(第三版)以体系完整、结构严谨、层次清晰、深入浅出的特点成为这门课程的经典教材,被全国许多院校采用。

　　为了帮助读者更好地学习这门课程,掌握更多的知识,我们根据多年的教学经验编写了这本与此教材配套的《经济数学——概率论与数理统计(第三版)同步辅导及习题全解》。本书旨在使广大读者理解基本概念,掌握基本知识,学会基本解题方法与解题技巧,进而提高应试能力。本书作为一种辅助性的教材,具有较强的针对性、启发性、指导性和补充性。考虑到《经济数学——概率论与数理统计》(第三版)这门课程的特点,我们在各章内容上作了以下安排:

　　1. 知识结构图。系统全面地涵盖了本章的知识点,使学生能一目了然地浏览本章内容的框架结构。

　　2. 知识点归纳。对每章知识点做了简练概括,梳理了各知识点之间的脉络联系,突出各章主要定理及重要公式,使读者在各章学习过程中目标明确、有的放矢。

　　3. 典型题型归类。该部分选取了一些具有启发性或综合性较强的经典例题,对所给例题先进行分析,再给出详细解答,意在抛砖引玉。

　　4. 习题全解。教材中课后习题丰富、层次多样,许多基础性问题可从多个角度帮助学生理解基本概念和基本理论,促其掌握基本解题方法。我们对教材的课后习题也给出了详细的解答。

　　5. 总习题。对教材的总习题给出了详细的解答。

　　由于时间较仓促,编者水平有限,难免书中有疏漏之处,敬请各位同行和读者给予批评、指正(yapai2004@126.com 或微信 JZCS15652485156)。

编者

2017 年 2 月

目 录
contents

目 录
contents

第一章

随机事件的概率

本章知识结构图

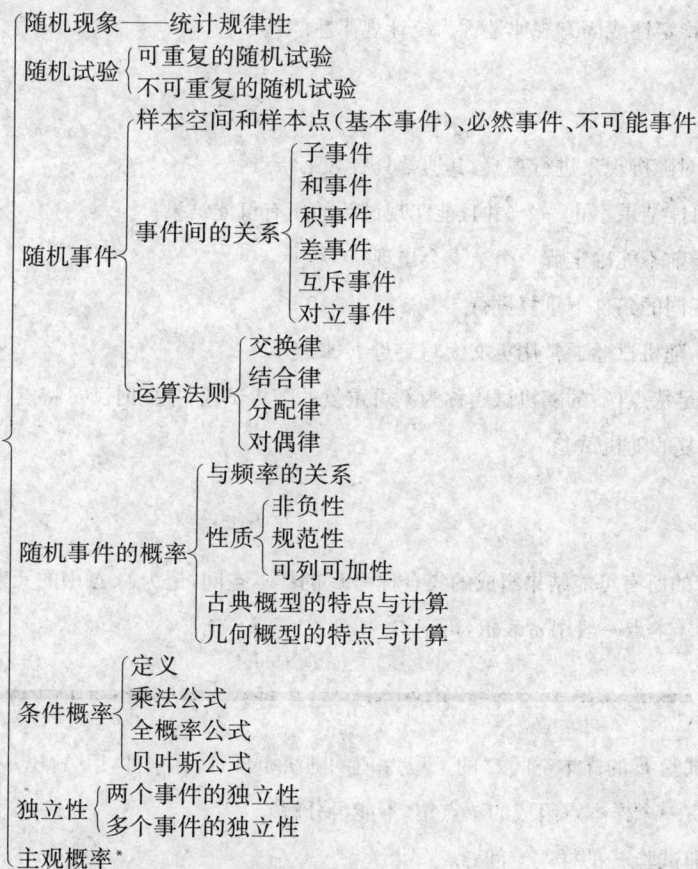

```
随机现象——统计规律性
随机试验┌可重复的随机试验
        └不可重复的随机试验
        样本空间和样本点(基本事件)、必然事件、不可能事件
                    ┌子事件
                    │和事件
        事件间的关系┤积事件
                    │差事件
                    │互斥事件
                    └对立事件
随机事件
                    ┌交换律
        运算法则    ┤结合律
                    │分配律
                    └对偶律
                    ┌与频率的关系
                    │    ┌非负性
        随机事件的概率┤性质┤规范性
                    │    └可列可加性
                    │古典概型的特点与计算
                    └几何概型的特点与计算
                ┌定义
        条件概率┤乘法公式
                │全概率公式
                └贝叶斯公式
        独立性┌两个事件的独立性
              └多个事件的独立性
        主观概率*
```

知识点归纳

■ 随机试验与样本空间

1 随机现象

可以进行大量重复试验或观察,且其结果呈现出某种规律性的不确定现象.如在相同条件下,多次抛掷一枚均匀硬币,每次哪面朝上并不确定,但实际正面朝上的次数大约占到抛掷总次数的一半.

用 n 表示抛掷硬币的总次数,n_H 表示正面朝上的次数,$f_n(H) = \dfrac{n_H}{n}$ 表示出现正面的次数占抛掷总次数的比例,随着试验次数的增加,$f_n(H)$ 的值将逐渐稳定于 0.5.随机现象的这种在大量重复试验中呈现出来的稳定性或固有规律性称为统计规律性.

2 随机试验

随机试验指对随机现象进行观察,其通常具有如下特点:

(1)试验的可能结果不止一个,并且能实现试验的所有可能结果;

(2)进行试验前不能确定哪一个结果会出现;

(3)可以在相同的条件下重复进行.

在概率论中,随机试验通常用英文大写字母 E 来表示.

我们把不满足特点(3)的随机试验称为不可重复的随机试验,把同时满足特点(1)、(2)、(3)的随机试验称为可重复的随机试验.

3 样本空间

随机试验 E 的所有可能结果组成的集合称为 E 的样本空间,记为 Ω. Ω 中的元素(即 E 的每个结果)称为样本点.样本点一般用 ω 表示,可记 $\Omega = \{\omega\}$.

■ 随机事件

一般地,称试验 E 的样本空间 Ω 的子集为 E 的随机事件,简称事件,用 $A,B,\cdots$ 表示.

基本事件:由一个样本点组成的单点集(不能再分解).

必然事件:即试验 E 的样本空间 Ω.

不可能事件:不包含任何样本点的集合,记为 ϕ.

> **例 1** 用集合的形式表示下列随机试验的样本空间与随机事件 A:抛一枚骰子,观察向上一面的点数;事件 A 表示"出现偶数点".

【解】 设该试验的样本空间为 Ω,则

$\Omega=\{1,2,3,4,5,6\},A=\{$出现偶数点$\}=\{2,4,6\}$.

■ 事件间的关系与运算

1 事件之间的关系

包含:若事件 A 发生必然导致事件 B 发生,则称事件 B 包含事件 A,记为 $A\subset B$.

相等:若 $A\subset B$ 且 $B\subset A$,则称事件 A 与事件 B 相等,记为 $A=B$.

互不相容:若 $A\cap B=\phi$,则称事件 A 与事件 B 是互不相容的,或者是互斥的.

2 五种事件

子事件:若 $A\subset B$,此时事件 A 是事件 B 的子事件,即事件 A 发生必然导致事件 B 发生.

和事件:事件 $A\cup B=\{\omega|\omega\in A$ 或 $\omega\in B\}$ 称为事件 A 与事件 B 的和事件.类似地,称 $\bigcup\limits_{k=1}^{n}A_k$ 为 n 个事件 $A_1,A_2,\cdots,A_n$ 的和事件;称 $\bigcup\limits_{k=1}^{\infty}A_k$ 为可列个事件 $A_1,A_2,\cdots,A_n,\cdots$ 的和事件.

积事件:事件 $A\cap B=\{\omega|\omega\in A$ 且 $\omega\in B\}$ 称为事件 A 与事件 B 的积事件.类似地,称 $\bigcap\limits_{k=1}^{n}A_k$ 为 n 个事件 $A_1,A_2,\cdots,A_n$ 的积事件;称 $\bigcap\limits_{k=1}^{\infty}A_k$ 为可列个事件 $A_1,A_2,\cdots,A_n,\cdots$ 的积事件.

差事件:事件 $A-B=\{\omega|\omega\in A$ 且 $\omega\notin B\}$ 称为事件 A 与事件 B 的差事件.即事件 A 发生,事件 B 不发生的事件.

逆事件:事件 $\Omega-A$ 称为事件 A 的对立事件或逆事件,记作 $\overline{A}$,即 $\overline{A}=\Omega-A$.

3 事件之间的运算规律

设 A、B、C 为三个事件,则有如下规律:

交换律:$A\cup B=B\cup A,A\cap B=B\cap A$;

结合律:$A\cup(B\cup C)=(A\cup B)\cup C,A\cap(B\cap C)=(A\cap B)\cap C$;

分配律:$A\cup(B\cap C)=(A\cup B)\cap(A\cup C),A\cap(B\cup C)=(A\cap B)\cup(A\cap C)$;

对偶律(德·摩根定律):$\overline{A\cup B}=\overline{A}\cap\overline{B},\overline{A\cap B}=\overline{A}\cup\overline{B}$.

例 2 设 A、B、C 是三个事件,用 A、B、C 表示下列事件:

(1)A 发生,B 与 C 不发生;(2)A、B、C 至少有一个不发生.

【分析】 (1)B 与 C 不发生,即 $\overline{B}$ 与 $\overline{C}$ 的积事件发生;(2)即 $\overline{A}$、$\overline{B}$、$\overline{C}$ 的和事件发生,也可以考虑用对偶律来表示.

【解】 (1)$A\overline{B}\,\overline{C}$;(2)$\overline{A}\cup\overline{B}\cup\overline{C}$ 或 $\overline{ABC}$.

■ 随机事件的频率与概率

1 事件的频率

频率:在相同的条件下重复进行了 n 次试验,如果事件 A 在这 n 次试验中出现了 n_A 次,则称比值 $\dfrac{n_A}{n}$ 为事件 A 发生的频率,记为 $f_n(A)$,即 $f_n(A)=\dfrac{n_A}{n}$.

频率的性质:

(1) 非负性:$f_n(A)\geqslant 0$;

(2) 规范性:$f_n(\Omega)=1$;

(3) 有限可加性:若 $A_1,A_2,\cdots,A_k$ 是一组两两互不相容的事件,则 $f_n(\bigcup\limits_{i=1}^{k}A_i)=\sum\limits_{i=1}^{k}f_n(A_i)$.

2 事件的概率

概率的公理化定义:设 E 是随机试验,Ω 是其样本空间,对 E 的每一个事件 A,将其对应于一个实数,记为 $P(A)$,称为事件 A 的概率,如果集合函数 $P(\cdot)$ 满足下列条件:

(1) 非负性:对任一个事件 A,有 $P(A)\geqslant 0$;

(2) 规范性:对必然事件 Ω,有 $P(\Omega)=1$;

(3) 可列可加性:设 $A_1,A_2,\cdots$ 是两两互不相容的事件,即对于 $i\neq j,A_iA_j=\phi,i,j=1,2,\cdots$,则有 $P(\bigcup\limits_{i=1}^{\infty}A_i)=\sum\limits_{i=1}^{\infty}P(A_i)$.

■ 概率的性质

性质 1 $P(\phi)=0$;

性质 2(有限可加性) 设 $A_1,A_2,\cdots A_n$ 两两互不相容,则 $P(A_1\cup A_2\cup\cdots\cup A_n)=P(A_1)+P(A_2)+\cdots+P(A_n)$;

性质 3 若事件 A 和 B 满足 $A\subset B$,则有 $P(B-A)=P(B)-P(A)$,$P(B)\geqslant P(A)$;

推论　对任意两个事件 A 和 B,有 $P(B-A)=P(B)-P(AB)$;

性质 4　对任意事件 A,$P(A)\leqslant 1$;

性质 5　对任一事件 A,有 $P(\bar{A})=1-P(A)$.

加法公式：对任意两个事件 A,B,有 $P(A\cup B)=P(A)+P(B)-P(AB)$.

例 3　设 A 和 B 为两个随机事件,证明:$P(AB)\leqslant P(A\cup B)\leqslant P(A)+P(B)$.

【证明】　$\because AB\subset A\cup B$,由性质 3 可得,$P(AB)\leqslant P(A\cup B)$.

又 $P(A\cup B)=P(A)+P(B)-P(AB)$.

而 $P(AB)\geqslant 0$.

$\therefore P(A\cup B)\leqslant P(A)+P(B)$.

综上可得:$P(AB)\leqslant P(A\cup B)\leqslant P(A)+P(B)$.

■ 等可能概型(古典概型)

等可能概型(古典概型)的定义：

若随机试验具有如下两个特征：

(1)试验的样本空间只含有有限个元素,即 $\Omega=\{\omega_1,\omega_2,\cdots,\omega_n\}$;

(2)试验中每个基本事件发生的可能性相同,即

$$P(\{\omega_1\})=P(\{\omega_2\})=\cdots=P(\{\omega_n\})$$

则该随机试验称为等可能概型或古典概型.

等可能概型(古典概型)中事件 A 的概率计算公式：

$$P(A)=\sum_{j=1}^{k}P(\{\omega_j\})=\frac{k}{n}=\frac{A \text{ 所包含的基本事件数}}{\Omega \text{ 中基本事件总数}}$$

例 4　掷两枚骰子,求事件 A 为出现的点数之和等于 3 的概率.

【分析】　一个随机试验联系一个样本空间,正确地写出试验的样本空间是解题的关键. 这里的一次试验是:先掷一枚骰子,记下所出现的点数 $i(i=1,2,\cdots,6)$;然后再掷另一枚骰子,记下所出现的点数 $j(j=1,2,\cdots,6)$,因而基本事件是 (i,j).

【解】　样本空间为 Ω

基本事件总数为 $n=N(\Omega)=36$,A 所含基本事件数为 $(1,2)$ 和 $(2,1)$,即 $k=N(A)=2$,则 P

$(A)=\dfrac{N(A)}{N(\Omega)}=\dfrac{2}{36}=\dfrac{1}{18}$

■ 几何概型

几何概型的定义:保留古典概型的等可能性,而允许试验的所有可能结果为直线上的一条线段,平面上的一区域或空间中的一立体等具有无限多个结果的情形,称具有这种性质的试验模型为几何概型.

几何概型中事件 A 的概率计算公式:

$$P(A) = \frac{A \text{ 事件的几何度量值}}{\text{样本空间的几何度量值}}$$

若在一个面积为 $S(\Omega)$ 的区域 Ω 中等可能地任意投点,此处"等可能"的含义是:点落入 Ω 中任何区域 A 的可能性的大小与区域 A 的面积 $S(A)$ 成正比,而与其位置和形状无关. 记事件 $A = \{$点落入区域 $A\}$,则有 $P(A) = tS(A)$,其中 t 为比例常数,由 $P(\Omega) = tS(\Omega) = 1$ 知 $t = \frac{1}{S(\Omega)}$,从而 $P(A) = \frac{S(A)}{S(\Omega)}$.

■ 条件概率

条件概率的定义:设 A 和 B 是两个事件,且 $P(A) > 0$,称 $P(B|A) = \frac{P(AB)}{P(A)}$ 为在事件 A 发生的条件下事件 B 发生的条件概率.

可以验证,条件概率 $P(\cdot|A)$ 满足概率公理化定义中的三条公理,即

(1)对每个事件 B,有 $P(B|A) \geqslant 0$;

(2)$P(\Omega|A) = 1$;

(3)设 $B_1, B_2, \cdots$ 是两两互不相容的事件,则有

$$P\left(\bigcup_{i=1}^{\infty} B_i \mid A\right) = \sum_{i=1}^{\infty} P(B_i \mid A)$$

根据具体的情况,可选用下列两种方法之一来计算条件概率 $P(B|A)$:

(1)在缩减后的样本空间 Ω_A 中计算;

(2)在原来的样本空间 Ω 中,直接由定义计算.

■ 乘法公式

乘法公式:设 $P(A) > 0$,则有 $P(AB) = P(B|A)P(A)$.

一般地,若 $A_1, A_2, \cdots, A_n$ 是 $n(n \geqslant 2)$ 个事件,且 $P(A_1 A_2 \cdots A_{n-1}) > 0$,则由归纳法可得:

$$P(A_1 A_2 \cdots A_n) = P(A_n | A_1 A_2 \cdots A_{n-1}) P(A_{n-1} | A_1 A_2 \cdots A_{n-2}) \cdots P(A_2 | A_1) P(A_1)$$

例5 有一个靶子,由甲先射一枪,射中的概率为 0.4,若甲没射中,则由乙射,乙射中的概率为 0.5,求靶子是由乙射中的概率.

【分析】 解此题要注意条件"若甲没射中,则由乙射",也就是说事件{乙射中}的条件是事件{甲没射中}发生,由此用条件概率及乘法公式来解答.

【解】 设事件 A 为甲射中靶子,事件 B 为乙射中靶子,则样本空间 Ω 为

$$\Omega = A \cup \overline{A}B \cup \overline{A}\,\overline{B}$$

且 $\qquad B = \overline{A}B, P(B) = P(\overline{A}B), P(B|A) = 0.5$

所以 $\qquad P(B) = 1 - P(A) - P(\overline{A}\,\overline{B}) = 1 - 0.4 - P(\overline{A})P(\overline{B}|\overline{A}) = 1 - 0.4 - 0.6 \times 0.5 = 0.3$

■ 全概率公式与贝叶斯公式

划分:设 Ω 为试验 E 的样本空间,$B_1, B_2, \cdots, B_n$ 为 E 的一组事件,若

(1) $B_i B_j = \phi; i \neq j; i, j = 1, 2, \cdots, n$;

(2) $B_1 \cup B_2 \cup \cdots \cup B_n = \Omega$.

则称 $B_1, B_2, \cdots, B_n$ 为样本空间的一个划分.

全概率公式:设试验 E 的样本空间为 Ω,A 为 E 的事件,$B_1, B_2, \cdots, B_n$ 是 Ω 的一个划分,且 $P(B_i) > 0 (i = 1, 2, \cdots, n)$,则

$$P(A) = P(A \mid B_1)P(B_1) + \cdots + P(A \mid B_n)P(B_n) = \sum_{i=1}^{n} P(A \mid B_i)P(B_i)$$

已知所有可能"原因"发生的概率,求"结果"发生的概率,这一类问题称为全概率问题,而全概率公式可以通过综合分析一个较为复杂的事件发生的各种不同原因、情况或途径及其可能性求得该事件发生的概率.

例6 某种产品由工厂的甲、乙、丙三个车间生产,它们的产量份额分别为 $\frac{1}{5}$、$\frac{2}{5}$、$\frac{2}{5}$,其次品率分别为 5%、4%、3%,现将他们生产的产品混放在一起,并从中任取一件产品,求它是次品的概率为多少?

【分析】 此题为非常典型且简单的全概率问题.

【解】 设 B_1、B_2、B_3 为任取一件产品,分别取到甲、乙、丙三个车间生产的产品的事件,设 A 为任取一件产品为次品,此处 B_1、B_2、B_3 构成样本空间的一个划分,由条件知道

$$P(B_1) = \frac{1}{5}, P(B_2) = \frac{2}{5}, P(B_3) = \frac{2}{5}$$

$$P(A|B_1) = 5\%, P(A|B_2) = 4\%, P(A|B_3) = 3\%$$

有 $P(A) = P(A|B_1)P(B_1) + P(A|B_2)P(B_2) + P(A|B_3)$

$$= \frac{5}{100} \times \frac{1}{5} + \frac{4}{100} \times \frac{2}{5} + \frac{3}{100} \times \frac{2}{5} = \frac{19}{500}$$

贝叶斯公式:设试验 E 的样本空间为 Ω,A 为 E 的事件,$B_1, B_2, \cdots, B_n$ 是 Ω 的一个划分,且 $P(A) > 0, P(B_i) > 0 (i = 1, 2, \cdots, n)$,则

$$P(B_i \mid A) = \frac{P(A \mid B_i)P(B_i)}{\sum_{j=1}^{n} P(A \mid B_j)P(B_j)} \quad (i = 1, 2, \cdots, n)$$

贝叶斯公式也称为"后验概率"公式.在已知结果发生的情况下,贝叶斯公式可以求得导致该事件发生的各种原因、情况或途径的可能性大小.

例 7 已知男人中有 5% 是色盲患者,女人中有 0.25% 是色盲患者.现从男女人数相等的人群中随机地挑选一人,恰好是色盲患者,问此人是男性的概率是多少?

【解】 令事件 $A = \{$随机地选一人是女性$\}$,对立事件 $\overline{A} = \{$随机地选一人是男性$\}$.因人群中男女人数相等,所以 $P(A) = P(\overline{A}) = \frac{1}{2}$,且 $A, \overline{A}$ 是样本空间的一个划分.事件 $C = \{$随机地挑选一人恰好是色盲$\}$.已知

$$P(C|A) = \frac{0.25}{100}, P(C|\overline{A}) = \frac{5}{100}$$

由全概率公式得

$$P(C) = P(A)P(C|A) + P(\overline{A})P(C|\overline{A})$$

$$= \frac{1}{2} \times \frac{0.25}{100} + \frac{1}{2} \times \frac{5}{100} = 0.02625$$

由贝叶斯公式得

$$P(\overline{A}|C) = \frac{P(\overline{A}C)}{P(C)} = \frac{P(\overline{A})P(C|\overline{A})}{P(C)} = \frac{\frac{1}{2} \times \frac{5}{100}}{0.02625} = 0.9524$$

■ 独立性

1 两个事件相互独立

定义:设 A, B 是两个事件,如果满足 $P(AB) = P(A)P(B)$,则称事件 A 和 B 相互独立,简称 A 和 B 独立.

定理 1:若事件 A 与事件 B 相互独立,则 A 与 $\overline{B}$、$\overline{A}$ 与 B、$\overline{A}$ 与 $\overline{B}$ 也分别相互独立.

2 多个事件的独立性

定义：设 A_1、A_2、A_3 是三个事件，如果满足等式

$$P(A_1A_2)=P(A_1)P(A_2)$$

$$P(A_2A_3)=P(A_2)P(A_3)$$

$$P(A_1A_3)=P(A_1)P(A_3)$$

$$P(A_1A_2A_3)=P(A_1)P(A_2)P(A_3)$$

则称事件 A_1、A_2、A_3 相互独立.

推广到 n 个事件，设 $A_1,A_2,\cdots,A_n$ 是 $n(n\geqslant2)$ 个事件，如果对其中任意 2 个，任意 3 个，$\cdots$，任意 n 个事件的积事件，其概率都等于各事件的概率之积，则称事件 $A_1,A_2,\cdots,A_n$ 相互独立.

定理 1：如果 $n(n\geqslant2)$ 个事件 $A_1,A_2,\cdots,A_n$ 相互独立，则将其中任何 $m(1\leqslant m\leqslant n)$ 个事件换成相应的对立事件，形成的 n 个新事件仍相互独立.

定理 2：若 $A_1,A_2,\cdots,A_n$ 是 n 个相互独立的事件，则这 n 个事件中至少有一个发生的概率为

$$P(\bigcup_{i=1}^{n}A_i)=1-\prod_{i=1}^{n}[1-P(A_i)]$$

例 8 设事件 A 和 B 相互独立，且 $P(A\bar{B})=P(\bar{A}B)=\dfrac{1}{4}$，求 $P(A)$ 和 $P(B)$.

【分析】 由 A 和 B 相互独立，可知 A 与 $\bar{B}$，$\bar{A}$ 与 B 也是相互独立的.

【解】

$$P(A\bar{B})=P(A)P(\bar{B})=P(A)[1-P(B)]=\frac{1}{4}$$

$$P(\bar{A}B)=P(\bar{A})P(B)=[1-P(A)]P(B)=\frac{1}{4}$$

解方程组得

$$P(A)=\frac{1}{2},P(B)=\frac{1}{2}$$

■ 主观概率

对于不可重复进行的试验，只要符合概率的公理化定义的三个基本条件，我们就可以定义概率，称之为主观概率，它的确定依赖于经验所形成的个人信念，或是依赖于对历史信息的提炼、概括和应用.

典型题型归类

随机试验、样本空间、随机事件

例 9 写出下列随机试验的样本空间:

(1)记录一个小班一次数学考试的平均分数(以百分制记分);

(2)对某工厂出厂的产品进行检查,合格的记上"正品",不合格的记上"次品",如果连续查出 2 个次品就停止检查,或检查 4 个产品就停止检查,记录检查结果;

(3)在单位圆内任意取一点,记录其坐标.

【分析】 我们可设该小班有 n 个同学,每个人的分数可能的取值为 $0,1,2,\cdots,100$,则 n 个分数和的可能取值为 $0,1n,2n,\cdots,100n$.

【解】 (1)设该小班有 n 个人,平均分的可能取值有 $\dfrac{0}{n}$,$\dfrac{1}{n}$,$\cdots\dfrac{100n}{n}$,则样本空间为

$$S=\left\{\dfrac{k}{n}\,\middle|\,k=0,1,2,\cdots,100n\right\}$$

(2)可设 A 表示正品,$\bar{A}$ 表示次品,则样本空间为

$$S=\left\{\begin{array}{l}(\bar{A},\bar{A}),(A,\bar{A},\bar{A}),(\bar{A},A,\bar{A}),(\bar{A},\bar{A},\bar{A},A),(\bar{A},A,A,\bar{A}),(A,\bar{A},A,\bar{A}),\\(A,\bar{A},A,A),(\bar{A},A,A,A),(A,A,\bar{A},\bar{A}),(A,A,A,\bar{A}),(A,A,A,A)\end{array}\right\}$$

(3)设任取一点的坐标为 (x,y),则样本空间为

$$S=\{(x,y)\,|\,x^2+y^2\leqslant 1\}$$

概率的性质、古典概型与几何概型

例 10 设 A、B、C 是三事件,且 $P(A)=P(B)=P(C)=\dfrac{1}{4}$,$P(AB)=P(BC)=0$,$P(AC)=\dfrac{1}{8}$,求 A、B、C 至少有一个发生的概率.

【分析】 看到题目条件应想到可用概率的加法公式.

【解】 $P(A\cup B\cup C)=P(A)+P(B)+P(C)-P(AB)-P(BC)-P(AC)+P(ABC)=\dfrac{3}{4}-\dfrac{1}{8}=\dfrac{5}{8}$,

其中由 $P(AB)=P(BC)=0$，而 $ABC \subset AB$，可知 $P(ABC)=0$.

例 11 从 5 双不同的鞋子中任取 4 只，问这 4 只鞋子中至少有两只鞋子配成一双的概率是多少？

【分析】 利用概率的性质，从 A 的对立事件出发，有 $P(A)+P(\overline{A})=1$

【解】 设事件 $A\{4$ 只鞋子中至少有两只配成一双$\}$

法一：$\overline{A}\{4$ 只鞋中无任两只可配成一双$\}$，10 只鞋中任取 4 只的所有可能的组合数为 C_{10}^4，则样本空间 S 有 C_{10}^4 个基本事件；$\overline{A}$ 为以 5 双鞋中任取 4 双，再从每双中任取一只，有 $C_5^4 2^4$ 种取法.

所以

$$P(\overline{A})=\frac{C_5^4 \cdot 2^4}{C_{10}^4}=\frac{5 \times 2^4}{210}=\frac{8}{21}$$

$$P(A)=1-P(\overline{A})=1-\frac{8}{21}=\frac{13}{21}$$

【分析】 利用组合法直接计算事件的基本事件数，从而求得 $P(A)$.

法二：考虑 A 的基本事件数，任取 4 只鞋能配成一双的取法有 $C_5^1 C_2^2 C_4^2 2^2$ 种，能配成两双的取法有 $C_5^2 C_2^2$ 种，则 A 有 $(C_5^1 C_2^2 C_4^2 2^2 + C_5^2 C_2^2)$ 个基本事件，则

$$P(A)=\frac{C_5^1 C_2^2 C_4^2 2^2 + C_5^2 C_2^2}{C_{10}^4}=\frac{130}{210}=\frac{13}{21}$$

例 12 从 $[0,1]$ 中随机地取两个数，其积不小于 $\frac{3}{16}$，求其和不大于 1 的概率.

【分析】 这是一道利用几何概型求解的题，应联想到在二维平面作图计算求解.

【解】 设所取的两数为 x 和 y，则有

$$0 \leqslant x \leqslant 1, 0 \leqslant y \leqslant 1.$$

将 (x,y) 看作平面 xoy 上一点的直角坐标，则所有的基本事件可用图中正分形区域内的点表示出来，即样本空间所对应的几何区域为边长是 1 的正方形，因而 $S(a)=1$.

又设事件 $A\{x$ 和 y 的积不小于 $\frac{3}{16}$，其和不大于 1$\}$

即有

$$xy \geqslant \frac{3}{16}, x+y \leqslant 1$$

则 C_A 是在正方形 $OABC$ 内由双曲线 $xy=\frac{3}{16}$ 和直线 $x+y=1$ 所围成的曲边形，如例 12 图所示.

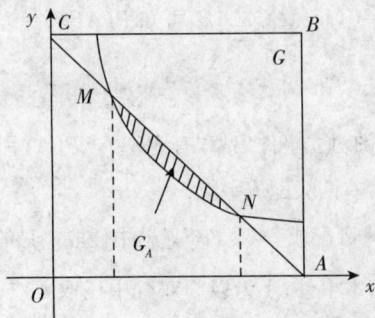

例 12 图　围成的曲边形

解方程组 $\begin{cases} xy = \dfrac{3}{16} \\ x + y = 1 \end{cases}$

易求得点 M 与 N 的坐标分别为 $\left(\dfrac{1}{4}\ 和\ \dfrac{3}{4}\right)$、$\left(\dfrac{3}{4}, \dfrac{1}{4}\right)$，则

$$S(G_A) = \int_{\frac{1}{4}}^{\frac{3}{4}} (1-x)\mathrm{d}x - \int_{\frac{1}{4}}^{\frac{3}{4}} \frac{3}{16} \frac{\mathrm{d}x}{x}$$

$$= \frac{1}{4} - \frac{3}{16}\ln 3 = 0.044$$

所以 $P(A) = \dfrac{S(G_A)}{S(G)} = 0.044$

条件概率、加法公式与乘法公式

例 13　已知 $P(A)\dfrac{1}{4}$，$P(B|A) = \dfrac{1}{3}$，$P(A|B) = \dfrac{1}{2}$，求 $P(A \cup B)$

【分析】　利用加法公式与乘法公式求解.

【解】　由概率的乘法公式，得

$$P(AB) = P(A)P(B|A) = \frac{1}{4} \times \frac{1}{3} = \frac{1}{12}$$

又 $P(AB) = P(B)P(A|B)$，则

$$P(B) = \frac{P(AB)}{P(A|B)} = \frac{\dfrac{1}{12}}{\dfrac{1}{2}} = \frac{1}{6}$$

由概率的加法公式 $P(A \cup B) = P(A) + P(B) - P(AB)$，可得

$$P(A \cup B) = \frac{1}{4} + \frac{1}{6} - \frac{1}{12} = \frac{1}{3}$$

全概率公式与贝叶斯公式，事件的独立性

例 **14** 设根据以往记录的数据分析，某船只运输的某种物品损坏的情况共有三种：损坏 2% (事件 A_1)，损坏 10% (事件 A_2)，损坏 90% (事件 A_3). 且知 $P(A_1)=0.8,P(A)=0.15,P(A_3)=$ 0.05. 现从已被运输的物品中随机地取 3 件，发现这 3 件都是好的（事件 B). 试求 $P(A_1|B)$、$P(A_2|B)$、$P(A_3|B)$ (设物品件数很多，取出一件后不影响取后一件是否为好品的概率).

【分析】 事件 $A_i = \{$损坏情况为第 i 种$\}(i=1,2,3),A_1$、A_2、A_3 是样本空间的一个划分. 又因物品件数很多，不放回抽样近似看作放回抽样，所以任取 3 件时，是否是好品相互独立.

【解】 因任取 3 件是否为好品相互独立，则 $P(B|A_1)=0.98^3$，$P(B|A_2)=0.90^3$，$P(B|A_3)=0.10^3$
由全概率公式，得

$$P(B) = \sum_{i_1}^{3} P(A_i)P(B \mid A_i)$$

$$=0.8\times0.98^3+0.15\times0.90^3+0.05\times0.10^3$$

$$=0.8624$$

由贝叶斯公式，得

$$P(A_1 \mid B)=\frac{P(A_1 B)}{P(B)}=\frac{P(A_1)P(B|A_1)}{P(B)}$$

$$=\frac{0.8\times0.98^3}{0.8624}\approx0.8731$$

$$P(A_2 \mid B)=\frac{P(A_2 B)}{P(B)}=\frac{P(A_2)P(B|A_2)}{P(B)}$$

$$=\frac{0.15\times0.90^3}{0.8624}=0.1323$$

$$P(A_3 \mid B)=\frac{P(A_3 B)}{P(B)}=\frac{P(A_3)P(B|A_3)}{P(B)}$$

$$=\frac{0.05\times0.10^3}{0.8624}\approx5.798\times10^{-5}$$

习题全解

■ 习题 1-1 ■

1. 解题过程 (1)设样本空间为 Ω,则

$\Omega=\{1,2,3,4,5,6\}$,$A=\{$出现偶数点$\}=\{2,4,6\}$

(2)设样本空间为 Ω,则

$\Omega=\{1,2,3,4,\cdots\cdots\}$,$A=\{$射击次数不超过 5 次$\}=\{1,2,3,4,5\}$

(3)设样本空间为 Ω,则

$\Omega=\{(x,y)\mid T_0\leqslant y\leqslant x\leqslant T_1\}$

$A=\{$一昼夜内该地的温差为 $10℃\}=\{(x,y)\mid y-x=10\}$

2. 解题过程 设用 $H_i(i=1,2,\cdots,6)$ 为(1)、(2)、…、(6)中所给的事件

(1)B 与 C 不发生可表示为 $\overline{B\bigcup C}$

$H_1=A(\overline{B\bigcup C})$,根据对偶律

$H_1=A(\overline{B\bigcup C})=A(\overline{B}\bigcap\overline{C})=A\,\overline{B}\,\overline{C}$

(2)由和事件的含义可得

$H_2=A\bigcup B\bigcup C$

(3)由积事件的含义可得

$H_3=ABC$

(4)A、B、C 都不发生,即表地 $\overline{A}$、$\overline{B}$、$\overline{C}$ 同时发生,所以 $H_4=\overline{A}\,\overline{B}\,\overline{C}$ 根据对偶律也可表示成 $H_4=\overline{A\bigcup B\bigcup C}$

(5)A、B、C 中不多于两个发生,即 $\overline{A}$、$\overline{B}$、$\overline{C}$ 中至少有一个发生

由和事件的含义可得

$H_5=\overline{A}\bigcup\overline{B}\bigcup\overline{C}$

由对偶律也可表示成

$H_5=\overline{ABC}$

可看出"A、B、C 同时发生"的对立事件即为"A、B、C 中不多于两个发生".

(6) A、B、C 中两个事件同时发生的组合有 AB、BC、AC

H_6 的图像表示见题 2 图解阴影部分

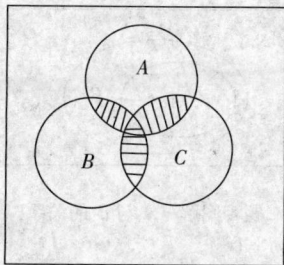

题 2 图解　H_6 的图像

所以，$H_6 = AB \cup BC \cup AC$

3. **解题过程** 设 $H_i (i=1,2,\cdots,5)$ 为 (1)、(2)、$\cdots$、(5) 中所给的事件

(1) 设有一个次品即表示全为正品，则

$$H_1 = A_1 A_2 A_3 A_4$$

(2) $\overline{A_i}$ 表示该工人生产的第 i 个零件是次品 $(i=1,2,3,4)$

则由和事件的定义得

$$H_2 = \overline{A_1} \cup \overline{A_2} \cup \overline{A_3} \cup \overline{A_4} = \overline{A_1 A_2 A_3 A_4}$$

(3) $H_3 = \overline{A_1} A_2 A_3 A_4 \cup A_1 \overline{A_2} A_3 A_4 \cup A_1 A_2 \overline{A_3} A_4 \cup A_1 A_2 A_3 \overline{A_4}$

(4) 至少有三个不是次品包含"只有一个次品"及"全是正品"，所以

$$H_4 = \overline{A_1} A_2 A_3 A_4 \cup A_1 \overline{A_2} A_3 A_4 \cup A_1 A_2 \overline{A_3} A_4 \cup A_1 A_2 A_3 \overline{A_4} \cup A_1 A_2 A_3 A_4$$

(5) 恰有三个是次品即只有一个是正品，参照 (3) 可得

$$H_5 = A_1 \overline{A_2}\, \overline{A_3}\, \overline{A_4} \cup \overline{A_1} A_2 \overline{A_3}\, \overline{A_4} \cup \overline{A_1}\, \overline{A_2} A_3 \overline{A_4} \cup \overline{A_1}\, \overline{A_2}\, \overline{A_3} A_4$$

4. **解题过程** 设 $A_1 = \{$甲产品畅销$\}$，$A_2 = \{$乙产品滞销$\}$，则

$$A = A_1 \cap A_2, \quad \overline{A} = \overline{A_1 \cap A_2} = \overline{A_1} \cup \overline{A_2}$$

由和事件的定义可知 $\overline{A}$ 表示事件"甲产品滞销或乙产品畅销"

习题 1-2

1. **分析** 由条件可知 A 与 B 的关系如题 1 图解所示.

解题过程 (1) $P(\overline{A}) = 1 - P(A) = 1 - 0.4 = 0.6$

$$P(\overline{B})=1-P(B)=1-0.6=0.4$$

(2)由图可知,$A\cap B=A(A\subset B)$

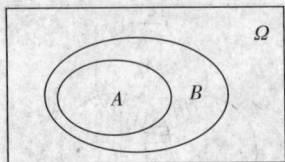

题 1 图解　A 与 B 的关系

所以,$P(AB)=P(A)=0.4$

(3)由图可知,$A\cup B=B(A\subset B)$

所以,$P(A\cup B)=P(B)=0.6$

也可由加法公式得

$$P(A\cup B)=P(A)+P(B)-P(AB)$$

$\because P(A)=P(AB)$

$\therefore P(A\cup B)=P(B)=0.6$

(4)由图可知,$\overline{A}\cap B=B-A(A\subset B)$

所以,$P(\overline{A}B)=P(B)-P(A)=0.6-0.4=0.2$

(5)由图可知,$\overline{A}\cap \overline{B}=\Omega-B(A\subset B\Rightarrow\overline{B}\subset\overline{A})$

所以,$P(\overline{A}\overline{B})=1-P(B)=1-0.6=0.4$

由图可知,$\overline{B}\cap A=\varnothing(A\subset B)$

所以,$P(\overline{B}A)=0$

2. **分析** 样本空间 Ω 的概率 $P(\Omega)=1$

解题过程 ①显然当 $A\cup B=\Omega$ 时,$P(AB)$ 有最小值

此时关系如题 2 图解(a)所示,由加法公式 $P(A\cup B)=P(A)+P(B)-P(AB)$ 得

此时 $P(AB)=[P(A)+P(B)]-P(\Omega)$

$$=0.6+0.7-1=0.3$$

②显然,因为 $P(B)>P(A)$,所以当 $A\subset B$ 时,$P(AB)$ 有最大值

此时关系如题 2 图解(b)所示:

此时 $P(AB)=P(A)=0.6$

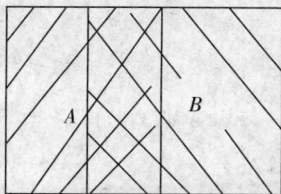

(a) $P(AB)$ 取最小值   (b) $P(AB)$ 取最大值

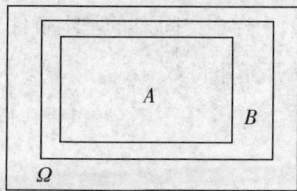

题 2 图解

3. 分析 由题意可得 A 和 B 关系图,如题 3 图解所示.

由加法公式可求, $P(AB)=P(A)+P(B)-P(A\cup B)$

解题过程 ①由图可知, $B-A=B-A\cap B$

所以, $P(B-A)=P(B)-P(AB)$

$P(AB)=P(A)+P(B)-P(A\cup B)=0.5+0.7-0.8=0.4$

$\Rightarrow P(B-A)=P(B)-P(AB)=0.7-0.4=0.3$

②由图可知, $A-B=A-A\cap B$

所以, $P(A-B)=P(A)-P(AB)=0.5-0.4=0.1$

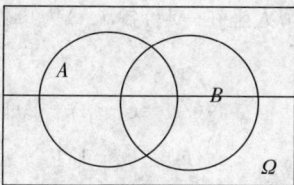

题 3 图解 A 与 B 的关系

4. 分析 求 A、B、C 中至少有一个发生的概率,即求 $P(A\cup B\cup C)$.

解题过程 由加法公式得

$P(A\cup B\cup C)=P(A)+P(B)+P(C)-P(AB)-P(AC)-P(BC)+P(ABC)$

因为 $P(BC)=P(CA)=0$

所以 $B\cap C=C\cap A=\varnothing$

$\Rightarrow A\cap B\cap C=\varnothing$

$\Rightarrow P(ABC)=0$

则 $P(A\cup B\cup C)=\dfrac{1}{4}+\dfrac{1}{4}+\dfrac{1}{2}-\dfrac{1}{8}-0-0+0=\dfrac{7}{8}$

5. 解题过程 设 $N(\Omega)$ 为样本空间 Ω 的基本事件总数

$N(A)$ 为所求事件数

$$A = \{(1,2,3,4,5),(5,4,3,2,1)\}$$

所以

$$N(A) = 2$$

$$N(\Omega) = A_5^5 = 5! = 120$$

$$\Rightarrow \quad P(A) = \frac{N(A)}{N(\Omega)} = \frac{2}{120} = \frac{1}{60}$$

6. 解题过程 设 $A = \{$其中恰有一件次品$\}$，$N(A)$ 为事件 A 的基本事件数，$N(\Omega)$ 为样本空间 Ω 的基本事件总数.

则

$$N(A) = C_5^1 C_{45}^2 = 4950$$

$$N(\Omega) = C_{50}^3 = 19600$$

所以

$$P(A) = \frac{N(A)}{N(\Omega)} = \frac{4950}{19600} = \frac{99}{392}$$

7. 分析 因为围绕圆桌就座，所以只要 n 个人的相对位置一致便视为同一基本事件.

解题过程 设 $A = \{$其中确定的两个人坐在一起$\}$，$N(A)$ 为事件 A 的基本事件数，$N(\Omega)$ 为样本空间 Ω 的基本事件总数.

则

$$N(A) = C_2^1 \cdot (n-2)!$$

$$N(\Omega) = (n-1)!$$

所以

$$P(A) = \frac{N(A)}{N(\Omega)} = \frac{2}{n-1}$$

8. 解题过程 设 $A = \{$顾客得到 4 桶白漆、3 桶黑漆和 2 桶红漆$\}$

$N(A)$ 为事件 A 包含的基本事件数，$N(\Omega)$ 为样本空间 Ω 的基本事件总数.

则

$$N(A) = C_{10}^4 C_4^3 C_3^2 = 2520$$

$$N(\Omega) = C_{17}^9 = 24310$$

所以

$$P(A) = \frac{N(A)}{N(\Omega)} = \frac{252}{2431}$$

9. 解题过程 设 $A(i=1,2)$ 为(1)和(2)中所给事件

$$N(\Omega) = C_N^n$$

(1) $N(A_1) = C_M^k \cdot C_{N-M}^{n-k} \quad \Rightarrow \quad P(A_1) = \frac{N(A)}{N(\Omega)} = \frac{C_M^k \cdot C_{N-M}^{n-k}}{C_N^n}$

(2)设 $A_{21}=\{$没有次品$\}$，$A_{22}=\{$只有一件次品$\}$

则 $\qquad\qquad\qquad\qquad A_2=\Omega-A_{21}-A_{22}$

所以 $\qquad\qquad\qquad P(A_2)=1-P(A_{21})-P(A_{22})$

又 $\qquad\qquad N(A_{21})=C_{N-M}^n,N(A_{22})=C_M^1C_{N-M}^{n-1}$

所以 $\qquad\qquad\qquad P(A_2)=1-\dfrac{C_{N-M}^n+C_M^1C_{N-M}^{n-1}}{C_N^n}$

10. 分析 最大点数为5，即"n 次中全为1,2,3,4,5"，且不存在"n 次中只有1,2,3,4"的事件.

解题过程 设 $A=\{$掷出的最大点数为5$\}$，$A_1=\{n$ 次中全为1,2,3,4,5$\}$，$A_2=\{n$ 次中全为1,2,3,4$\}$

则 $\qquad\qquad\qquad\qquad A=A_1-A_2$

$\qquad\qquad\qquad N(A)=N(A_1)-N(A_2)=5^n-4^n$

又 $\qquad\qquad\qquad\qquad N(\Omega)=6^n$

所以 $\qquad\qquad\qquad P(A)=\dfrac{N(A)}{N(\Omega)}=\dfrac{5^n-4^n}{6^n}$

11. 分析 联系几何概型的计算，由题意可得样本空间

$\qquad\Omega=\{(x,y)\,|\,0\leqslant x\leqslant 24,0\leqslant y\leqslant 24\}$

事件 $A=\{(x,y)\,|\,0\leqslant x-y\leqslant 1,0\leqslant y-x\leqslant 2\}$，可画出题11图解.

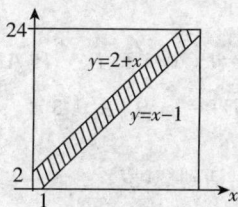

题 11 图解

解题过程 则 $S(A)=24^2-22\times 23=70$

$\qquad S(\Omega)=24^2=576$

$\qquad P(A)=\dfrac{S(A)}{S(\Omega)}=\dfrac{70}{576}=\dfrac{35}{288}$

12. 解题过程 由题意可画出题12图解.

$$P=\dfrac{S(A)}{S(\Omega)}=\dfrac{\dfrac{a^2}{2}+\dfrac{1}{4}\pi a^2}{\dfrac{\pi a^2}{2}}=\dfrac{1}{\pi}+\dfrac{1}{2}$$

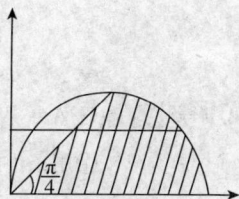

题 12 图解

习题 1-3

1. 解题 过程 由条件概率定义得

$$P(B|A\cup\overline{B})=\frac{P[B(A\cup\overline{B})]}{P(A\cup\overline{B})}=\frac{P(AB\cup B\overline{B})}{P(A\cup\overline{B})}=\frac{P(AB)}{P(A\cup\overline{B})}$$

由加法公式

$$
\begin{aligned}
P(A\cup\overline{B})&=P(A)+P(\overline{B})-P(A\overline{B})\\
&=[1-P(\overline{A})]+[1-P(B)]-P(A\overline{B})\\
&=(1-0.3)+(1-0.4)-0.5\\
&=0.8
\end{aligned}
$$

$$P(AB)=P(A)-P(A\overline{B})=0.7-0.5=0.2$$

所以　　$$P(B|A\cup\overline{B})=\frac{0.2}{0.8}=\frac{1}{4}$$

2. 解题 过程 由乘法公式得

$$P(AB)=P(A)\cdot P(B|A)=0.5\times0.8=0.4$$

又　　　　$$\overline{A}\cap\overline{B}=\overline{A\cup B}$$

所以　　　$$P(\overline{A}\,\overline{B})=P(\overline{A\cup B})=1-P(A\cup B)$$

由加法公式

$$P(A\cup B)=P(A)+P(B)-P(AB)=0.5+0.6-0.4=0.7$$

$$\Rightarrow\ P(\overline{A}\,\overline{B})=1-0.7=0.3$$

3. 解题 过程 设 $A=\{$活到 25 岁$\}$，$B=\{$活到 20 岁$\}$

所求概率为 $P(A|B)$

由条件概率定义　$$P(A|B)=\frac{P(AB)}{P(B)}$$

$$\because A\subset B\ \Rightarrow\ P(AB)=P(A)$$

$$P(A|B)=\frac{0.4}{0.8}=\frac{1}{2}$$

4. 解题 过程 设 $A=\{$两点和为 7$\}$，$B=\{$有一枚为 1$\}$

①用条件概率的定义计算：

$$P(B|A)=\frac{P(AB)}{P(A)}$$

$$P(A) = \frac{N(A)}{N(\Omega)} = \frac{3 \times C_2^1}{6^2} = \frac{1}{6}$$

$$P(AB) = \frac{N(AB)}{N(\Omega)} = \frac{2}{6^2} = \frac{1}{18}$$

则 $\quad P(B|A) = \frac{\frac{1}{18}}{\frac{1}{6}} = \frac{1}{3}$

②用条件概率的含义计算：

$$A = \{(1,6),(6,1),(2,5),(5,2),(3,4),(4,3)\}$$

$$AB = \{(1,6),(6,1)\}$$

$$P(B|A) = \frac{N(AB)}{N(A)} = \frac{2}{6} = \frac{1}{3}$$

5. **解题**过程 记 $A = \{投入基金\}, B = \{购买股票\}$

由题意知，$P(A) = 0.58, P(B) = 0.28, P(AB) = 0.19$

则已投入基金，再购买股票的概率 $= P(B|A) = \frac{P(AB)}{P(A)} = \frac{19}{58}$

已购买股票，再投入基金的概率 $P(A|B) = \frac{P(AB)}{P(B)} = \frac{19}{28}$

6. **解题**过程 记 $A_i = \{第 i 次取到红球\}, i = 1,2,3,4$，第一、二次取到红球且第三、四次取到白球的概率

$$P(A_1 A_2 \overline{A_3} \overline{A_4}) = P(A_1) P(A_2|A_1) P(\overline{A_3}|A_1 A_2) P(\overline{A_4}|A_1 A_2 \overline{A_3})$$

$$= \frac{r}{r+t} \cdot \frac{r+a}{r+t+a} \cdot \frac{t}{r+t+2a} \cdot \frac{t+a}{r+t+3a}$$

7. **解题**过程 记 $A_i = \{第 i 次取到正品\}$

(1) $P(A_1 A_2) = P(A_2|A_1) P(A_1) = \frac{7}{9} \cdot \frac{8}{10} = \frac{28}{45}$

(2) $P(\overline{A_1} \overline{A_2}) = P(\overline{A_2}|\overline{A_1}) P(\overline{A_1}) = \frac{2}{10} \cdot \frac{1}{9} = \frac{1}{45}$

(3) $P(\overline{A_1} A_2 \bigcup A_1 \overline{A_2}) = P(A_1 \overline{A_2}) + P(\overline{A_1} A_2)$

$$= P(\overline{A_2}|A_1) P(A_1) + P(A_2|\overline{A_1}) P(\overline{A_1})$$

$$= \frac{2}{9} \cdot \frac{8}{10} + \frac{8}{9} \cdot \frac{2}{10} = \frac{16}{45}$$

8. **证明** 由条件概率定义得

① $P(B|A) = \dfrac{P(AB)}{P(A)} = \dfrac{0.15}{0.3} = 0.5 = P(B)$

得证

② $P(\overline{A}) = 1 - P(A) = 1 - 0.3 = 0.7$

$P(\overline{A}B) = P(B) - P(AB) = 0.5 - 0.15 = 0.35$

$P(B|\overline{A}) = \dfrac{P(\overline{A}B)}{P(\overline{A})} = \dfrac{0.35}{0.7} = 0.5 = P(B)$

得证

③ $P(A|B) = \dfrac{P(AB)}{P(B)} = \dfrac{0.15}{0.5} = 0.3 = P(A)$

得证

④ $P(\overline{B}) = 1 - P(B) = 0.5, P(A\overline{B}) = P(A) - P(AB) = 0.3 - 0.15 = 0.15$

$P(A|\overline{B}) = \dfrac{P(A\overline{B})}{P(\overline{B})} = \dfrac{0.15}{0.5} = 0.3 = P(A)$

得证

9. **解题** 过程 记 $A = \{$最后取到的是白球$\}, B = \{$最后取到的是甲袋中的球$\}$

$$P(A) = P(A|B)P(B) + P(A|\overline{B})P(\overline{B})$$

$$= \frac{4}{9} \cdot \frac{2}{11} + \frac{5}{9} \cdot \frac{9}{11} = \frac{53}{99}$$

10. **解题** 过程 记 $A = \{$所取一件产品是不合格品$\}, B_1, B_2, B_3$ 分别表示产品来自甲、乙、丙三个厂家

由题意可知，$P(B_1) = 0.15, P(B_2) = 0.80, P(B_3) = 0.05$

$$P(A|B_1) = 0.02, P(A|B_2) = 0.01, P(A|B_3) = 0.03$$

(1) 由全概率公式得

$$P(A) = \sum_{i=1}^{3} P(A|B_i)P(B_i) = 0.0125$$

(2) 由贝叶斯公式得

$$P(B_1|A) = \frac{P(B_1)P(A|B_1)}{P(A)} = \frac{0.15 \cdot 0.02}{0.0125} = 0.24$$

$$P(B_2|A) = \frac{P(B_2)P(A|B_2)}{P(A)} = \frac{0.80 \cdot 0.01}{0.0125} = 0.64$$

$$P(B_3|A) = \frac{P(B_3)P(A|B_3)}{P(A)} = \frac{0.05 \cdot 0.03}{0.0125} = 0.12$$

因此，这件产品由乙厂生产的可能性最大.

11. 解题过程 记 $A=\{$将信息 X 传送出去$\}$，$\overline{A}=\{$将信息 Y 传送出去$\}$

$B=\{$接收到信息 $X\}$，$\overline{B}=\{$接收到信息 $Y\}$

由题意可知

$P(\overline{B}|A)=0.02$，$P(B|\overline{A})=0.01$，$\dfrac{P(A)}{P(\overline{A})}=2$

且 $P(A)+P(\overline{A})=1$

由贝叶斯公式得

$$P(A|B)=\frac{P(AB)}{P(B)}=\frac{P(B|A)P(A)}{P(B|A)P(A)+P(B|\overline{A})P(\overline{A})}$$

$$=\frac{(1-0.02)\cdot\dfrac{2}{3}}{(1-0.02)\cdot\dfrac{2}{3}+0.01\cdot\dfrac{1}{3}}=\frac{196}{197}$$

12. 解题过程 记 $A_i=\{$从第 i 箱中取出的零件是一等品$\}$

$B=\{$从第一箱中取零件$\}$，$\overline{B}=\{$从第二箱中取零件$\}$

由题意可知

$P(B)=P(\overline{B})=\dfrac{1}{2}$，$P(A_1|B)=\dfrac{10}{50}=\dfrac{1}{5}$，$P(A_1|\overline{B})=\dfrac{18}{30}=\dfrac{3}{5}$

（1）由全概率公式得

$P(A_1)=P(A_1|B)P(B)+P(A_1|\overline{B})P(\overline{B})$

$=\dfrac{1}{10}+\dfrac{3}{10}=0.4$

（2）由全概率公式得

$$P(A_2|A_1)=\frac{P(A_1A_2)}{P(A_1)}=\frac{P(A_1A_2|B)P(B)+P(A_1A_2|\overline{B})P(\overline{B})}{P(A_1)}$$

其中，$P(A_1A_2|B)$ 表示在第一箱中取两次，每次取一只，不放回抽样，且两次都

取一等品，故 $P(A_1A_2|B)=\dfrac{10}{50}\cdot\dfrac{9}{49}$

同理，$P(A_1A_2|\overline{B})=\dfrac{18}{30}\cdot\dfrac{17}{29}$

则 $P(A_2|A_1)=\dfrac{5}{2}\cdot\left(\dfrac{10}{50}\cdot\dfrac{9}{49}\cdot\dfrac{1}{2}+\dfrac{18}{30}\cdot\dfrac{17}{29}\cdot\dfrac{1}{2}\right)=0.4856$

13. 证明 $P(A|B)=1$，则 $\dfrac{P(AB)}{P(B)}=1$

$P(AB)=P(B)$

因此有

$$P(\overline{B}|\overline{A})=\frac{P(\overline{A}\,\overline{B})}{P(\overline{A})}=\frac{P(\overline{A\cup B})}{P(\overline{A})}=\frac{1-P(A\cup B)}{1-P(A)}$$

$$=\frac{1-P(A)-P(B)+P(AB)}{1-P(A)}$$

$$=\frac{1-P(A)}{1-P(A)}$$

$$=1$$

14. 证明 由 $P(A|C)\geqslant P(B|C)$ 得 $P(AC)\geqslant P(BC)$

由 $P(A|\overline{C})\geqslant P(B|\overline{C})$ 得 $P(A\overline{C})\geqslant P(B\overline{C})$

则 $P(A(\Omega-C))\geqslant P(B(\Omega-C))$

$P(A)-P(AC)\geqslant P(B)-P(BC)$

$P(A)-P(B)\geqslant P(AC)-P(BC)\geqslant 0$

故 $P(A)\geqslant P(B)$

习题 1-4

1. 解题过程 若 $P(AB)=P(A)\cdot P(B)$,则 A 与 B 相互独立

由乘法公式得

$P(AB)=P(A)\cdot P(B|A)=0.7\times 0.8=0.56$

又 $P(A)\cdot P(B)=0.7\times 0.8=0.56$

所以事件 A 与 B 相互独立

2. 解题过程 $P(\overline{AC})=1-P(AC)$

∵ A、B、C 相互独立

∴ $P(AC)=P(BC)=P(AB)=0$

所以 $P(\overline{AC})=1-0=1$

又 $\overline{AC}\cap\overline{C}=\overline{C}$

所以 $P((\overline{AC})\overline{C})=P(\overline{C})=P(\overline{AC})\cdot P(\overline{C})$

得 $\overline{AC}$ 与 $\overline{C}$ 相互独立

3. 解题过程 $P(A\overline{B})=P(\overline{\overline{A}\cup B})=1-P(\overline{A}\cup B)=1-0.7=0.3$

(1)由于 A 与 B 互不相容,故 $AB=\varnothing$,即 $A\overline{B}=A$

故　$P(A\bar{B})=P(A)=\alpha=0.3$

即　$\alpha=0.3$

（2）由于 A 与 B 相互独立

故 $P(A\bar{B})=P(A)P(\bar{B})=\alpha(1-0.3)=0.3$

故　$\alpha=\dfrac{3}{7}$

4. 解题过程　已知 A 与 B 相互独立,即有 $P(AB)=P(A)P(B)$

（1）由加法公式得

$$P(A\bigcup B)=P(A)+P(B)-P(AB)=\alpha+\beta-\alpha\beta$$

（2）$P(\bar{B})=1-P(B)=1-\beta$,$P(A\bar{B})=P(A)\cdot P(\bar{B})=\alpha(1-\beta)$

$$P(A\bigcup\bar{B})=P(A)+P(\bar{B})-P(A\bar{B})=\alpha+(1-\alpha)(1-\beta)$$

（3）$P(\bar{A})=1-P(A)=1-\alpha$,$P(\bar{A}\bar{B})=P(\bar{A})P(\bar{B})=(1-\alpha)(1-\beta)$

$$P(\bar{A}\bigcup\bar{B})=P(\bar{A})+P(\bar{B})-P(\bar{A}\bar{B})=(1-\alpha)+(1-\beta)-(1-\alpha)(1-\beta)$$

5. 解题过程　由于 A 与 B 独立,故 $\bar{A}$ 与 $\bar{B}$,$\bar{A}$ 与 B,A 与 $\bar{B}$,A 与 B 都相互独立.

$$P(\bar{A}\bar{B})=P(\bar{A})P(\bar{B})=(1-P(A))(1-P(B))=\dfrac{1}{9} \qquad ①$$

$$P(A\bar{B})=P(A)(1-P(B))=P(\bar{A}B)=(1-P(A))P(B) \qquad ②$$

解方程①、②得 $\begin{cases} P(A)=\dfrac{2}{3} \\[2mm] P(B)=\dfrac{2}{3} \end{cases}$

6. 解题过程　记 A、B、C 分别表示三人能独立译出密码这三个事件.

故　$P(A)=\dfrac{1}{5}$,$P(B)=\dfrac{1}{3}$,$P(C)=\dfrac{1}{4}$

三个人中至少有一人能译出密码的概率

$$P=P(A\bigcup B\bigcup C)=1-P(\bar{A}\bar{B}\bar{C})$$

由于 A、B、C 相互独立,故 $P(\bar{A}\bar{B}\bar{C})=P(\bar{A})P(\bar{B})P(\bar{C})$

$$P=1-\dfrac{4}{5}\times\dfrac{2}{3}\times\dfrac{3}{4}=\dfrac{3}{5}$$

7. 解题过程　记 A、B、C 分别表示第一次、第二次、第三次击中目标这三个事件.

故 $P(A)=0.4$,$P(B)=0.5$,$P(C)=0.7$

(1)D 表示恰有一次击中目标,由于 A、B、C 相互独立

故 $P(D)=P(A\bar{B}\bar{C})+P(\bar{A}B\bar{C})+P(\bar{A}\bar{B}C)$

$=0.4\times0.5\times0.3+0.6\times0.5\times0.3+0.6\times0.5\times0.7=0.36$

(2)设 E 表示至少有一次击中目标,由 A、B、C 的独立性可知

$P(E)=1-P(\bar{A}\bar{B}\bar{C})$

$=1-0.6\times0.5\times0.3=0.91$

8. 解题过程 记 A_i 表示第 i 个元件正常工作,且 $i=1,2,3,4$,A_i 之间相互独立

A 表示系统正常工作

由题 8 图解可知

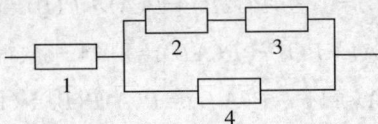

题 8 图解

$A=A_1(A_2A_3\bigcup A_4)=A_1A_2A_3\bigcup A_1A_4$

故 $P(A)=P(A_1A_2A_3)+P(A_1A_4)-P(A_1A_2A_3A_4)$

$=P_1P_2P_3+P_1P_4-P_1P_2P_3P_4$

9. 解题过程 记 A_i 为从第 i 个盒子取出一个蓝球这个事件,且 A_i 之间相互独立,B_i 为从第 i 个盒子取出一个白球这个事件,且 B_i 之间相互独立.

故 $P(A_1)=\dfrac{3}{7}$,$P(A_2)=\dfrac{2}{9}$

$P(B_1)=\dfrac{2}{7}$,$P(B_2)=\dfrac{4}{9}$

(1)至少有一个蓝球概率

$P_1=1-P(\bar{A}_1\bar{A}_2)$

$=1-\dfrac{4}{7}\times\dfrac{7}{9}=\dfrac{5}{9}$

(2)有一个蓝球一个白球概率

$P_2=P(A_1B_2)+P(B_1A_2)$

$=\dfrac{3}{7}\times\dfrac{4}{9}+\dfrac{2}{7}\times\dfrac{2}{9}=\dfrac{16}{63}$

(3)$P_3=P_2/P_1=\dfrac{16}{35}$

10. 解题 过程 设甲、乙两人命中的概率为 p，不命中的概率为 q. 且甲、乙两人是否命中相互独立,甲先射击.

故甲胜的概率

$$p_甲 = p + pq^2 + pq^4 + pq^6 + \cdots$$

$$= \frac{p}{1-q^2} = \frac{1}{1+q}$$

故乙胜的概率　$p_乙 = 1 - p_甲 = \frac{q}{1+q}$

由于 $0 < q < 1$，故 $p_甲 > p_乙$，即甲胜的概率大,即先射击者一定沾光.

总习题

1. 解题 过程 (1) $A \cup B = \Omega, AB = \varnothing$

分析 由于 $AB = \overline{A}\,\overline{B} = \overline{A \cup B}$，即 AB 是 $A \cup B$ 的对立事件.

且 $AB \subset A \cup B$，故 AB 不存在

故 $A \cup B = \Omega$　$AB = \varnothing$

(2) 0

分析 $P(\overline{A} \cup B)(A \cup B)(\overline{A} \cup \overline{B})(A \cup \overline{B}) = \varnothing$

故 $P\{(\overline{A} \cup B)(A \cup B)(\overline{A} \cup \overline{B})(A \cup \overline{B})\} = 0$

(3) $\frac{3}{8}$

分析 $P(\overline{A}\,\overline{B}\,\overline{C}) = 1 - P(A \cup B \cup C)$

$= 1 - P(A) - P(B) - P(C) + P(AB) + P(AC) + P(BC) - P(ABC)$

由于 $P(AB) = 0$，且 $ABC \subset AB$.

故　$P(ABC) = 0$

故 $P(\overline{A}\,\overline{B}\,\overline{C}) = 1 - \frac{1}{4} - \frac{1}{4} - \frac{1}{4} + \frac{1}{16} + \frac{1}{16} = \frac{3}{8}$

2. 解题 过程 (3) D

分析 由于 $P(A|B) + P(\overline{A}|\overline{B}) = 1$

即 $\dfrac{P(AB)}{P(B)}+\dfrac{P(\overline{A}\,\overline{B})}{P(\overline{B})}=1$，$\dfrac{P(AB)}{P(B)}+\dfrac{1-P(A\cup B)}{1-P(B)}=1$

整理 $P(AB)=P(A)P(B)$

故选 D.

3. 分析 A_2 先从 5 双中取 1 双为 C_5^1 种取法，另外 2 只从其他 8 只中取为 C_8^2，这种方法把成双的算在内了，所以应去掉.

解题过程 （法一）设 A 表示 4 只鞋子至少有 2 只配对这个事件.

5 双鞋中取 4 只鞋子的取法有 C_{10}^4 种，4 只鞋子没有配对的有 $C_5^4 C_2^1 C_2^1 C_2^1 C_2^1$ 种取法.

故 $P(A)=1-P(\overline{A})=1-\dfrac{C_5^4 C_2^1 C_2^1 C_2^1 C_2^1}{C_{10}^4}=\dfrac{13}{21}$

（法二）设 $A_i=\{$所取 4 只鞋子恰能配成 i 双$\}\quad i=1,2$

A_1、A_2 无交集，且 $A_1\cup A_2=A$

$\therefore P(A)=P(A_1)+P(A_2)$

$A_1=C_5^1(C_8^2-C_4^1)=120$

$A_2=C_5^2=10$

$\therefore P(A)=\dfrac{120+10}{C_{10}^4}=\dfrac{13}{21}$

4. 解题过程 （法一）用 A 表示前 4 次抽查抽中有 3 只次品和 1 只正品，第 5 次为次品，A 包含基本事件数为 C_4^3，样本空间包含的事件总数为 C_{10}^4

$\therefore P=\dfrac{C_4^3}{C_{10}^4}=\dfrac{2}{105}$

（法二）用 A_i 表示第 i 次取到正品，$\overline{A_i}$ 为第 i 次取到次品，$i=(1,2,\cdots,10)$

$P=P\{A_1\overline{A_2}\,\overline{A_3}\,\overline{A_4}\,\overline{A_5}\}+P\{\overline{A_1}A_2\overline{A_3}\,\overline{A_4}\,\overline{A_5}\}+P\{\overline{A_1}\,\overline{A_2}A_3\overline{A_4}\,\overline{A_5}\}+P\{\overline{A_1}\,\overline{A_2}\,\overline{A_3}A_4\overline{A_5}\}$

$P\{A_1\overline{A_2}\,\overline{A_3}\,\overline{A_4}\,\overline{A_5}\}=P\{\overline{A_1}A_2\overline{A_3}\,\overline{A_4}\,\overline{A_5}\}=P\{\overline{A_1}\,\overline{A_2}\,\overline{A_3}\,\overline{A_4}\,\overline{A_5}\}$

$=P\{A_1\}\cdot P\{\overline{A_2}\mid A_1\}\cdot P\{\overline{A_3}\mid A_1A_2\}\cdot P\{\overline{A_4}\mid A_1\overline{A_2}\,\overline{A_3}\}\cdot P\{\overline{A_5}\mid A_1\overline{A_2}\,\overline{A_3}\,\overline{A_4}\}$

$=\dfrac{6}{10}\times\dfrac{4}{9}\times\dfrac{3}{8}\times\dfrac{2}{7}\times\dfrac{1}{6}=\dfrac{1}{210}$

$\therefore P=\dfrac{1}{210}\times 4=\dfrac{2}{105}$

5. 解题过程 由题意得，甲只需一盘即可获胜，还有 2 盘

$\therefore P(\text{甲获胜})=\dfrac{3}{2\times 2}=\dfrac{3}{4}$

$$P(\text{乙获胜}) = \frac{1}{2 \times 2} = \frac{1}{4}$$

$$\therefore \text{甲奖金应为} \frac{3}{4} \times 1000 = 750 \text{（元）}$$

$$\text{乙奖金应为} \frac{1}{4} \times 1000 = 250 \text{（元）}$$

6. **解题** 过程 (1) 不重复选号码是不放回抽样，样本空间容量为 $\binom{35}{7}$

设 p_i 为中第 i 等奖的概率 $(i = 1, 2, \cdots, 7)$

$$P_1 = \frac{\binom{7}{7}\binom{1}{0}\binom{27}{0}}{\binom{35}{7}} = \frac{1}{6724520} = 1.49 \times 10^{-7}$$

$$P_2 = \frac{\binom{7}{6}\binom{1}{1}\binom{27}{0}}{\binom{35}{7}} = \frac{7}{6724520} = 1.04 \times 10^{-6}$$

$$P_3 = \frac{\binom{7}{6}\binom{1}{0}\binom{27}{1}}{\binom{35}{7}} = \frac{189}{6724520} = 2.8106 \times 10^{-5}$$

$$P_4 = \frac{\binom{7}{5}\binom{1}{1}\binom{27}{1}}{\binom{35}{7}} = \frac{567}{6724520} = 8.4318 \times 10^{-5}$$

$$P_5 = \frac{\binom{7}{5}\binom{1}{0}\binom{27}{2}}{\binom{35}{7}} = \frac{7371}{6724520} = 1.096 \times 10^{-3}$$

$$P_6 = \frac{\binom{7}{4}\binom{1}{1}\binom{27}{2}}{\binom{35}{7}} = \frac{12285}{6724520} = 1.827 \times 10^{-3}$$

$$P_7=\frac{\binom{7}{4}\binom{1}{0}\binom{27}{3}+\binom{7}{3}\binom{1}{1}\binom{27}{3}}{\binom{35}{7}}=\frac{204750}{6724520}=3.0448\times10^{-2}$$

(2)$P(中奖)=P_1+P_2+\cdots+P_7=\frac{225170}{6724520}=0.033485$

7. 解题过程 样本空间基本事件数为 $C_5^1\times C_5^1=25$

当甲取 10 时,乙取 1、3、5、7、9,有 5 种取法

甲取 8 时,乙取 1、3、5、7,有 4 种取法

甲取 6 时,乙取 1、3、5,有 3 种取法

甲取 4 时,乙取 1、3,有 2 种取法

甲取 2 时,乙取 1,有 1 种取法

$\therefore P=\frac{5+4+3+2+1}{25}=\frac{15}{25}=\frac{3}{5}$

8. 解题过程 样本空间基本事件总数 9^n,n 里含至少一个 5 及至少一个偶数

n 个数中不含 5 的情况有 8^n 种

n 个数中不含偶数的情况有 5^n 种

n 个数中既不含 5 也不含偶数的情况有 4^n 种

$\therefore P=1-\frac{8^n+5^n-4^n}{9^n}$

9. 解题过程 (1)$\Delta=p^2-4q\geqslant0$,Ω 与 $\Delta\geqslant0$ 的图形如题 9 图解(a)所示.

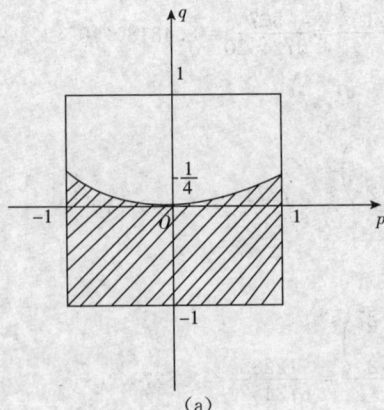

(a)

题 9 图解

$$\therefore P = \frac{S_{阴影}}{S_\Omega} = \frac{2\int_0^1 \frac{p^2}{4}\mathrm{d}p + 2}{4} = \frac{1+\frac{1}{12}}{2} = \frac{13}{24}$$

(2) $\Delta = p^2 - 4q \geqslant 0$，且 $p < 0, q > 0$，如题 9 图解(b)所示

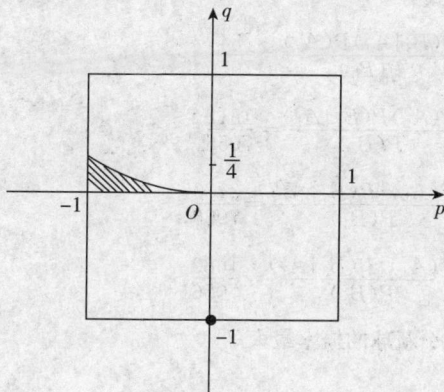

(b)

题 9 图解

$$P = \frac{S_{阴影}}{S_\Omega} = \frac{\int_{-1}^0 \frac{p^2}{4}\mathrm{d}p}{4} = \frac{\frac{1}{12}}{4} = \frac{1}{48}$$

10. 解题过程 $A = \{前两个球放在不同盒子中\}$，$B = \{有一个盒子中恰好放了三个球\}$.

$$P(B|A) = \frac{P(AB)}{P(A)} = \frac{\frac{C_4^2 \cdot 2 \cdot 2}{4^4}}{\frac{C_4^2 \cdot 4^2 \cdot 2}{4^4}} = \frac{1}{8}$$

11. 解题过程 (1) $A_i = \{取出的两件产品中有 i 件合格品\}$，$i = 0,1,2$

$$P(A_0|A_0 \bigcup A_1) = \frac{P(A_0(A_0 \bigcup A_1))}{P(A_0 \bigcup A_1)} = \frac{P(A_0)}{P(A_0) + P(A_1)} = \frac{m-1}{2M-m-1}$$

(2) $P(A_1|A_1 \bigcup A_2) = \frac{P(A_1(A_1 \bigcup A_2))}{P(A_1 \bigcup A_2)} = \frac{P(A_1)}{P(A_1) + P(A_2)} = \frac{2m}{M+m-1}$

12. 分析 题意即前两次取的不是红球,第三次取到红球.

解题过程 设 $N(\Omega)$ 为样本空间 Ω 的基本事件总数

$N(A)$ 为事件 $A = \{第三次才取到红球\}$ 所包含的基本事件数

则 $N(A) = C_{18}^1 C_{17}^1 C_2^1 = 612$

$N(\Omega) = 20 \times 19 \times 18 = 6840$

$\Rightarrow \quad P(A) = \frac{N(A)}{N(\Omega)} = \frac{612}{6840} = 0.089$

13. 解题过程 (1) $P = \sum_{i=0}^{3} \frac{C_9^i C_3^{3-i}}{C_{12}^3} \cdot \frac{C_9^{3-i}}{C_{12}^3} = 0.146$

(2) $A_i = \{$第二次比赛时取到 i 个新球$\}$，$B_i = \{$第三次比赛时取到 i 个新球$\}(i=0,1,2,3)$

根据贝叶斯公式有

$$P(A_0 \mid B_3) = \frac{P(B_3 \mid A_0) P(A_0)}{P(B_3)} = \frac{84}{7056}$$

$$P(A_1 \mid B_3) = \frac{P(A_1) P(B_3 \mid A_1)}{P(B_3)} = \frac{1512}{7056}$$

$$P(A_2 \mid B_3) = \frac{P(A_2) \mid P(B_3 \mid A_2)}{P(B_3)} = \frac{3780}{7056}$$

$$P(A_3 \mid B_3) = \frac{P(A_3) \mid P(B_3 \mid A_3)}{P(B_3)} = \frac{1680}{7056}$$

第二次取到两个新球的概率最大.

14. 解题过程 $I = \{$失业率上升$\}$

由全概率公式有 $P(I) = P(I \mid A) P(A) + P(I \mid B) P(B) + P(I \mid C) P(C)$

$$= \frac{8}{10} \cdot \frac{1}{6} + \frac{2}{10} \cdot \frac{1}{3} + \frac{2}{10} \cdot \frac{1}{2}$$

$$= \frac{3}{10}$$

由贝叶斯公式有

$$P(A \mid I) = \frac{P(I \mid A) P(A)}{P(I)} = \frac{\frac{8}{10} \cdot \frac{1}{6}}{\frac{3}{10}} = \frac{4}{9}$$

$$P(B \mid I) = \frac{P(I \mid B) P(B)}{P(I)} = \frac{\frac{2}{10} \cdot \frac{1}{3}}{\frac{3}{10}} = \frac{2}{9}$$

$$P(C \mid I) = \frac{P(I \mid C) P(C)}{P(I)} = \frac{\frac{2}{10} \cdot \frac{1}{2}}{\frac{3}{10}} = \frac{3}{9}$$

故总统调整他对其顾问的理论的正确性估计分别为 $\frac{4}{9}, \frac{2}{9}, \frac{3}{9}$.

15. 解题过程 4 枚深水炸弹全击不中潜水艇的概率为 $P(A) = \left(\frac{1}{6}\right)^4$

1 枚击伤潜水艇另 3 枚击不中的概率为 $P(B) = C_4^1 \cdot \frac{1}{2} \cdot \left(\frac{1}{6}\right)^3$

A、B 互不相容，$P(A \cup B) = P(A) + P(B) = \dfrac{13}{6^4}$

$\therefore$ 击沉潜水艇的概率为 $1 - \dfrac{13}{6^4}$

16. 解题过程 元件 3 正常工作时，系统简化为

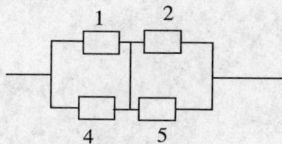

元件 3 失效时，系统简化为

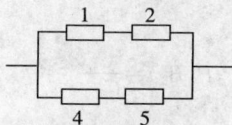

由全概率公式得

$$P(A) = P(A|A_3)P(A_3) + P(A|\overline{A}_3)P(\overline{A}_3)$$

又 $\because P(A|A_3) = P((A_1 \cup A_4)(A_2 \cup A_5))$，$P(A|\overline{A}_3) = P(A_1 A_2 \cup A_4 A_5)$

$\therefore P(A) = P(A_1 \cup A_4)(A_2 \cup A_5)P(A_3) + P(A_1 A_2 \cup A_4 A_5)P(\overline{A}_3)$

且 $\quad P(A_1 \cup A_4) = P(A_1) + P(A_4) - P(A_1 A_4) = 2p - p^2$

$\quad P(A_2 \cup A_5) = 2p - p^2$

$\quad P(A_1 A_2 \cup A_4 A_5) = P(A_1 A_2) + P(A_4 A_5) - P(A_1 A_2 A_4 A_5) = 2p^2 - p^4$

$\therefore P(A) = (2p - p^2)^2 p + (2p^2 - p^4)(1 - p) = 2p^2 + 2p^3 - 5p^4 + 2p^5$

17. 解题过程 记 $A_i = \{$第 i 次出现 6 点$\}$，$i = 1,2,3,4$

A_1、A_2、A_3、A_4 相互独立

$A = \{$一颗骰子连续掷 4 次至少出现一次 6 点$\}$

则 $P(A) = P(A_1 \cup A_2 \cup A_3 \cup A_4) = P(\overline{\overline{A}_1 \overline{A}_2 \overline{A}_3 \overline{A}_4}) = 1 - P(\overline{A}_1 \overline{A}_2 \overline{A}_3 \overline{A}_4)$

$\qquad = 1 - P(\overline{A}_1)P(\overline{A}_2)P(\overline{A}_3)P(\overline{A}_4)$

$\qquad = 1 - \left(\dfrac{5}{6}\right)^4 \approx 0.518 > 0.5$ 因此赢钱的概率较大.

记两颗骰子连掷 24 次，$A_i = \{$第 i 次出现双 6 点$\}$ $\qquad i = 1,2,\cdots,24$

$P(A_i) = \dfrac{1}{36}$，$P(\overline{A}_i) = \dfrac{35}{36}$

$A = \{$两颗骰子连掷 24 次至少出现一次 6 点$\}$

则 $P(A)=P(A_1\bigcup A_2\bigcup\cdots\bigcup A_{24})=1-P(\overline{A}_1\overline{A}_2\cdots\overline{A}_{24})$

$$=1-\prod_{i=1}^{24}P(\overline{A}_i)$$

$$=1-\left(\frac{35}{36}\right)^{24}\approx 0.491<0.5 \quad 因此赢钱的概率较小.$$

18. **解题过程** 记 $B_i=\{有\,i\,件音色不纯\}$ $\quad i=0,1,2,3$

$A=\{这批乐器被接收\}$

由题意可知,$P(A|B_0)=(0.99)^3$

$$P(A|B_1)=(0.99)^2\cdot 0.05$$

$$P(A|B_2)=0.99\cdot(0.05)^2$$

$$P(A|B_3)=(0.05)^3$$

又 $\quad P(B_0)=\dfrac{C_{96}^3}{C_{100}^3},P(B_1)=\dfrac{C_{96}^2C_4^1}{C_{100}^3},P(B_2)=\dfrac{C_{96}^1C_4^2}{C_{100}^3},P(B_3)=\dfrac{C_4^3}{C_{100}^3}$

因此 $\quad P(A)=\sum_{i=0}^{3}P(A\mid B_i)P(B_i)=0.8629$

19. **解题过程** (1)由于 $P(A|B)>P(A|\overline{B})$,则

$$P(A|B)=\frac{P(AB)}{P(B)}>P(A|\overline{B})=\frac{P(A)-P(AB)}{1-P(B)}$$

$$P(AB)-P(B)P(AB)>P(A)P(B)-P(B)P(AB)$$

$$P(AB)>P(A)P(B)$$

故 $P(AB)-P(A)P(AB)>P(A)P(B)-P(A)P(AB)$

即 $\quad P(AB)P(\overline{A})>P(A)P(B\overline{A})$

$$\frac{P(AB)}{P(A)}>\frac{P(B\overline{A})}{P(A)}$$

即 $\quad P(B|A)>P(B|\overline{A})$

(2)由 A 与 B 独立,可得 A 与 $\overline{B}$ 独立,由此 $P(A|B)=P(A)=P(A|\overline{B})$

由 $P(A|B)=P(A|\overline{B})$,可得 $\dfrac{P(AB)}{P(B)}=\dfrac{P(A\overline{B})}{P(B)}$

即 $\quad P(AB)[1-P(B)]=P(B)[P(A)-P(AB)]$

$$P(AB)=P(A)P(B)$$

故 A 与 B 独立.

得证.

第二章

一维随机变量及其分布

本章知识结构图

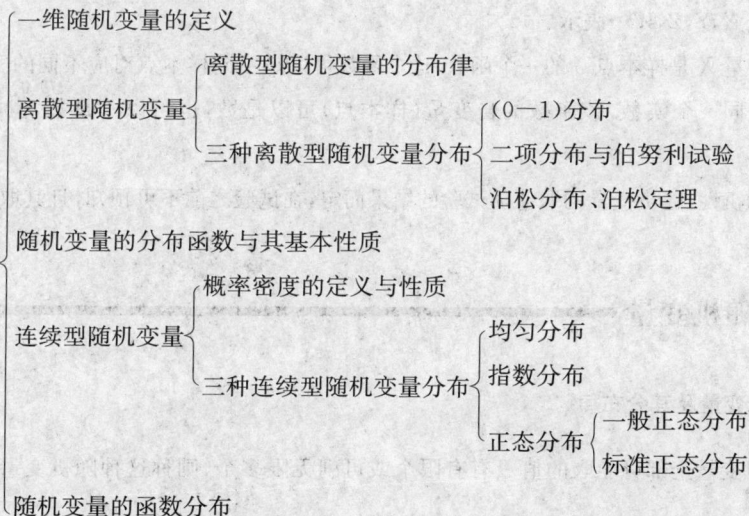

一维随机变量的定义

离散型随机变量
- 离散型随机变量的分布律
- 三种离散型随机变量分布
  - (0—1)分布
  - 二项分布与伯努利试验
  - 泊松分布、泊松定理

随机变量的分布函数与其基本性质

连续型随机变量
- 概率密度的定义与性质
- 三种连续型随机变量分布
  - 均匀分布
  - 指数分布
  - 正态分布
    - 一般正态分布
    - 标准正态分布

随机变量的函数分布

知识点归纳

■ 随机变量

1 随机事件的数量化

对随机试验的每一个可能结果,有唯一一个实数与之对应,这种定义关系实际上定义了样本空间 Ω 上的函数,通常记作 $X=X(\omega),\omega\in\Omega$.

2 一维随机变量

设 $X=X(\omega)$ 是定义在样本空间 Ω 上的实值单值函数,称 $X=X(\omega)$ 为一维随机变量.随机变量通常用大写字母 $X,Y,Z,W\cdots$ 表示.

即随机变量 X 是样本点 ω 的一个函数,这个函数可以是不同样本点对应不同的实数,也允许多个样本点对应同一个实数.该函数的自变量(样本点)可以是数,也可以不是数,但因变量一定是实数.

特点是随机性:随机变量的取值随试验的结果而定,在试验之前不可预知,且其取值具有一定的概率.

■ 离散型随机变量

1 离散型随机变量及其分布律

如果随机变量全部可能取的值只有有限个或可列无限多个,则称这种随机变量为离散型随机变量.

离散型随机变量分布律:设离散型随机变量 X 所有可能取的值为 $x_k(k=1,2,\cdots)$,X 取各个可能值的概率,即事件 $\{X=x_k\}$ 的概率为

$$P\{X=x_k\}=p_k \quad k=1,2,\cdots$$

称上式为离散型随机变量 X 的分布律.

分布律也可以直观地列成表格形式:

X	x_1	x_2	$\cdots$	x_n	$\cdots$
p_k	p_1	p_2	$\cdots$	p_n	$\cdots$

其中 p_k 满足 $p_k \geqslant 0(k=1,2,\cdots)$，$\sum\limits_{k=1}^{\infty} p_k = 1$.

2 三种重要的离散型随机变量分布

(1)(0—1)分布：

设随机变量 X 只可能取 0 与 1 两个值，它的分布律是

$P\{X=k\} = p^k q^{1-k}, k=0,1,p+q=1(0<p<1)$

则称 X 服从(0—1)分布或两点分布.

(0—1)分布的分布律也可写成

X	0	1
p_k	q	p

例 1　一位射击选手进行一次射击，已知射中的概率为 0.9，请列出该选手进行一次射击射中次数的分布律.

【解】　设一次射击射中次数为 X，则 X 可取值 0 或 1，已知射中的概率 $p=0.9$，则不中的概率为 $q=1-p=0.1$，可列出分布律如下：

X	0	1
p_k	0.1	0.9

(2)伯努利试验与二项分布：

伯努利试验：设试验 E 只有两个可能结果：A 及 $\overline{A}$，则称 E 为伯努利试验. 设 $P(A)=p(0<p<1)$，此时 $P(\overline{A})=1-p$.

将 E 独立地(各次试验的结果互不影响)重复(每次试验中 $P(A)=p$ 保持不变)进行 n 次，则称这一串重复的独立试验为 n 重伯努利试验.

二项分布：设 X 为 n 重伯努利试验中事件 A 发生的次数，X 是一个随机变量，此时 X 服从二项分布，记为 $X \sim b(n,p)$，其中 p 为事件 A 发生的概率，其分布律可写为

$P\{X=k\} = C_n^k p^k q^{n-k}, k=0,1,\cdots,n,p+q=1(0<p<1)$

例 2　甲、乙两人投篮，投中的概率分别为 0.6、0.7，现各投 2 次，求两人投中次数相等的概率.

【分析】　甲、乙两人投篮都可看作伯努利试验，则甲投中的次数 X 服从二项分布 $b(2,0.6)$，乙投中的次数 Y 服从二项分布 $b(2,0.7)$，且 X 与 Y 相互独立.

【解】　两人投中次数相等的概率为

$$P_1 = \sum_{i=0}^{2} P\{X=i\}P\{Y=i\}$$

$$= P\{X=0\}P\{Y=0\} + P\{X=1\}P\{Y=1\} + P\{X=2\}P\{Y=2\}$$

$$= C_2^0(0.6)^0(0.4)^2 \times C_2^0(0.7)^0(0.3)^2 + C_2^1(0.6)^1(0.4)^1 \times C_2^1(0.7)^1(0.3)^1 +$$

$$C_2^2(0.6)^2(0.4)^0 \times C_2^2(0.7)^2(0.3)^0$$

$$=0.0144+0.2016+0.1764$$

$$=0.3924$$

(3)泊松分布:

设随机变量 X 所有可能取的值为 $0,1,2,\cdots$,而取各个值的概率为

$$P\{X=k\}=\frac{\lambda^k e^{-\lambda}}{k!}, k=0,1,2,\cdots$$

其中 $\lambda>0$ 是常数,则称 X 服从参数为 λ 的泊松分布,记为 $X\sim\pi(\lambda)$.

泊松定理:在 n 重伯努利试验中,事件 A 在每次试验中发生的概率为 p_n(注意这与试验的次数 n 有关),如果 $n\to\infty$ 时,$np_n\to\lambda(\lambda>0$ 为常数),则对任意给定的非负整数 k,有 $\lim_{n\to\infty}C_n^k p_n^k (1-p_n)^{n-k} = \frac{\lambda^k}{k!}e^{-\lambda}$.

因为泊松定理是在 $np_n\to\lambda$ 条件下获得的,故在计算二项分布 $b(n,p)$ 时,当 n 很大,p 很小,而乘积 $\lambda=np$ 大小适中时,可以用泊松分布作近似,即

$$C_n^k p_n^k (1-p_n)^{n-k} \approx \frac{(np)^k}{k!}e^{-np}, k=0,1,2,\cdots$$

例 3 设某地区每年出现虚假信息文章的篇数 X 服从参数为 6 的泊松分布,求明年没有此类文章的概率.

【解】 已知 $X\sim\pi(6)$,则其分布率为

$$P\{X=k\}=\frac{6^k e^{-6}}{k!}(k=0,1,2,\cdots)$$

明年没有此类文章的概率为

$$P\{X=0\}=\frac{6^0 e^{-6}}{0!}=e^{-6}=0.00248$$

■ 随机变量的分布函数

分布函数

设 X 是一个随机变量,x 是任意实数,函数 $F(x)=P\{X\leqslant x\}$ 称为 X 的分布函数.

分布函数的性质:

(1) $0\leqslant F(x)\leqslant 1$;

(2) $F(x)$ 是 x 的不减函数；

(3) $F(-\infty)=\lim\limits_{x\to-\infty}F(x)=0,F(+\infty)=\lim\limits_{x\to+\infty}F(x)=1$；

(4) $F(x+0)=F(x),F(x)$ 是右连续的.

> **注意：** 随机变量 X 在任意区间 $(x_1,x_2]$ 内取值的概率为
> $$P\{x_1<X\leqslant x_2\}=P\{X\leqslant x_2\}-P\{X\leqslant x_1\}=F(x_2)-F(x_1)$$

连续型随机变量

1 连续型随机变量及其概率密度

(1)连续型随机变量：对于随机变量 X 的分布函数 $F(x)$，如果存在非负函数 $f(x)$，使对于任意实数 x，有 $F(x)=\int_{-\infty}^{x}f(t)\mathrm{d}t$，则 X 称为连续型随机变量.

(2)概率密度：上式中，函数 $f(x)$ 称为 X 的概率密度函数，简称概率密度.

(3)概率密度的性质：

① $f(x)\geqslant 0$；

② $\int_{-\infty}^{+\infty}f(x)\mathrm{d}x=1$；

③ 对于任意实数 x_1 和 $x_2,x_1\leqslant x_2$，有

$$P\{x_1<X\leqslant x_2\}=F(x_2)-F(x_1)=\int_{x_1}^{x_2}f(x)\mathrm{d}x;$$

④ 若 $f(x)$ 在点 x 连续，则有 $F'(x)=f(x)$.

2 三种重要的连续型随机变量分布

(1)均匀分布：

设连续型随机变量 X 具有概率密度

$$f(x)=\begin{cases}\dfrac{1}{b-a}, & a<x<b \\ 0, & \text{其他}\end{cases}\qquad①$$

则称 X 在区间 (a,b) 上服从均匀分布，记为 $X\sim U(a,b)$.

易知 $f(x)\geqslant 0$，且 $\int_{-\infty}^{+\infty}f(x)\mathrm{d}x=1$.

由①式得 X 的分布函数为

$$F(x)=\begin{cases} 0, & x<a \\ \dfrac{x-a}{b-a}, & a\leqslant x<b \\ 1 & x\geqslant b \end{cases}$$

例 4 设 K 在 $(0,5)$ 上服从均匀分布,求方程 $4x^2+4Kx+K+2=0$ 有实根的概率.

【解】 已知 $K\sim U(0,5)$,则 K 的概率密度为

$$f(x)=\begin{cases} \dfrac{1}{5}, & 0<x<5 \\ 0, & 其他 \end{cases}$$

方程 $4x^2+4Kx+K+2=0$ 有实根的充要条件为 $(4K)^2-4\times4\times(K+2)\geqslant0$.

即 $(K+1)(K-2)\geqslant0$

当 $K\geqslant2$ 时,方程有实根,且有实根的概率为

$$P\{K\geqslant2\}=\int_2^5 \frac{1}{5}\mathrm{d}x=\frac{3}{5}=0.6$$

(2)指数分布:

设连续型随机变量是 X 的概率密度为

$$f(x)=\begin{cases} \lambda e^{-\lambda x}, & x>0 \\ 0, & x\leqslant0 \end{cases}$$ ②

其中 $\lambda>0$ 为常数,则称 X 服从参数为 λ 的指数分布,记为 $X\sim E(\lambda)$.

易知 $f(x)\geqslant0$,且 $\displaystyle\int_{-\infty}^{+\infty} f(x)\mathrm{d}x=\int_0^{+\infty} \lambda e^{-\lambda x}\mathrm{d}x=1$.

由②式得 X 的分布函数为

$$F(x)=\begin{cases} 1-e^{-\lambda x}, & x>0 \\ 0, & 其他 \end{cases}$$

例 5 设某顾客在银行窗口等待服务的时间 X(以分计)服从指数分布,其概率密度为

$$f(x)=\begin{cases} \dfrac{1}{5}e^{-x/5}, & x>0 \\ 0, & 其他 \end{cases}$$

请写出 X 的分布函数.

【解】 已知 $X\sim E(\frac{1}{5})$,则其分布函数为

$$F(x)=\begin{cases}1-\mathrm{e}^{-x/5}, & x>0 \\ 0, & x\leqslant 0\end{cases}$$

（3）正态分布：

设连续型随机变量 X 的概率密度为

$$f(x)=\frac{1}{\sqrt{2\pi}\sigma}\mathrm{e}^{-\frac{(x-\mu)^2}{2\sigma^2}}, -\infty<x<+\infty \qquad ③$$

其中 μ、$\sigma(\sigma>0)$ 为常数，则称 X 服从参数为 μ、σ 的正态分布，记为 $X\sim N(\mu,\sigma^2)$.

易知 $f(x)\geqslant 0$，并可证明 $\int_{-\infty}^{+\infty}f(x)\mathrm{d}x=1$.

由③式得 X 的分布函数为

$$F(x)=\frac{1}{\sqrt{2\pi}\sigma}\int_{-\infty}^{x}\mathrm{e}^{-\frac{(t-\mu)^2}{2\sigma^2}}\mathrm{d}t, -\infty<x<+\infty$$

标准正态分布：特别地，当 $\mu=0$，$\sigma=1$ 时，称 X 服从标准正态分布，记为 $X\sim N(0,1)$，其概率密度和分布函数分别用 $\varphi(x)$、$\Phi(x)$ 表示，即有

$$\varphi(x)=\frac{1}{\sqrt{2\pi}}\mathrm{e}^{-\frac{x^2}{2}}, \Phi(x)=\frac{1}{\sqrt{2\pi}}\int_{-\infty}^{x}\mathrm{e}^{-\frac{t^2}{2}}\mathrm{d}t$$

引理：若 $X\sim N(\mu,\sigma^2)$，则 $Y=\dfrac{X-\mu}{\sigma}\sim N(0,1)$.

例6 设 $X\sim N(3,2^2)$，求 $P\{2<X\leqslant 5\}$.

【解】 求正态分布问题的概率时，可以查标准正态分布表的结果.

$$P\{2<X\leqslant 5\}=P\{\frac{2-3}{2}<\frac{X-3}{2}\leqslant\frac{5-3}{2}\}$$
$$=P\{-0.5<\frac{X-3}{2}\leqslant 1\}$$
$$=\Phi(1)-\Phi(-0.5)$$
$$=\Phi(1)-[1-\Phi(0.5)]$$
$$=0.8413+0.6915-1$$
$$=0.5328$$

■ 随机变量的函数的分布

随机变量的函数分布问题就是已知随机变量 X 的概率分布，求其函数 $Y=g(X)$ 的概率分布，此处 $g(\cdot)$ 是已知的连续函数.

1 求离散型随机变量 Y=g(X) 的分布律

若 X 的分布律为 $P\{X=x_i\}=p_i, i=1,2,\cdots$，则 $Y=g(X)$ 的分布律求法如下：

(1) 先将 $P\{X=x_i\}=p_i(i=1,2,\cdots)$ 中 Y 取值相同的概率合并得到；

(2) 列表求出．

X	x_1	x_2	$\cdots$	x_n	$\cdots$
$Y=g(X)$	$g(x_1)$	$g(x_2)$	$\cdots$	$g(x_n)$	$\cdots$
p_i	p_1	p_2	$\cdots$	p_n	$\cdots$

将表中 Y 取值相同的概率合并后即可得到 $Y=g(X)$ 的分布律．

2 求连续型随机变量 Y＝g(X)概率密度函数

设 X 的密度函数为 $f_X(x)$

求 $Y=g(X)$ 的密度函数一般方法：

(1) 求 Y 的分布函数；

$F_Y(g)=P\{Y\leqslant y\}=P\{g(X)\leqslant y\}=P\{X\in I_Y\}$

其中 $I_Y=\{x\,|\,g(x)\leqslant y\}$

(2) 对 Y 的分布函数求导，即可得到密度函数 $f_Y(y)=\dfrac{\mathrm{d}}{\mathrm{d}y}F_Y(y)$．

定理：设随机变量 X 具有概率密度 $f_X(x)$，$-\infty<x<+\infty$，函数 $g(x)$ 处处可导且恒有 $g'(x)>0$ （或恒有 $g'(x)<0$），则 $Y=g(X)$ 是连续型随机变量，其概率密度为

$$f_Y(y)=\begin{cases}f_X[h(y)]|h'(y)|, & \alpha<y<\beta\\ 0, & \text{其他}\end{cases}$$

其中 $\alpha=\min(g(-\infty),g(+\infty))$，$\beta=\max(g(-\infty),g(+\infty))$，$h(y)$ 是 $g(x)$ 的反函数．

例 7 随机变量 X 的密度函数为 $f(x)=\dfrac{1}{\pi(1+x^2)}$，$-\infty<x<+\infty$．求随机变量 $Y=1-\sqrt[3]{x}$ 的概率密度函数．

【分析】 因为 $y=1-\sqrt[3]{x}$ 严格单调可导，可利用公式

$$f_Y(y)=\begin{cases}f_X[h(y)]|h'(y)|,\alpha<y<\beta\\ 0, & \text{其他}\end{cases}$$

【解】 $y=1-\sqrt[3]{x}$ 的反函数为 $x=(1-y)^3$

$$f_Y(y)=\frac{1}{\pi[1+(1-y)^6]}|3(1-y)^2(-1)|$$

$$=\frac{3(1-y)^2}{\pi[1+(1-y)^6]}$$

故 $$f_Y(y)=\frac{3(1-y)^2}{\pi[1+(1-y)^6]},\ -\infty<x<+\infty$$

典型题型归类

■ 离散型随机变量的分布律

例 8 一房间有 3 扇同样大小的窗子,其中只有一扇是打开的.有一只鸟自开着的窗子飞入了房间,它只能从开着的窗子飞出去.假定鸟是没有记忆的,鸟飞向各扇窗子是随机的.用 x 表示鸟为了飞出房中间试飞的次数,求 x 的分布律.

【分析】 由题意可知,鸟飞入任何一窗子是等可能的.如将窗子编号为 1、2、3,则鸟飞向第 i 扇窗子的概率为 $\frac{1}{3}$,鸟试飞数 x 的所有可能取值为 1,2,3,…

【解】 设事件 $A_i=\{$第 i 次飞出房间$\}$,则

$$P\{x=1\}=P(A_1)=\frac{1}{3}$$

$$P\{x=2\}=P(\bar{A},A_2)=\frac{2}{3}\times\frac{1}{3}$$

$$P\{x=3\}=P(\bar{A}_1\,\bar{A}_2A_3)=\frac{2}{3}\times\frac{2}{3}\times\frac{1}{3}$$

$$\vdots$$

$$P\{x=k\}=P(\bar{A}_1,\bar{A}_2\cdots\bar{A}_{k-1}A_k)=(\frac{2}{3})^{k-1}\cdot\frac{1}{3}$$

该式即为鸟试飞 k 次飞出房间的概率.

x 的分布律为

x	1	2	3	…	k	…
p_k	$\frac{1}{3}$	$\frac{3}{2}\times\frac{1}{3}$	$(\frac{2}{3})^2\times\frac{1}{3}$	…	$(\frac{2}{3})^{k-1}\times\frac{1}{3}$	…

或写为

$$P\{x=k\}=(\frac{2}{3})^{k-1}\frac{1}{3}\ (k=1,2,3,\ \cdots)$$

■ 分布函数与连续型随机变量的概率密度

例 9 设随机变量 x 的概率密度为

$$f(x)=\begin{cases}x, & 0\leqslant x<1 \\ 2-x, & 1\leqslant x<2 \\ 0, & 其他\end{cases}$$

求 x 的分布函数 $F(x)$，并画出 $f(x)$ 及 $F(x)$ 的图形.

【解】 当 $x<0$ 时，$F(x)=0$；当 $0\leqslant x<1$ 时，则

$$F(x=\int_{-\infty}^{x}f(t)\mathrm{d}t=\int_{-\infty}^{0}0\mathrm{d}t+\int_{0}^{x}t\mathrm{d}t=\int_{0}^{x}t\mathrm{d}t=\frac{1}{2}x^2$$

当 $1\leqslant x<2$ 时，则

$$F(x)=\int_{-\infty}^{x}f(t)\mathrm{d}t$$

$$=\int_{-\infty}^{0}0\mathrm{d}t+\int_{0}^{1}t\mathrm{d}t+\int_{1}^{x}(2-t)\mathrm{d}t$$

$$=\int_{0}^{1}t\mathrm{d}t+\int_{1}^{x}(2-t)\mathrm{d}t$$

$$=\frac{1}{2}+(2t-\frac{1}{2}t^2)\Big|_{1}^{x}$$

$$=-\frac{1}{2}x^2+2x-1$$

当 $x\geqslant 2$ 时，$F(x)=1$，综合表示为

$$F(x)=\begin{cases}0, & x<0 \\ \frac{1}{2}x^2, & 0\leqslant x<1 \\ -\frac{1}{2}x^2+2x-1, & 1\leqslant x<2 \\ 1, & x\geqslant 2\end{cases}$$

$f(x)$ 和 $F(x)$ 的图形如下.

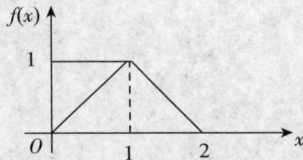

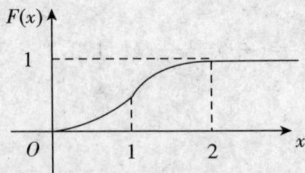

例 9 图

■ 随机变量的函数分布

例 10 设随机变量 x 在 $(0,1)$ 上服从均匀分布,求 $Y = e^x$ 的概率密度.

【分析】 此类题应首先求 Y 的分布函数,然后求 Y 的概率密度.

【解】 x 的概率密度为

$$f_x(x) = \begin{cases} 1, & 0 < x < 1 \\ 0, & 其他 \end{cases}$$

设 $F_Y(y)$ 为 Y 的分布函数,$f_Y(y)$ 为 Y 的概率密度.

当 $y < 1$ 时,$F_Y(y) = 0$;

当 $1 \leqslant y < e$ 时,则

$$F_y(y) = P\{Y \leqslant y\} = P\{e^x \leqslant Y\} = P\{x \leqslant \ln y\}$$

$$= \int_0^{\ln y} dx = \ln y$$

当 $y \geqslant e$ 时,$F_Y(y) = 1$. 综合表示为

$$F_Y(y) = \begin{cases} 0, & y < 1 \\ \ln y, & 1 \leqslant y < e \\ 1, & y \geqslant e \end{cases}$$

则 Y 的概率密度为

$$F_Y(y) = \frac{dF_Y(y)}{dy} = \begin{cases} \dfrac{1}{y}, & 1 < y < e \\ 0, & 其他 \end{cases}$$

习题全解

■ 习题 2-1

1. 解题过程 由于出现各点数的概率都相等,因此 $P\{X = i\} = \dfrac{1}{6}, (i = 1, 2, \cdots, 6)$

$$P\{X \geqslant 4\} = P\{X = 4\} + P\{X = 5\} + P\{X = 6\} = \frac{1}{6} \times 3 = \frac{1}{2}$$

2. 解题过程 (1)对应关系如下:

w_1	0
w_2	1
w_3	1
w_4	2

(2)由如上对应关系可知 $P\{X=1\}=P\{w_2,w_3\}=P\{w_2\}+P\{w_3\}=2p(1-p)$

■ 习题 2-2

1. 解题过程 (1)满足 $p_k\geqslant 0$ $(k=0,1,2)$,且 $\sum\limits_{k=0}^{2}p_k=1$

因此是某个随机变量的分布律.

(2)不满足 $\sum\limits_{k=1}^{3}p_k=1$,因此不是.

(3)满足 $p_k\geqslant 0$ $(k=1,2\cdots)$,$\sum\limits_{k=1}^{\infty}p_k=\lim\limits_{k\to\infty}\dfrac{\dfrac{1}{2}\left[1-\left(\dfrac{1}{2}\right)^k\right]}{1-\dfrac{1}{2}}=1$

因此是某个随机变量的分布律.

2. 解题过程 由随机变量性质可知,$\sum\limits_{k=1}^{N}P\{X=k\}=1$,即 $\sum\limits_{k=1}^{N}\dfrac{a}{N}=1$,因此 $a=1$.

3. 解题过程 随机变量 X 可能的取值为 $0,1,2,3,4,5$.设 5 个产品中次品数为 k.

$$P\{X=k\}=\dfrac{C_{10}^{k}C_{90}^{5-k}}{C_{100}^{5}}\quad (k=0,1,2,\cdots,5)$$

分别计算 $P\{X=k\}$ 可得分布律如下:

X	0	1	2	3	4	5
p_k	0.5838	0.3394	0.0702	0.0064	0.00025	≈ 0

4. 解题过程 设 X 表示在同一时刻被使用的供水设备的个数. 由题意可知,$X\sim b(5,0.1)$

(1)$P\{X=2\}=C_5^2(0.1)^2(1-0.1)^3=0.0729$

(2)$P\{X\geqslant 3\}=C_5^3(0.1)^3(1-0.1)^2+C_5^4(0.1)^4(1-0.1)+C_5^5(0.1)^5=0.00856$

(3)$P\{X\leqslant 3\}=1-C_5^4(0.1)^4(1-0.1)-C_5^5(0.1)^5=0.99954$

5. 解题过程 设 X 表示射击次数. 则 $P\{X=n\}=p\cdot q^{n-1}\quad n=1,2\cdots$

其中 $q=1-p$

6. **解题过程** 由题可知，$X \sim \left(3, \dfrac{2}{5}\right)$，因此 $P\{X=k\}=C_3^k\left(\dfrac{2}{5}\right)^k\left(1-\dfrac{2}{5}\right)^{3-k}, k=0,1,2,3$

7. **解题过程** 设 X 表示一周内发生交通事故的次数，则 $X \sim \pi(0.3)$，$P\{X=k\}=\dfrac{\lambda^k \mathrm{e}^{-\lambda}}{k!}, k=0,1,2\cdots$

$$(1)\,P\{X=2\}=\frac{(0.3)^2 \mathrm{e}^{-0.3}}{2!}=0.0333$$

$$(2)\,P\{X \geqslant 1\}=1-P\{X=0\}=1-\frac{(0.3)^0 \mathrm{e}^{-0.3}}{0!}=0.259$$

8. **解题过程** 当 λ 不是整数时，$k=[\lambda]$ 时最大；

当 λ 是整数时，$k=\lambda$ 或 $\lambda-1$ 时最大.

9. **解题过程** 设 X 表示总共发生的断头次数，则 $X \sim b(800, 0.005)$，近似于参数为 $\lambda=800 \times 0.005=4$ 的泊松分布.

因此 $P\{X > 2\}=1-P\{0 \leqslant X \leqslant 2\}=1-\sum\limits_{k=0}^{2} P\{X=k\}$

$$\approx 1-\sum\limits_{k=0}^{2}\frac{4^k \mathrm{e}^{-4}}{k!} \approx 1-0.2381=0.7619$$

■ 习题 2-3

1. **分析** 由分布函数的性质判断.

解题过程 (1)∵$0 \leqslant F(x) \leqslant 1$ 且 $F(x)$ 是 x 的单调不减函数

又 $F(-\infty)=\lim\limits_{x \to -\infty} F(x)=0, F(+\infty)=\lim\limits_{x \to +\infty} F(x)=1, \lim\limits_{x \to x_0^+} F(x)=F(x_0), F(x)$ 右

连续 ∴$F(x)$ 是某个随机变量的分布函数.

(2)$0 \leqslant F(x) \leqslant 1, F(-\infty)=\lim\limits_{x \to -\infty} F(x)=0, F(+\infty)=\lim\limits_{x \to +\infty} F(x)=0 \neq 1$

不满足分布函数的性质，故 $F(x)$ 不是某个随机变量的分布函数.

2. **分析** 利用分布函数的性质 $F(+\infty)=1$

解题过程 $F(+\infty)=\lim\limits_{x \to +\infty} F(x)=\lim\limits_{x \to +\infty} A(1-\mathrm{e}^{-x})=A=1$

$P\{1 < x \leqslant 3\}=P\{x \leqslant 3\}-P\{x \leqslant 1\}=F(3)-F(1)$

$$=1-\mathrm{e}^{-3}-1+\mathrm{e}^{-1}=\mathrm{e}^{-1}-\mathrm{e}^{-3}$$

3. **分析** 两点分布的分布函数图形为阶梯曲线.

解题过程 x 的分布律为

X	0	1
$P\{x=k\}$	$1-p$	p

由概率的有限可加性,可以求得

$$F(x)=\begin{cases} 0, & x<0 \\ 1-p, & 0\leqslant x<1 \\ 1, & x\geqslant 1 \end{cases}$$

图形如题 3 图解所示:

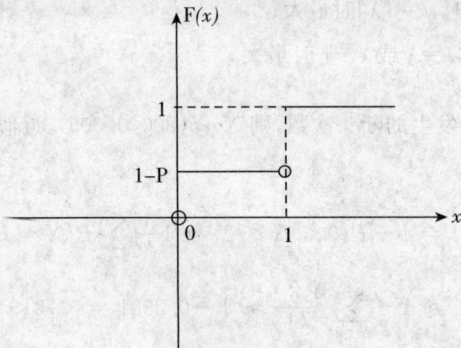

题 3 图解

4. **分析** 已知分布律,根据概率的有限可加性求分布函数.

离散型随机分布 $-1\leqslant X\leqslant 1$,区间 X 只能取 $-1,0,1$.

解题过程 (1)根据概率的有限可加性可求得

$$F(x)=\begin{cases} 0, & x<-2 \\ \dfrac{1}{5}, & -2\leqslant x<-1 \\ \dfrac{11}{30}, & -1\leqslant x<0 \\ \dfrac{7}{10}, & 0\leqslant x<1 \\ 1, & x\geqslant 1 \end{cases}$$

$F(x)$ 的图形如题 4 图解所示.

(2)$P\{-1\leqslant X\leqslant 1\}=P\{X=-1\}+P\{X=0\}+P\{X=1\}$

$$=\frac{1}{6}+\frac{1}{3}+\frac{3}{10}=\frac{4}{5}$$

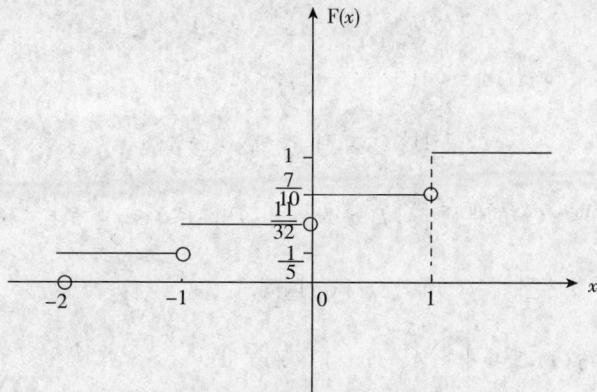

题 4 图解

5. 分析 本题关键确定好分界条件并分析全每一种情况.

解题过程 以 0m 及圆盘半径 2m 为分界点.

$x < 0$ 时,$F(x) = P\{X \leqslant x\} = 0$

$0 \leqslant x < 2$ 时,$F(x) = P\{X \leqslant x\} = P\{X < 0\} + P\{0 \leqslant X \leqslant x\}$

由题意可得 $P\{0 \leqslant X \leqslant x\} = kx^2$,$k$ 是常数,取 $x = 2$ 有 $P\{0 \leqslant X \leqslant 2\} = k \cdot 2^2$

由 $P\{0 \leqslant X \leqslant 2\} = 1$ 可推得 $k = \dfrac{1}{4}$

$\therefore F(x) = \dfrac{1}{4}x^2$

$x \geqslant 2$ 时,$F(x) = P\{X \leqslant x\} = 1$

综上所述 $F(x) = \begin{cases} 0, & x < 0 \\ \dfrac{1}{4}x^2, & 0 \leqslant x < 2 \\ 1 & x \geqslant 2 \end{cases}$

习题 2-4

1. 解题过程 $\displaystyle\int_{-\infty}^{+\infty} f(x)\mathrm{d}x = 1$

$\Rightarrow \displaystyle\int_{-\infty}^{0} af_1(x)\mathrm{d}x + \int_{-}^{+\infty} bf_2(x)\mathrm{d}x = \dfrac{a}{2} + \dfrac{3b}{4}$

$\Rightarrow 2a + 3b = 4$

故选(A).

2. 分析 利用分布函数与概率密度关系公式进行运算.

解题过程 $F(x)=\int_{-\infty}^{x}f(t)\mathrm{d}t=\begin{cases}0, & x<1\\ 2\left(x+\dfrac{1}{x}-2\right), & 1\leqslant x<2\\ 1, & x\geqslant2\end{cases}$

3. 分析 利用概率密度 $f(x)$ 的性质 $\int_{-\infty}^{+\infty}f(x)\mathrm{d}x=1$,$P\{x_1<X<x_2\}=\int_{x_1}^{x_2}f(x)\mathrm{d}x$

利用定义 $F(x)=\int_{-\infty}^{x}f(t)\mathrm{d}t$,注意积分区间.

解题过程 $(1)\int_{-\infty}^{+\infty}f(x)\mathrm{d}x=\int_{-\infty}^{0}A\mathrm{e}^{x}\mathrm{d}x+\int_{0}^{+\infty}A\mathrm{e}^{-x}\mathrm{d}x$

$\qquad\qquad\qquad = A\mathrm{e}^{x}\Big|_{-\infty}^{0}-A\mathrm{e}^{-x}\Big|_{0}^{+\infty}$

$\qquad\qquad\qquad = A+A=2A=1$

$\qquad\qquad\qquad \Rightarrow A=\dfrac{1}{2}$

$(2)P\{0<x<1\}=\int_{0}^{1}f(x)\mathrm{d}x=\int_{0}^{1}\dfrac{1}{2}\mathrm{e}^{-x}\mathrm{d}x=-\dfrac{1}{2}\mathrm{e}^{-x}\Big|_{0}^{1}=\dfrac{1}{2}(1-\mathrm{e}^{-1})$

$(3)F(x)=\int_{-\infty}^{x}f(t)\mathrm{d}t$

$x<0$ 时,$F(x)=\int_{-\infty}^{x}\dfrac{1}{2}\mathrm{e}^{t}\mathrm{d}t=\dfrac{1}{2}\mathrm{e}^{x}$

$x\geqslant0$ 时,$F(x)=\int_{-\infty}^{x}\dfrac{1}{2}\mathrm{e}^{-t}\mathrm{d}t=\int_{-\infty}^{0}\dfrac{1}{2}\mathrm{e}^{t}\mathrm{d}t+\int_{0}^{x}\dfrac{1}{2}\mathrm{e}^{-t}\mathrm{d}t=1-\dfrac{1}{2}\mathrm{e}^{-x}$

综上所述

$$F(x)=\begin{cases}\dfrac{1}{2}\mathrm{e}^{x}, & x<0\\ 1-\dfrac{1}{2}\mathrm{e}^{-x}, & x\geqslant0\end{cases}$$

4. 分析 此类型题注意 $f(x)$ 为分段函数,进行分段积分,结合 $f(x)$ 性质进行计算.

解题过程 $(1)\int_{-\infty}^{+\infty}f(x)\mathrm{d}x=\int_{-\infty}^{-\frac{\pi}{2}}0\mathrm{d}x+\int_{-\frac{\pi}{2}}^{\frac{\pi}{2}}A\cos x\mathrm{d}x+\int_{\frac{\pi}{2}}^{+\infty}0\mathrm{d}x=1$

$\qquad\qquad$ 得 $A=\dfrac{1}{2}$

$(2)F(x)=\int_{-\infty}^{x}f(t)\mathrm{d}t$

$x<-\dfrac{\pi}{2}$ 时,$f(x)=0$ $\therefore F(x)=0$

$-\dfrac{\pi}{2}\leqslant x<\dfrac{\pi}{2}$时，$F(x)=\displaystyle\int_{-\infty}^{-\frac{\pi}{2}}0\mathrm{d}t+\int_{-\frac{\pi}{2}}^{x}\dfrac{1}{2}\cos t\mathrm{d}t=\dfrac{1}{2}\sin x+\dfrac{1}{2}$

$x\geqslant\dfrac{\pi}{2}$时，$F(x)=1$

综上所述

$$F(x)=\begin{cases}0, & x<-\dfrac{\pi}{2}\\[2mm]\dfrac{1}{2}\sin x+\dfrac{1}{2}, & -\dfrac{\pi}{2}\leqslant x<\dfrac{\pi}{2}\\[2mm]1, & x\geqslant\dfrac{\pi}{2}\end{cases}$$

$(3)\,P\left\{0<x\leqslant\dfrac{\pi}{4}\right\}=\displaystyle\int_{0}^{\frac{\pi}{4}}f(x)\mathrm{d}x=\int_{0}^{\frac{\pi}{4}}\dfrac{1}{2}\cos x\mathrm{d}x=\dfrac{\sqrt{2}}{4}$

5. 分析 注意分段函数求导.

解题过程 $(1)\,P\{x<2\}=P\{x\leqslant2\}-P\{x=2\}=F(2)=\ln2$

$P\{0<x\leqslant3\}=P\{x\leqslant3\}-P\{x\leqslant0\}=F(3)-F(0)=1$

$P\left\{2<x<\dfrac{5}{2}\right\}=F\left(\dfrac{5}{2}\right)-F(2)=\ln\dfrac{5}{2}-\ln2=\ln\dfrac{5}{4}$

$(2)\,f(x)=F'(x)$　（由 $F(x)=\displaystyle\int_{-\infty}^{x}f(t)\mathrm{d}t$ 而得）

$$=\begin{cases}\dfrac{1}{x}, & 1<x<\mathrm{e}\\[2mm]0, & 其他\end{cases}$$

6. 分析 X 在区间(a,b)上服从均匀分布，概率密度 $f(x)=\begin{cases}\dfrac{1}{b-a},a<x<b\\[2mm]0, & 其他\end{cases}$

解题过程 $\because K$ 在区间$(1,6)$上服从均匀分布

$\therefore f(k)=\begin{cases}\dfrac{1}{5}, & 1<k<6\\[2mm]0, & 其他\end{cases}$

$\because$方程有实根

$\therefore k^2-4\geqslant0\ \Rightarrow\ k\geqslant2$ 或 $k\leqslant-2$

$\therefore$方程有实根的概率为 $\displaystyle\int_{-\infty}^{-2}f(k)\mathrm{d}k+\int_{2}^{+\infty}f(k)\mathrm{d}k=0+\dfrac{4}{5}=\dfrac{4}{5}$

7. 解题过程 顾客在窗口等待超过 10 分种的概率为

$$\int_{10}^{+\infty} f_X(x)\mathrm{d}x = \int_{10}^{+\infty} \frac{1}{5}\mathrm{e}^{-\frac{x}{5}}\mathrm{d}x = \mathrm{e}^{-2}$$

即顾客去银行 1 次,因未等到服务而离开的概率为 e^{-2}

$\therefore Y \sim b(5, \mathrm{e}^{-2})$

Y 的分布律 $P\{Y=k\} = C_5^k (\mathrm{e}^{-2})^k (1-\mathrm{e}^{-2})^{5-k}$ $(k=0,1,2,3,4,5)$

$P\{Y \geqslant 1\} = 1 - P\{Y=0\} = 1 - (1-\mathrm{e}^{-2})^5 = 0.5167$

8. 分析 运用引理:$X \sim N(\mu, \sigma^2)$,则 $Y = \dfrac{X-\mu}{\sigma} \sim N(0,1)$

解题过程 (1)$X \sim N(3, 2^2)$,故 $\dfrac{X-3}{2} \sim N(0,1)$

$P\{2 < X \leqslant 5\} = P\left\{\dfrac{2-3}{2} < \dfrac{X-3}{2} \leqslant \dfrac{5-3}{2}\right\} = P\left\{-0.5 < \dfrac{X-3}{2} \leqslant 1\right\}$

$\qquad = \Phi(1) - \Phi(-0.5) = \Phi(1) - [1-\Phi(0.5)] = 0.8413 - 1 + 0.6915 = 0.5328$

$P\{|X| > 2\} = 1 - P\{|X| \leqslant 2\} = 1 - P\{-2 \leqslant X \leqslant 2\} = 1 - P\left\{\dfrac{-2-3}{2} \leqslant \dfrac{X-3}{2} \leqslant \dfrac{2-3}{2}\right\}$

$\qquad = 1 - \Phi(-0.5) + \Phi(-2.5) = \Phi(0.5) - \Phi(2.5) + 1$

$\qquad = 0.6915 + 1 - 0.9938 = 0.6977$

$P\{X > 3\} = 1 - P\{X \leqslant 3\} = 1 - P\left\{\dfrac{X-3}{2} \leqslant \dfrac{3-3}{2}\right\} = 1 - \Phi(0) = 1 - 0.5 = 0.5$

(2)$P\{X > c\} = 1 - P\{X \leqslant c\} = P\{X \leqslant c\}$,可得 $P\{X \leqslant c\} = \dfrac{1}{2}$

$\therefore P\left\{\dfrac{X-3}{2} \leqslant \dfrac{c-3}{2}\right\} = \dfrac{1}{2}$,即 $\Phi\left(\dfrac{c-3}{2}\right) = \dfrac{1}{2} = \Phi(0)$

$\therefore \dfrac{c-3}{2} = 0$,得 $c=3$

(3)$P\{X > d\} = 1 - P\{X \leqslant d\} \geqslant 0.9$

$\therefore 1 - \Phi\left(\dfrac{d-3}{2}\right) \geqslant 0.9 = \Phi(1.282)$

即 $\Phi\left(-\dfrac{d-3}{2}\right) \geqslant 0.9 = \Phi(1.282)$

又 $\because \Phi(x)$ 是不减函数

$\therefore -\dfrac{d-3}{2} \geqslant 1.282$,可得 $d \leqslant 0.436$ $\therefore d$ 至多为 0.436

9. 解题过程 令考生的外语成绩为 X,则 $X \sim N(72, \sigma^2)$

由题意得 $P\{96 \leqslant X \leqslant 100\} = 2.3\%$

故 $P\{X \leqslant 96\} = 1 - 2.3\% = 0.977.$

$$\therefore P\left\{\frac{X-72}{\sigma}\leqslant\frac{96-72}{\sigma}\right\}=\Phi\left(\frac{96-72}{\sigma}\right)=0.977=\Phi(2.0)$$

可得 $\frac{24}{\sigma}=2.0$ 故 $\sigma=12$

$$\therefore X\sim N(72,12^2)$$

$$P\{60\leqslant X\leqslant 84\}=\Phi\left(\frac{84-72}{12}\right)-\Phi\left(\frac{60-72}{12}\right)=\Phi(1)-\Phi(-1)=\Phi(1)-[1-\Phi(1)]$$

$$=2\Phi(1)-1=0.6826$$

故考生的外语成绩在 60～84 分之间的概率为 0.6826.

■ 习题 2-5

1. 分析 由关系式推得随机变量的取值.

解题过程 (1)$X=0$ 时,$Y=-\pi$,$P\{Y=-\pi\}=P\{X=0\}=\frac{1}{4}$

$X=\frac{\pi}{2}$ 时,$Y=0$,$P\{Y=0\}=P\left\{X=\frac{\pi}{2}\right\}=\frac{1}{2}$

$X=\pi$ 时,$Y=\pi$,$P\{Y=\pi\}=P\{X=\pi\}=\frac{1}{4}$

故 $Y=2X-\pi$ 分布律为

Y	$-\pi$	0	π
p_k	$\frac{1}{4}$	$\frac{1}{2}$	$\frac{1}{4}$

(2)$X=0$ 时,$Y=1$,$P\{Y=1\}=P\{X=0\}=\frac{1}{4}$

$X=\frac{\pi}{2}$ 时,$Y=0$,$P\{Y=0\}=P\left\{X=\frac{\pi}{2}\right\}=\frac{1}{2}$

$X=\pi$ 时,$Y=-1$,$P\{Y=-1\}=P\{X=\pi\}=\frac{1}{4}$

故 $Y=\cos X$ 的分布律为

Y	1	0	-1
p_k	$\frac{1}{4}$	$\frac{1}{2}$	$\frac{1}{4}$

2. 分析 注意随机变量取值及概率的相加合并.

解题过程 $X\sim b(3,0.4)$,故可得 X 的分布律 $P\{X=k\}=C_3^k 0.4^k(1-0.4)^{3-k}$,$k=0,1,2,3$.

X	0	1	2	3
p	0.216	0.432	0.288	0.064

故 $Y=X^2-2X$ 可能取值为 $-1,0,3$.

$P\{Y=-1\}=P\{X=1\}=0.432$

$P\{Y=0\}=P\{X=0\}+P\{X=2\}=0.216+0.288=0.504$

$P\{Y=3\}=P\{X=3\}=0.064$

得 Y 分布律如下

Y	-1	0	3
p	0.432	0.504	0.064

3. 解题过程 (1)由题意得 $f_X(x)=\begin{cases}1, & 0<x<1\\0, & 其他\end{cases}$

$Y=e^x$,令 $g(x)=e^x$,$g(x)$ 在 $(0,1)$ 上恒有 $g'(x)=e^x>0$

且有反函数 $x=h(y)=\ln y,h'(y)=\dfrac{1}{y}$

根据定理

$$f_Y(y)=\begin{cases}\dfrac{1}{y}, & 1<y<e\\0, & 其他\end{cases}$$

(2)令 $g(x)=-2\ln x$,在 $(0,1)$ 上恒有 $g'(x)=-\dfrac{2}{x}<0$ 且有反函数 $x=e^{-\frac{y}{2}}=h(y)$

$h'(y)=-\dfrac{1}{2}e^{-\frac{y}{2}}$

根据定理 $f_Y(y)=\begin{cases}\dfrac{1}{2}e^{-\frac{y}{2}}, & y>0\\0, & y\leqslant0\end{cases}$

4. 解题过程 $Y=X^2$,令 $g(x)=x^2$,$g(x)$ 在 $(0,+\infty)$ 上恒有 $g'(x)=2x>0$

且有反函数 $x=\sqrt{y}=h(y),h'(y)=\dfrac{1}{2}y^{-\frac{1}{2}}$

根据定理可得

$Y=X^2$ 的概率密度 $f_Y(y)=\begin{cases}\dfrac{1}{2\sqrt{y}}e^{-\sqrt{y}}, & y>0\\0, & 其他\end{cases}$

5. 解题过程 $X \sim N(0,1)$，$Y=|X|$，$y<0$ 时，$f_Y(y)=0$

$y \geqslant 0$ 时，$F_Y(y)=P\{Y \leqslant y\}=P\{|X| \leqslant y\}=P\{-y \leqslant X \leqslant y\}=\Phi(y)-\Phi(-y)$

$\qquad\qquad\qquad =2\Phi(y)-1$

$y>0$ 时，$f_Y(y)=\dfrac{\mathrm{d}}{\mathrm{d}y}F_Y(y)=\dfrac{\mathrm{d}}{\mathrm{d}y}[2\Phi(y)-1]=2\varphi(y)=\sqrt{\dfrac{2}{\pi}}\,\mathrm{e}^{-\frac{y^2}{2}}$

综上所述

$Y=|X|$ 的概率密度为 $f_Y(y)=\begin{cases}\sqrt{\dfrac{2}{\pi}}\,\mathrm{e}^{-\frac{y^2}{2}}, & y>0 \\ 0, & y \leqslant 0\end{cases}$

6. 解题过程 X 取 $(0,\pi)$，则 Y 取 $(0,1)$.

$y \leqslant 0$ 或 $y \geqslant 1$ 时，$f_Y(y)=0$

$0<y<1$ 时，$F_Y(y)=P\{Y \leqslant y\}=P\{0 \leqslant Y \leqslant y\}=P\{0 \leqslant \sin X \leqslant y\}$

$\qquad\qquad\qquad =P\{0 \leqslant X \leqslant \arcsin y\}+P\{\pi-\arcsin y \leqslant X \leqslant \pi\}$

$\qquad\qquad\qquad =\displaystyle\int_0^{\arcsin y}\dfrac{2x}{\pi^2}\mathrm{d}x+\int_{\pi-\arcsin y}^{\pi}\dfrac{2x}{\pi^2}\mathrm{d}x$

$\qquad\qquad\qquad =\dfrac{1}{\pi^2}(\arcsin y)^2+1-\dfrac{1}{\pi^2}(\pi-\arcsin y)^2$

$\qquad\qquad\qquad =\dfrac{2}{\pi}\arcsin y$

得 $f_Y(y)=\dfrac{\mathrm{d}}{\mathrm{d}y}F_Y(y)=\dfrac{2}{\pi\,\sqrt{1-y^2}}$

综上所述，$Y=\sin X$ 的概率密度为 $\quad f_Y(y)=\begin{cases}\dfrac{2}{\pi\,\sqrt{1-y^2}}, & 0<y<1 \\ 0, & \text{其他}\end{cases}$

7. 解题过程 $Y=1-X$

$P\{Y \leqslant k\}=P\{1-X \leqslant k\}=0.25$，得 $P\{1-X>k\}=P\{X<1-k\}=0.75$

由于 $P\{X \leqslant 0.29\}=0.75$，可得 $1-k=0.29$

故 $k=0.71$

总习题

1. **分析** 关键确定好 X 的可能取值。

解题过程 X 可能取值 $3,4,5$。5 个球任取 3 个有 $C_5^3=10$ 种取法.

$X=3$ 时,只能是另两个球为 $1,2$. 故 $P\{X=3\}=\dfrac{1}{10}$

$X=4$ 时,另两个球可能是 $1,2,3$ 中任意 2 个. 故 $P\{X=4\}=C_3^2/10=\dfrac{3}{10}$

$X=5$ 时,另两个球可能是 $1,2,3,4$ 中任意 2 个. 故 $P\{X=5\}=C_4^2/10=\dfrac{6}{10}$

故 X 分布律为

X	3	4	5
p	$\dfrac{1}{10}$	$\dfrac{3}{10}$	$\dfrac{6}{10}$

2. **解题过程** 令 X、Y 分别为投篮终止时甲、乙投篮的次数.

$P\{X=k\}$ 表示甲 $k-1$ 次未投中第 k 次投中或者 k 次均未投中的概率.

$\therefore P\{X=k\}=0.6^{k-1}\cdot 0.4^{k-1}\cdot 0.4+0.6^k\cdot 0.4^{k-1}\cdot 0.6$

$\qquad =0.4\times 0.24^{k-1}+0.36\times 0.24^{k-1}=0.76\times 0.24^{k-1},k=1,2,\cdots$

同理 $P\{Y=k\}=0.6^k\cdot 0.4^{k-1}\cdot 0.6+0.6^k\cdot 0.4^k\cdot 0.4$

$\qquad =1.5\times 0.24^k+0.4\times 0.24^k=1.9\times 0.24^k. k=1,2,\cdots$

且 $P\{Y=0\}=0.4$

3. **解题过程** (1)X 可取 $0,1,2,3$

从甲箱取出的全为合格品概率 $P\{X=0\}=\dfrac{1}{20}$

从甲箱取出的为 1 件次品,2 件合格品的概率 $\quad P\{X=1\}=C_3^2 C_3^1/20=\dfrac{9}{20}$

从甲箱取出的为 2 件次品,1 件合格品的概率 $\quad P\{X=2\}=C_3^1 C_3^2/20=\dfrac{9}{20}$

从甲箱取出 3 件次品概率 $\quad P\{X=3\}=\dfrac{1}{20}$

故 X 分布律如下

X	0	1	2	3
p	$\dfrac{1}{20}$	$\dfrac{9}{20}$	$\dfrac{9}{20}$	$\dfrac{1}{20}$

(2)从乙箱中任取一件产品是次品的概率为

$$P=\frac{1}{20}\cdot 0+\frac{9}{20}\cdot\frac{1}{6}+\frac{9}{20}\cdot\frac{2}{6}+\frac{1}{20}\cdot\frac{3}{6}=\frac{1}{4}$$

4. **解题**过程 (1)从 8 杯中任取 4 杯有 $C_8^4=70$ 种选法

故成功一次概率为 $\dfrac{1}{70}$.

(2)他猜对的概率为 $C_{10}^3\left(\dfrac{1}{70}\right)^3\left(\dfrac{69}{70}\right)^7\approx 0.0003$

概率很小,故他确有区分能力.

5. **分析** $P\{x_1<X\leqslant x_2\}=F(x_2)-F(x_1)=\displaystyle\int_{x_1}^{x_2}f(x)\mathrm{d}x$

解题过程 $P\{X\leqslant\dfrac{1}{2}\}=\displaystyle\int_{-\infty}^{\frac{1}{2}}f(x)\mathrm{d}x=\int_0^{\frac{1}{2}}2x\mathrm{d}x=\dfrac{1}{4}$

由题意 $Y\sim b\left(3,\dfrac{1}{4}\right)$

故 $P\{Y=2\}=C_3^2\left(\dfrac{1}{4}\right)^2\dfrac{3}{4}=\dfrac{9}{64}$

6. **分析** 指数分布的概率密度为 $f(x)=\begin{cases}\lambda e^{-\lambda x}, & x>0 \\ 0, & x\leqslant 0\end{cases}$,$\lambda>0$ 为常数参数.

解题过程 令电子元件的寿命为 X(单位:h)

由题意得

$$f(x)=\begin{cases}\dfrac{1}{600}e^{-\frac{x}{600}}, & x>0 \\ 0, & x\leqslant 0\end{cases}$$

每只电子元件 200h 内未损坏(即使用时间超过 200h)相互独立.

概率为 $P\{X>200\}=\displaystyle\int_{200}^{+\infty}f(x)\mathrm{d}x=e^{-\frac{1}{3}}$

故 200h 内,三只电子元件均未损坏的概率为 $e^{-\frac{1}{3}}\cdot e^{-\frac{1}{3}}\cdot e^{-\frac{1}{3}}=e^{-1}$

因此至少有一只电子元件损坏的概率为 $1-e^{-1}$

7. **分析** 利用性质 $\displaystyle\int_{-\infty}^{+\infty}f(x)\mathrm{d}x=1$ 积分时运用 $\displaystyle\int_{-\infty}^{+\infty}e^{-\frac{x^2}{2}}\mathrm{d}x=\sqrt{2\pi}$ 可简化积分难度.

解题过程 由 $\int_{-\infty}^{+\infty} f(x)\mathrm{d}x=1$

可得 $\int_{-\infty}^{+\infty} c\mathrm{e}^{\frac{1}{4}}\mathrm{e}^{-(x-\frac{1}{2})^2}\mathrm{d}\left(x-\frac{1}{2}\right)=1$

而 $\int_{-\infty}^{+\infty} \mathrm{e}^{-\frac{x^2}{2}}\mathrm{d}x=\sqrt{2\pi}$

代入得 $c\mathrm{e}^{\frac{1}{4}}\sqrt{\pi}=1$

$\therefore c=\dfrac{1}{\sqrt{\pi}\mathrm{e}^{\frac{1}{4}}}$

8. **解题过程** $X\sim N(2,\sigma^2)$,故 $\dfrac{X-2}{\sigma}\sim N(0,1)$

由 $P\{2<X<4\}=P\left\{\dfrac{2-2}{\sigma}<\dfrac{X-2}{\sigma}<\dfrac{4-2}{\sigma}\right\}=\Phi\left(\dfrac{2}{\sigma}\right)-\Phi(0)=0.3$,得

$\Phi\left(\dfrac{2}{\sigma}\right)=0.3+0.5=0.8$

故 $P\{X<0\}=P\left\{\dfrac{X-2}{\sigma}<\dfrac{0-2}{\sigma}\right\}=\Phi\left(-\dfrac{2}{\sigma}\right)=1-\Phi\left(\dfrac{2}{\sigma}\right)=1-0.8=0.2$

9. **解题过程** (1)电压用 X 表示,$X\sim N(200,25^2)$

$P\{X<200\}=P\left\{\dfrac{X-200}{25}<0\right\}=\Phi(0)=0.5$

$P\{200<X<240\}=P\left\{\dfrac{200-200}{25}<\dfrac{X-200}{25}<\dfrac{240-200}{25}\right\}=\Phi(1.6)-\Phi(0)=0.4452$

$P\{X>240\}=1-P\{X\leqslant240\}=1-\Phi(1.6)=0.0548$

由题意得,电子元件损坏的概率为

$0.5\times0.1+0.4452\times0.001+0.0548\times0.2=0.0614$

(2)电子元件损坏时,电压在 200V~240V 的概率为 $\dfrac{0.4452\times0.001}{0.0614}=0.0073$

10. **证明** $X\sim E(2)$,故 $f_X(x)=\begin{cases}2\mathrm{e}^{-2x}, & x>0 \\ 0, & x\leqslant0\end{cases}$

$Y=1-\mathrm{e}^{-2X}$,故 $P\{Y\leqslant y\}=P\{1-\mathrm{e}^{-2X}\leqslant y\}=P\{\mathrm{e}^{-2X}\geqslant1-y\}=F_Y(y)$

当 $0<y<1$ 时,$F_Y(y)=P\left\{X\leqslant-\dfrac{1}{2}\ln(1-y)\right\}=F_X\left(-\dfrac{1}{2}\ln(1-y)\right)$

$f_Y(y)=\dfrac{\mathrm{d}}{\mathrm{d}y}F_Y(y)=f_X\left(-\dfrac{1}{2}\ln(1-y)\right)\left(\dfrac{1}{2}\cdot\dfrac{1}{1-y}\right)=1$

当 $y\leqslant0$ 时,$F_Y(y)=0$

当 $y\geqslant1$ 时,$F_Y(y)=1$

故 $f_Y(y) = \begin{cases} 1, & 0 < y < 1 \\ 0, & \text{其他} \end{cases}$

$\therefore Y \sim U(0, 1)$

11. 解题过程 $x \leqslant 1$ 时，$F(x) = 0$

$1 < x < 8$ 时，$F(x) = \int_{-\infty}^{x} f(t)\mathrm{d}t = \int_{1}^{x} \frac{1}{3}t^{-\frac{2}{3}}\mathrm{d}t = x^{\frac{1}{3}} - 1$，故 $F(x) = \begin{cases} 0, & x \leqslant 1 \\ x^{\frac{1}{3}} - 1, & 1 < x < 8 \\ 1, & x \geqslant 8 \end{cases}$

$x \geqslant 8$ 时，$F(x) = 1$

故 $0 < y < 1$ 时 $F_Y(y) = P\{Y \leqslant y\} = P\{X^{\frac{1}{3}} - 1 \leqslant y\} = P\{X \leqslant (1+y)^3\} = F(1+y)^3) = y$

$y \leqslant 0$ 时，$F_Y(y) = 0$.

$y \geqslant 1$ 时，$F_Y(y) = 1$

故 $F_Y(y) = \begin{cases} 0, & y \leqslant 0 \\ y, & 0 < y < 1 \\ 1, & y \geqslant 1 \end{cases}$

12. 解题过程 令极角为 Y，$Y \sim U(0, \pi)$

$\therefore f_Y(y) = \begin{cases} \dfrac{1}{\pi}, & 0 < y < \pi \\ 0, & \text{其他} \end{cases}$

$x = R\cos y = g(y)$，在 $(0, \pi)$ 上 $g'(y) < 0$

$\therefore f_X(x) = \begin{cases} f_Y[h(x)] |h'(x)|, & -R < x < R \\ 0, & \text{其他} \end{cases}$

$h(x)$ 为 $g(y)$ 的反函数 $h(x) = \arccos \dfrac{x}{R}$

故 $f_X(x) = \dfrac{1}{\pi} \cdot \dfrac{1}{\sqrt{1 - \left(\dfrac{x}{R}\right)^2}} \cdot \dfrac{1}{R} = \dfrac{1}{\pi \sqrt{R^2 - x^2}}$

故 X 概率密度为 $f_X(x) = \begin{cases} \dfrac{1}{\pi \sqrt{R^2 - x^2}}, & |x| < R \\ 0, & \text{其他} \end{cases}$

第三章

多维随机变量及其分布

本章知识结构图

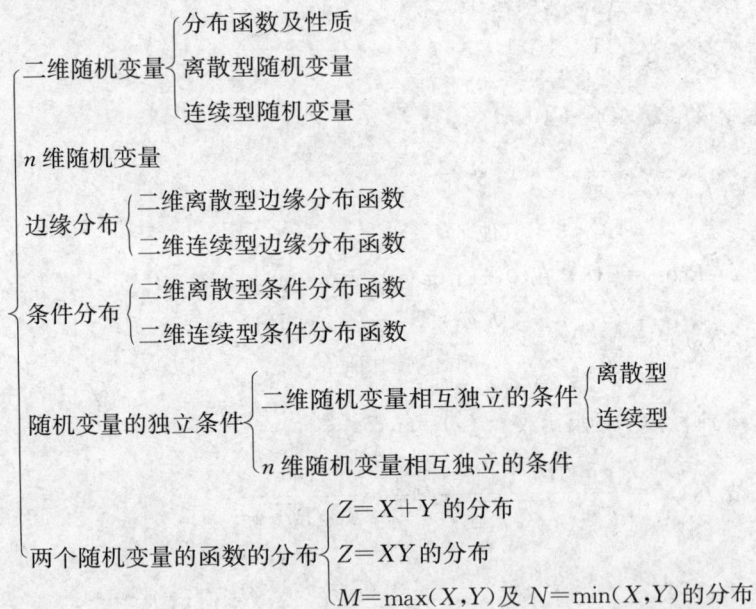

$$
\left\{
\begin{array}{l}
\text{二维随机变量}
\left\{
\begin{array}{l}
\text{分布函数及性质}\\
\text{离散型随机变量}\\
\text{连续型随机变量}
\end{array}
\right.\\[2em]
n\,\text{维随机变量}\\[1em]
\text{边缘分布}
\left\{
\begin{array}{l}
\text{二维离散型边缘分布函数}\\
\text{二维连续型边缘分布函数}
\end{array}
\right.\\[2em]
\text{条件分布}
\left\{
\begin{array}{l}
\text{二维离散型条件分布函数}\\
\text{二维连续型条件分布函数}
\end{array}
\right.\\[2em]
\text{随机变量的独立条件}
\left\{
\begin{array}{l}
\text{二维随机变量相互独立的条件}
\left\{
\begin{array}{l}
\text{离散型}\\
\text{连续型}
\end{array}
\right.\\[1em]
n\,\text{维随机变量相互独立的条件}
\end{array}
\right.\\[3em]
\text{两个随机变量的函数的分布}
\left\{
\begin{array}{l}
Z=X+Y\ \text{的分布}\\
Z=XY\ \text{的分布}\\
M=\max(X,Y)\ \text{及}\ N=\min(X,Y)\ \text{的分布}
\end{array}
\right.
\end{array}
\right.
$$

知识点归纳

■ 二维随机变量

1 二维随机变量

设 X,Y 是定义在样本空间 Ω 上的两个随机变量,则 (X,Y) 称为二维随机变量或二维随机向量.

分布函数:类似于一维随机变量的情况,对于任意实数 x,y,函数 $F(x,y)=P\{(X\leqslant x)\bigcap(Y\leqslant y)\}=P\{X\leqslant x,Y\leqslant y\}$ 称为二维随机变量 (X,Y) 的分布函数,或称为随机变量 X 和 Y 的联合分布函数.

分布函数几何意义:分布函数 $F(x,y)$ 表示随机点落在以点 (x,y) 为顶点的左下方的无限矩形域内的概率.

分布函数的基本性质:

(1) $0\leqslant F(x,y)\leqslant 1$,且对任意固定的 y,$F(-\infty,y)=0$,对任意固定的 x,$F(x,-\infty)=0$,同时 $F(-\infty,-\infty)=0$,$F(+\infty,+\infty)=1$;

(2) $F(x,y)$ 分别是 x 和 y 的不减函数;

(3) $F(x+0,y)=F(x,y)$,$F(x,y+0)=F(x,y)$,即 $F(x,y)$ 关于 x 或 y 均右连续;

(4) 对于任意的 (x_1,y_1),(x_2,y_2),$x_1<x_2$,$y_1<y_2$,下述不等式成立:
$$F(x_2,y_2)-F(x_1,y_2)-F(x_2,y_1)+F(x_1,y_1)\geqslant 0$$

2 二维离散型随机变量

如果二维随机变量 (X,Y) 可能取的值 (x_i,y_i) 只有有限对或可列无限对,则称 (X,Y) 是二维离散型随机变量.

分布律:记 $P\{X=x_i,Y=y_i\}=p_{ij}$,$i,j=1,2,\cdots$ 为二维离散型随机变量 (X,Y) 的分布律,或称为随机变量 X 和 Y 的联合分布律.

联合分布函数:它们的联合分布函数由下式求出:
$$F(x,y)=\sum_{x_i\leqslant x}\sum_{y_i\leqslant y}p_{ij}$$

其中和式是对一切满足 $x_i\leqslant x,y_i\leqslant y$ 的 i,j 来求和的,且 p_{ij} 满足以下条件:

(1) $p_{ij}\geqslant 0$;

(2) $\sum\limits_{i=1}^{\infty}\sum\limits_{j=1}^{\infty}p_{ij}=1$.

例 1 袋中有 5 个球,分别标有号码 1,2,3,4,5,从袋中任取 3 个球,用 X、Y 分别表示这 3 个球的最大号码与最小号码,求二维随机变量 (X,Y) 的分布律.

【解】 由于 X 的可能取值为 3、4、5,Y 的可能取值为 1、2、3. (X,Y) 的可能取值为 $(3,1),(4,1),(5,1)$,$(3,2),(4,2),(5,2),(3,3),(4,3),(5,3)$.

$$P\{X=3,Y=3\}=P\{X=3,Y=2\}=P\{X=4,Y=3\}=0$$

$$P\{X=3,Y=1\}=\frac{1}{C_5^3}=\frac{1}{10},P\{X=4,Y=1\}=\frac{2}{C_5^3}=\frac{2}{10}$$

$$P\{X=4,Y=2\}=\frac{1}{10},P\{X=5,Y=1\}=\frac{3}{10}$$

$$P\{X=5,Y=2\}=\frac{2}{10},P\{X=5,Y=3\}=\frac{1}{10}$$

所以 (X,Y) 的联合分布律为:

Y＼X	3	4	5
1	$\frac{1}{10}$	$\frac{2}{10}$	$\frac{3}{10}$
2	0	$\frac{1}{10}$	$\frac{2}{10}$
3	0	0	$\frac{1}{10}$

3 二维连续型随机变量及概率密度

(1)二维连续型随机变量:设二维随机变量 (X,Y) 的分布函数是 $F(x,y)$,如果存在非负的函数 $f(x,y)$,使得对于任意的 x,y 有 $F(x,y)=\int_{-\infty}^{y}\int_{-\infty}^{x}f(u,v)\mathrm{d}u\,\mathrm{d}v$,则称 (X,Y) 是连续型二维随机变量.

(2)联合概率密度:在上式中,函数 $f(x,y)$ 称为二维随机变量 (X,Y) 的概率密度,或称为随机变量 X 和 Y 的联合概率密度.

(3)概率密度 $f(x,y)$ 具有以下性质:

① $f(x,y)\geqslant 0$;

② $\int_{-\infty}^{+\infty}\int_{-\infty}^{+\infty}f(x,y)\mathrm{d}x\mathrm{d}y=1$;

③ 设 G 是平面 xOy 上的区域,则 (X,Y) 落在 G 内的概率为

$$P\{(X,Y)\in G\}=\iint\limits_{G}f(x,y)\mathrm{d}x\mathrm{d}y;$$

(4) 若 $f(x,y)$ 在点 (x,y) 连续,则有 $\dfrac{\partial^2 F(x,y)}{\partial x \partial y}=f(x,y)$.

例 2 设二维随机变量的概率密度为 $f(x,y)=\begin{cases} ce^{-(2x+3y)}, & x>0,y>0 \\ 0, & \text{其他} \end{cases}$,求常数 c.

【解】
$$F(+\infty,+\infty)=\int_{-\infty}^{+\infty}\int_{-\infty}^{+\infty}f(x,y)\mathrm{d}x\mathrm{d}y$$

$$=\int_{0}^{+\infty}\int_{0}^{+\infty}ce^{-2x-3y}\mathrm{d}x\mathrm{d}y$$

$$=c\left[-\frac{1}{2}e^{-2x}\Big|_{0}^{+\infty}\right]\left[-\frac{1}{3}e^{-3y}\Big|_{0}^{+\infty}\right]$$

$$=\frac{c}{6}=1$$

所以 $c=6$.

4 n 维随机变量

n 维随机变量:设 $X_1,X_2,\cdots,X_n$ 是定义在样本空间 Ω 上的 n 个随机变量,则 $(X_1,X_2,\cdots,X_n)$ 称为 n 维随机向量或 n 维随机变量.

分布函数:对于任意 n 个实数 $x_1,x_2,\cdots,x_n$,函数 $F(x_1,x_2,\cdots,x_n)=P\{X_1\leqslant x_1,X_2\leqslant x_2,\cdots,X_n\leqslant x_n\}$ 称为 n 维随机变量 $(X_1,X_2,\cdots,X_n)$ 的分布函数或随机变量 $X_1,X_2,\cdots,X_n$ 的联合分布函数.

■ 边缘分布

二维随机变量的边缘分布

对于二维随机变量 (X,Y),随机变量 X 和 Y 各自的分布函数称为 (X,Y) 关于 X 和 Y 的边缘分布函数,分别记为 $F_X(x)$ 和 $F_Y(y)$.

如果二维随机变量 (X,Y) 的分布函数 $F(x,y)$ 已知,那么

$$F_X(x)=P\{X\leqslant x\}=P\{X\leqslant x,Y<+\infty\}=F(x,+\infty)$$

其中 $F(x,+\infty)=\lim\limits_{y\to+\infty}F(x,y)$.

同理,$F_Y(y)=F(+\infty,y)$,其中 $F(+\infty,y)=\lim\limits_{x\to+\infty}F(x,y)$. 因此,边缘分布函数 $F_X(x)$ 和 $F_Y(y)$ 可以由 (X,Y) 的分布函数所确定.

二维离散型随机变量的边缘分布:设离散型随机变量 (X,Y) 的分布律为 $P_{ij}(i=1,2,\cdots;j=1,2,\cdots)$,则有 $F_X(x)=F(x,+\infty)=\sum\limits_{x_i\leqslant x}\sum\limits_{j=1}^{+\infty}p_{ij}$.

X 的分布律为 $P\{X=x_i\}=\sum\limits_{j=1}^{+\infty}p_{ij}$,记为 $P\{X=x_i\}=p_i.,i=1,2,\cdots,Y$ 的分布律为 $P\{Y=y_j\}$ $=\sum\limits_{i=1}^{+\infty}p_{ij}$,记为 $P\{Y=y_j\}=p._j,j=1,2,\cdots$.

分别称 $p_i.(i=1,2,\cdots),p._j(j=1,2,\cdots)$ 为随机变量 (X,Y) 关于 X 和 Y 的边缘分布律.

二维连续型随机变量的边缘分布:设随机变量 (X,Y) 的概率密度为 $f(x,y)$,于是 $F_X(x)=F(x,$ $+\infty)=\int_{-\infty}^{x}\int_{-\infty}^{+\infty}f(x,y)\mathrm{d}y\mathrm{d}x$,则 X 是一个连续型随机变量,其概率密度为 $f_X(x)=\int_{-\infty}^{+\infty}f(x,y)\mathrm{d}y$,同样 Y 也是一个连续型随机变量,其概率密度为 $f_Y(y)=\int_{-\infty}^{+\infty}f(x,y)\mathrm{d}x$,分别称 $f_X(x),f_Y(y)$ 为 (X,Y) 关于 X 和 Y 的边缘概率密度.

例 3 设二维随机变量 (X,Y) 的概率密度为 $f(x,y)=\begin{cases}\mathrm{e}^{-y}, & 0<x<y \\ 0, & \text{其他}\end{cases}$,求边缘概率密度.

【解】 当 $x>0$ 时,关于 X 的边缘概率密度为

$$f_X(x)=\int_{x}^{+\infty}\mathrm{e}^{-y}\mathrm{d}y=\mathrm{e}^{-x}$$

综合表示为 $f_X(x)=\begin{cases}\mathrm{e}^{-x}, & x>0 \\ 0, & x\leqslant 0\end{cases}$

当 $y>0$ 时,关于 Y 的边缘概率密度为

$$f_Y(y)=\int_{0}^{y}\mathrm{e}^{-y}\mathrm{d}x=y\mathrm{e}^{-y}$$

综合表示为 $f_Y(y)=\begin{cases}y\mathrm{e}^{-y}, & y>0 \\ 0, & y\leqslant 0\end{cases}$

■ 条件分布

二维随机变量的条件分布

二维离散型随机变量的条件分布:设 (X,Y) 是二维离散型随机变量,其分布律为 $P\{X=x_i,Y=y_j\}=p_{ij},i,j=1,2,\cdots$.

(X,Y) 关于 X 和 Y 的边缘分布律分别为

$$P\{X=x_i\}=p_i.=\sum_{j=1}^{\infty}p_{ij},i=1,2,\cdots$$

$$P\{Y=y_j\}=p._j=\sum_{i=1}^{\infty}p_{ij},j=1,2,\cdots$$

设 $p._j>0$,由条件概率公式可得

$$P\{X=x_i|Y=y_j\}=\frac{P\{X=x_i,Y=y_j\}}{P\{Y=y_j\}}=\frac{p_{ij}}{p_{\cdot j}},i=1,2,\cdots$$

上式称为在 $Y=y_i$ 条件下随机变量 X 的条件分布律.

同理,若 $p_{i\cdot}>0$,则有

$$P\{Y=y_j|X=x_i\}=\frac{P\{X=x_i,Y=y_j\}}{P\{X=x_i\}}=\frac{p_{ij}}{p_{i\cdot}},j=1,2,\cdots$$

上式称为在 $X=x_i$ 条件下随机变量 Y 的条件分布律.

二维连续型随机变量的条件分布:设 (X,Y) 的概率密度为 $f(x,y)$,$f_X(x)$ 和 $f_Y(y)$ 分别是关于 X 和 Y 的边缘概率密度.若 $f_Y(y)>0$,则

$$P\{X\leqslant x|Y=y\}=\int_{-\infty}^{x}\frac{f(x,y)}{f_Y(y)}\mathrm{d}x$$

称为在 $Y=y$ 条件下,X 的条件分布函数,记为 $F_{X|Y}(x|y)$.因此在 $Y=y$ 条件下,X 的条件概率密度为 $f_{X|Y}(x|y)=\frac{f(x,y)}{f_Y(y)}$.

类似地,可以定义 $F_{Y|X}(y|x)=\int_{-\infty}^{y}\frac{f(x,y)}{f_X(x)}\mathrm{d}y$ 和 $f_{Y|X}(y|x)=\frac{f(x,y)}{f_X(x)}$.

例 4 设二维离散型随机变量 (X,Y) 的分布律为

X \ Y	0	1	2
0	$\frac{3}{20}$	$\frac{3}{20}$	$\frac{3}{20}$
1	$\frac{1}{10}$	$\frac{1}{5}$	$\frac{1}{4}$

求 $X=0$ 的条件下 Y 的条件分布律.

【解】 $P\{X=0\}=\sum_{j=0}^{2}p_{0j}=\frac{3}{20}+\frac{3}{20}+\frac{3}{20}=\frac{9}{20}$

$$P\{Y=j|X=0\}=\frac{P\{X=0,Y=j\}}{P\{X=0\}}=\frac{\frac{3}{20}}{\frac{9}{20}}=\frac{1}{3},j=0,1,2$$

随机变量的独立性

1 二维随机变量的相互独立

设 $F(x,y)$ 及 $F_X(x)$、$F_Y(y)$ 分别是二维随机变量 (X,Y) 的分布函数及边缘分布函数.若对于所有 x,y 有 $P\{X\leqslant x,Y\leqslant y\}=P\{X\leqslant x\}P\{Y\leqslant y\}$,即 $F(x,y)=F_X(x)F_Y(y)$,则称随机变量 X 和 Y 是相互独立的.

离散型随机变量的独立性:设(X,Y)是离散型随机变量. X 和 Y 相互独立的条件等价于:对于(X,Y)的所有可能取的值(x_i,y_j),有

$$P\{X=x_i,Y=y_j\}=P\{X=x_i\}P\{Y=y_j\}$$

即 $p_{ij}=p_i. \ p._j, i=1,2,\cdots,j=1,2,\cdots$

连续型随机变量的独立性:设(X,Y)是连续型随机变量. $f(x,y)$、$f_X(x)$、$f_Y(y)$分别为(X,Y)的概率密度和边缘概率密度,则 X 和 Y 相互独立的条件等价于:$f(x,y)=f_X(x)f_Y(y)$在 $f(x,y)$, $f_X(x),f_Y(y)$的一切公共连续点上成立.

定理:设 X 和 Y 是相互独立的随机变量,$h(x)$和 $g(y)$是$(-\infty,\infty)$上的连续函数,则 $h(X)$和$g(Y)$也是相互独立的随机变量.

例 5 已知随机变量X,Y的分布律分别为

X	-1	0	1
p_i	$\frac{1}{4}$	$\frac{1}{2}$	$\frac{1}{4}$

Y	0	1
p_j	$\frac{1}{2}$	$\frac{1}{2}$

且 $P\{XY=0\}=1$.

(1)求(X,Y)的联合分布律;(2)说明 X 和 Y 是否相互独立.

【解】 (1)由 $P\{XY=0\}=1$,知

$$P\{X=-1,Y=1\}=P\{X=1,Y=1\}=0$$

设(X,Y)的分布律为

Y \ X	-1	0	1	$p._j$
0	p_{11}	p_{21}	p_{31}	$\frac{1}{2}$
1	0	p_{22}	0	$\frac{1}{2}$
$p_i.$	$\frac{1}{4}$	$\frac{1}{2}$	$\frac{1}{4}$	

由联合分布律的的性质,可看出 $p_{11}=\frac{1}{4}$,$p_{31}=\frac{1}{4}$,由此可知 $p_{21}=0$,$p_{22}=\frac{1}{2}$.

所以(X,Y)的联合分布律为

Y \ X	-1	0	1
0	$\frac{1}{4}$	0	$\frac{1}{4}$
1	0	$\frac{1}{2}$	0

(2)由 $P\{X=-1,Y=1\}=0$,而 $P\{X=-1\}P\{Y=1\}=\frac{1}{8}\neq0$,所以 X 和 Y 不独立.

2 n 维随机变量的相互独立

设 $F(x_1,x_2,\cdots,x_n)$ 和 $F_{X_i}(x_i)(i=1,2,\cdots,n)$ 分别是 n 维随机变量 $(X_1,X_2,\cdots,X_n)$ 的分布函数和边缘分布函数,若对任意的实数 $x_1,x_2,\cdots,x_n$,有

$$F(x_1,x_2,\cdots,x_n)=F_{X_1}(x_1)F_{X_2}(x_2)\cdots F_{X_n}(x_n)$$

则称 $X_1,X_2,\cdots,X_n$ 是相互独立的.

离散型随机变量的独立性:离散型随机变量 $X_1,X_2,\cdots,X_n$ 相互独立的充分必要条件是 $P\{X_1=x_1,X_2=x_2,\cdots,X_n=x_n\}=P\{X_1=x_1\}P\{X_2=x_2\}\cdots P\{X_n=x_n\}$.

连续型随机变量的独立性:连续型随机变量 $X_1,X_2,\cdots,X_n$ 相互独立的充分必要条件是 $f(x_1,x_2,\cdots,x_n)=f_{X_1}(x_1)f_{X_2}(x_2)\cdots f_{X_n}(x_n)$ 在 $f(x_1,x_2,\cdots,x_n),f_{X_1}(x_1),f_{X_2}(x_2),\cdots,f_{X_n}(x_n)$ 的一切公共连续点上成立,其中 $f(x_1,x_2,\cdots,x_n)$ 是 $(X_1,X_2,\cdots,X_n)$ 的概率密度,$f_{X_i}(x_i)(i=1,2,\cdots,n)$ 是 X_i 的边缘概率密度.

两组随机变量间的独立性:若对所有的 $x_1,x_2,\cdots,x_m;y_1,y_2,\cdots,y_n$ 有

$$F(x_1,x_2,\cdots,x_m,y_1,y_2,\cdots,y_n)=F_1(x_1,x_2,\cdots,x_m)F_2(y_1,y_2,\cdots,y_n)$$

其中 F_1、F_2、F 依次为随机变量 $(X_1,X_2,\cdots,X_m)$、$(Y_1,Y_2,\cdots,Y_n)$ 和 $(X_1,X_2,\cdots,X_m,Y_1,Y_2,\cdots,Y_n)$ 的分布函数,则称随机变量 $(X_1,X_2,\cdots,X_m)$ 和 $(Y_1,Y_2,\cdots,Y_n)$ 是相互独立的.

定理:设 $(X_1,X_2,\cdots,X_m)$ 和 $(Y_1,Y_2,\cdots,Y_n)$ 相互独立,则 $X_i(i=1,2,\cdots,m)$ 和 $Y_j(j=1,2,\cdots,n)$ 相互独立. 又若 h 和 g 是连续函数,则 $h(X_1,X_2,\cdots,X_m)$ 与 $g(Y_1,Y_2,\cdots,Y_n)$ 相互独立.

■ 两个随机变量的函数的分布

1 Z＝X＋Y 的分布

二维离散型随机变量:设二维离散型随机变量 (X,Y) 的分布律为

$$P\{X=x_i,Y=y_j\}=p_{ij},i=1,2,\cdots,j=1,2,\cdots$$

若随机变量 Z 是 X 与 Y 的和,即 $Z=X+Y$,则 Z 的任意可能值 z_k 是 X 的可能值 x_i 和 Y 的可能值 y_i 的和:$z_k=x_i+y_i$.

由上式及概率的加法公式,有

$$P\{Z=z_k\}=\sum_i\sum_j P\{X=x_i,Y=y_j\}=\sum_i P\{X=x_i,Y=z_k-x_i\}$$

或者

$$P\{Z=z_k\}=\sum_j P\{X=z_k-y_j,Y=y_j\}$$

二维连续型随机变量:设二维连续型随机变量 (X,Y) 的概率密度为 $f(x,y)$,则 $Z=X+Y$ 的分

布函数为 $F_Z(z)=P\{Z\leqslant z\}=\iint\limits_{x+y\leqslant z}f(x,y)\mathrm{d}x\mathrm{d}y$，两边对 z 求导,可得 Z 的概率密度 $f_Z(z)=\int_{-\infty}^{+\infty}f(z$

$-y,y)\mathrm{d}y$,由 X 和 Y 的对称性,也可写成 $f_Z(z)=\int_{-\infty}^{+\infty}f(x,z-x)\mathrm{d}x$.

卷积公式:当 X 和 Y 相互独立时,有 $f_Z(z)=\int_{-\infty}^{+\infty}f_X(z-y)f_Y(y)\mathrm{d}y$

或 $f_Z(z)=\int_{-\infty}^{+\infty}f_X(x)f_Y(z-x)\mathrm{d}x$.

例 6 设 X、Y 是两个相互独立的随机变量,其概率密度分别为

$$f_X(x)=\begin{cases}1,0\leqslant x\leqslant 1\\0,其他\end{cases},f_Y(y)=\begin{cases}\mathrm{e}^{-y},y>0\\0,\quad y\leqslant 0\end{cases}$$

求 $Z=X+Y$ 的概率密度.

【解】 因为 X、Y 相互独立,有卷积公式

$$f_Z(z)=\int_{-\infty}^{+\infty}f_X(x)f_Y(z-x)\mathrm{d}x \text{ 成立}$$

当 $f_X(x)>0$ 且 $f_Y(z-x)>0$ 时,$0\leqslant x\leqslant 1,z-x>0$,

即 $\begin{cases}0\leqslant x\leqslant 1\\z>x\end{cases}$

在 xOz 面上做出积分区域的图形,如例 6 图所示.

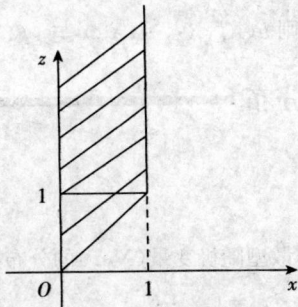

例 6 图

对 x 积分,z 分下列情况:

(1)$z<0$ 时,而 $x>0,z-x<0$,

$f_Y(z-x)=0$,故 $f_Z(z)=0$

(2)$0\leqslant z\leqslant 1$ 时,

$$f_Z(z)=\int_0^z 1\cdot\mathrm{e}^{-(z-x)}\mathrm{d}x=1-e^{-z}$$

(3)$z\geqslant 1$ 时,

$$f_Z(z) = \int_0^1 1 \cdot e^{-(z-x)} \, dx = e^{-z}(e-1)$$

综上，有

$$f_Z(z) = \begin{cases} 0, & z < 0 \\ 1 - e^{-z}, & 0 \leqslant z \leqslant 1 \\ e^{-z}(e-1), & z \geqslant 1 \end{cases}$$

2 $M = \max\{X, Y\}$ 及 $N = \min\{X, Y\}$ 的分布

$M = \max\{X, Y\}$ 的分布：设 X, Y 是两个相互独立的随机变量，其分布函数分别为 $F_X(x)$ 和 $F_Y(y)$. 事件"$\max\{X, Y\}$ 不大于 z"等价于事件"X 和 Y 都不大于 z"，则

$$P\{Z \leqslant z\} = P\{X \leqslant z, Y \leqslant z\}$$

因为 X, Y 相互独立，所以 $M = \max\{X, Y\}$ 的分布函数为

$$F_{\max}(z) = P\{Z \leqslant z\} = P\{X \leqslant z, Y \leqslant z\} = P\{X \leqslant z\}P\{Y \leqslant z\}$$

即
$$F_{\max}(z) = F_X(z)F_Y(z)$$

$N = \min\{X, Y\}$ 的分布：类似可得 $N = \min\{X, Y\}$ 的分布函数为

$$F_{\min}(z) = P\{Z \leqslant z\} = 1 - P\{Z > z\} = 1 - P\{X > z, Y > z\} = 1 - P\{X > z\}P\{Y > z\}$$

即
$$F_{\max}(z) = 1 - [1 - F_X(z)][1 - F_Y(z)]$$

n 个相互独立随机变量的推广：设 $X_1, X_2, \cdots, X_n$ 是 n 个相互独立的随机变量，它们的分布函数分别为 $F_{X_i}(x_i)(i = 1, 2, \cdots, n)$，则 $Z = \max(X_1, X_2, \cdots, X_n)$ 及 $Z = \min(X_1, X_2, \cdots, X_n)$ 的分布函数分别为：

$$F_{\max}(z) = F_{X_1}(z)F_{X_2}(z) \cdots F_{X_n}(z)$$

$$F_{\min}(z) = 1 - [1 - F_{X_1}(z)][1 - F_{X_2}(z)] \cdots [1 - F_{X_n}(z)]$$

特别地，当 $X_1, X_2, \cdots, X_n$ 相互独立且具有相同分布函数 $F_X(x)$ 时，有

$$F_{\max}(z) = [F(z)]^n$$

$$F_{\min}(z) = 1 - [1 - F(z)]^n$$

典型题型归类

■ 二维随机变量的联合分布、边缘分布、条件分布及独立性 ■

例 7 以 X 记某医院一天出生的婴儿的个数,Y 记其中男婴的个数,设 X 和 Y 的联合分布律为

$$P\{X=n,Y=m\}=\frac{\mathrm{e}^{-14}(7.14)^m(6.86)^{n-m}}{m!\,(n-m)!}\quad(m=0,1,2,\cdots,n;n=0,1,2,\cdots)$$

(1)求边缘分布律;(2)求条件分布律;

(3)写出当 $X=20$ 时,Y 的条件分布律.

【解】 (1)x 的边缘分布律为

$$P\{X=n\}=\sum_{m=0}^{n}P\{X=n,Y=m\}$$

$$=\sum_{m=0}^{n}\frac{\mathrm{e}^{-14}(7.14)^m(6.86)^{n-m}}{m!\,(n-m)!}$$

$$=\frac{\mathrm{e}^{-14}}{n!}\sum_{m=0}^{n}\frac{n!}{m!\,(n-m)!}(7.14)^m(6.86)^{n-m}$$

$$=\frac{\mathrm{e}^{-14}}{n!}(7.14+6.86)^n=\frac{\mathrm{e}^{-14}14^n}{n!}\quad(n=0,1,2,\cdots)$$

则 X 服从参数为 14 的泊松分布.

Y 的边缘分布律为

$$P\{Y=m\}=\sum_{n=m}^{\infty}\frac{\mathrm{e}^{-14}(7.14)^m(6.86)^{n-m}}{m!\,(n-m)!}$$

$$=\frac{\mathrm{e}^{-14}(7.14)^m}{m!}\sum_{n=m}^{\infty}\frac{(6.86)^{n-m}}{(n-m)!}$$

令 $t=n-m$ $$=\frac{\mathrm{e}^{-14}(7.14)^m}{m!}\sum_{t=0}^{\infty}\frac{6.86^t}{t!}$$

$$=\frac{\mathrm{e}^{-14}(7.14)^m}{m!}\mathrm{e}^{6.86}$$

$$=\frac{\mathrm{e}^{-7.14}(7.14)^m}{m!}\quad(m=0,1,2,\cdots)$$

则 Y 服从参数为 7.14 的泊松分布.

(2)当 $m=0,1,2,\cdots$ 时,x 的条件分布律为

$$P\{Y=m/X=n\}=\frac{P\{X=n,Y=m\}}{P\{X=n\}}$$

$$=\frac{\dfrac{e^{-14}(7.14)^m(6.86)^{n-m}}{m!\ (n-m)!}}{\dfrac{e^{-14}14^n}{n!}}$$

$$=C_n^m(\frac{7.14}{14})^m(\frac{6.86}{14})^{n-m}$$

$$=C_n^m(0.51)^m(0.49)^{n-m}(m=0,1,2,\cdots,n)$$

则 Y 的条件分布律为二项分布.

(3) $P\{Y=m|x=20\}=C_{20}^m(0.51)^m(0.49))^{20-m}(m=0,1,2,3,\cdots,20)$

■ 两个随机变量的函数的分布

例8 设 X 和 Y 是相互独立的随机变量,它们都服从正态分布 $N(0,\sigma)$,证随机变量 $Z=\sqrt{X^2+Y^2}$ 具

有概率密度 $f_Z(z)=\begin{cases}\dfrac{z}{\sigma^2}e^{\frac{-z^2}{2\sigma^2}},Z\geq0\\[2mm]0,\qquad 其他\end{cases}$

我们称 z 服从参数为 $\sigma(\sigma>0)$ 的瑞利(Rayleigh)分布.

【证明】 X 和 Y 相互独立,所以 X 和 Y 的联合概率密度为

$$f(x,y)=\frac{1}{2\pi\sigma^2}e^{\frac{x^2+y^2}{2\sigma^2}}(-\infty<x<+\infty,-\infty<y<+\infty)$$

设 $F_Z(z)$ 和 $f_Z(z)$ 分别表示 $Z=\sqrt{X^2+Y^2}$ 的分布函数和概率密度.

当 $Z<0$ 时,$F_z(z)=0$;

当 $Z\geq0$ 时,

$$F_Z(z)=P\{Z\leq z\}=P\{\sqrt{X^2+Y^2}\leq z\}=P\{X^2+Y^2\leq z^2\}$$

$$=\iint\limits_{X^2+Y^2\leq z^2}\frac{1}{2\pi\sigma^2}e^{\frac{x^2+y^2}{2\sigma^2}}dxdy$$

设 $x=r\cos\theta,y\sin\theta$,则

$$f_Z(z)=\int_0^{2\pi}\frac{1}{2\pi\sigma^2}d\theta\int_o^z re^{-\frac{r^2}{2\sigma^2}}dr=\frac{1}{\sigma^2}\int_0^z re^{-\frac{r^2}{2\sigma^2}}dr$$

$$=(-e^{-\frac{r^2}{2\sigma^2}})|_0^z=1-e^{\frac{z^2}{2\sigma^2}}$$

综合表示为

$$F_Z(z)=\begin{cases}0,\qquad z<0\\[2mm]1-e^{-\frac{z^2}{2\sigma^2}},z\geq0\end{cases}$$

则 z 的概率密度为

$$f_Z(z) = \begin{cases} \dfrac{z}{\sigma^2} e^{\frac{-z^2}{2\sigma^2}}, & z \geqslant 0 \\ 0, & \text{其他} \end{cases}$$

习题全解

■ 习题 3-1

1. 解题过程 不是. 因为函数 $F(x,y)$ 关于 x 或 y 没有右连续.

   分析 分布函数的基本性质.

2. 分析 考查二维随机变量联合分布律.

   解题过程 X_1 的可能取值为 $0,1$；X_2 的可能取值为 $0,1$.

   由此可得 $P\{X_1=0, X_2=0\} = P\{$抽到三等品$\} = \dfrac{10}{100} = 0.1$

   同理 $P\{X_1=1, X_2=0\} = P\{$抽到一等品$\} = \dfrac{80}{100} = 0.8$

   $P\{X_1=0, X_2=1\} = P\{$抽到二等品$\} = \dfrac{10}{100} = 0.1$

   因此,随机变量 (X_1, X_2) 的分布律如下:

X_1 \\ X_2	0	1
0	0.1	0.1
1	0.8	0

3. 解题过程 由题意可知, X 的可能取值为 $0,1,2,3$.

   $Y = |X - (3-X)| = |2X-3|$, 可能取值为 $1,3$.

   由此可得 $P\{X=0, Y=3\} = \left(\dfrac{1}{2}\right)^3 = \dfrac{1}{8}$

   $P\{X=1, Y=1\} = C_3^1 \cdot \left(\dfrac{1}{2}\right) \left(\dfrac{1}{2}\right)^2 = \dfrac{3}{8}$

   $P\{X=2, Y=1\} = C_3^2 \left(\dfrac{1}{2}\right)^2 \cdot \dfrac{1}{2} = \dfrac{3}{8}$

$$P\{X=3,Y=3\}=C_3^3\left(\frac{1}{2}\right)^3=\frac{1}{8}$$

因此,随机变量(X,Y)的分布律如下:

Y \ X	0	1	2	3
1	0	$\frac{3}{8}$	$\frac{3}{8}$	0
3	$\frac{1}{8}$	0	0	$\frac{1}{8}$

4. **分析** 概率密度 $f(x,y)$ 具有以下性质:

1) $f(x,y)\geqslant 0$;

2) $\int_{-\infty}^{+\infty}\int_{-\infty}^{+\infty}f(x,y)\mathrm{d}x\mathrm{d}y=1$;

3) 设 G 是平面 xOy 上的区域,则(X,Y)落在 G 内的概率为
$$P\{(x,y)\in G\}=\iint\limits_{G}f(x,y)\mathrm{d}x\mathrm{d}y$$

解题过程 (1)由概率密度函数的性质得
$$\int_{-\infty}^{+\infty}\int_{-\infty}^{+\infty}f(x,y)\mathrm{d}x\mathrm{d}y=1$$

因此 $\int_2^4\int_0^2 k(6-x-y)\mathrm{d}x\mathrm{d}y=1$

$$\int_2^4\int_0^2\left[k(6-x)-ky\right]\mathrm{d}x\mathrm{d}y=1$$

$$\int_2^4\int_0^2 k(6-x)\mathrm{d}x\mathrm{d}y-\int_2^4\int_0^2 ky\mathrm{d}x\mathrm{d}y=20k-12k=1$$

$$8k=1$$

$$\therefore k=1/8$$

(2)$P\{X<1,Y<3\}=\int_2^3\int_0^1\frac{1}{8}(6-x-y)\mathrm{d}x\mathrm{d}y$

$$=\int_2^3\left(\frac{3}{4}-\frac{1}{16}-\frac{1}{8}y\right)\mathrm{d}y$$

$$=\frac{11}{16}-\frac{5}{16}=\frac{3}{8}$$

(3)$P\{X<1.5\}=\int_2^4\int_0^{1.5}\frac{1}{8}(6-x-y)\mathrm{d}x\mathrm{d}y$

$$=\int_2^4\left(\frac{6}{8}\cdot\frac{3}{2}-\frac{1}{2}\cdot\frac{1}{8}\cdot\frac{9}{4}-\frac{1}{8}\cdot\frac{3}{2}y\right)\mathrm{d}y$$

$$= \int_2^4 \left(\frac{9}{8} - \frac{9}{64} - \frac{3}{16}y \right) \mathrm{d}y$$

$$= \frac{63}{32} - \frac{3}{32} \cdot 12 = \frac{27}{32}$$

(4)由题目限制条件 $0 < x < 2, 2 < y < 4$ 及区域 G(如题 4 图解所示)

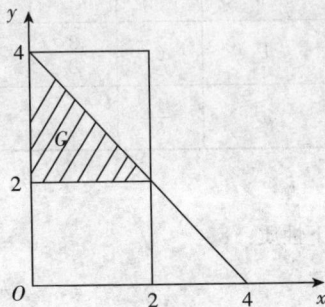

题 4 图解

$$P\{X+Y \leqslant 4\} = \iint\limits_G f(x,y) \mathrm{d}x\mathrm{d}y$$

$$= \int_0^2 \int_2^{4-x} \frac{1}{8}(6-x-y) \mathrm{d}y\mathrm{d}x$$

$$= \int_0^2 \left[\left(\frac{6-x}{8} - \frac{1}{16}y^2 \right) \Big|_{y=2}^{y=4-x} \right] \mathrm{d}x$$

$$= \int_0^2 \left[\frac{(6-x)(2-x)}{8} - \frac{1}{16}(4-x)^2 + \frac{1}{4} \right] \mathrm{d}x$$

$$= \frac{2}{3}$$

5. 分析 概率密度函数 $f(x,y)$ 的性质:

1) $\int_{-\infty}^{+\infty} \int_{-\infty}^{+\infty} f(x,y) \mathrm{d}x\mathrm{d}y = 1$

2) 若 $f(x,y)$ 在点 (x,y) 连续,则有 $\dfrac{\partial^2 F(x,y)}{\partial x \partial y} = f(x,y)$.

解题过程 由概率密度函数的性质,得

$$\int_{-\infty}^{+\infty} \int_{-\infty}^{+\infty} f(x,y) \mathrm{d}x\mathrm{d}y = 1$$

$$\int_0^{+\infty} \mathrm{d}y \int_0^{+\infty} A\mathrm{e}^{-(2x+3y)} \mathrm{d}x = 1$$

$$A \cdot \int_0^{+\infty} \frac{1}{2} \mathrm{e}^{-3y} \mathrm{d}y = 1$$

$$\frac{A}{6} = 1$$

所以　$A=6$

即　$f(x,y)=\begin{cases}6\mathrm{e}^{-(2x+3y)},x>0,y>0\\0,\qquad\quad 其他\end{cases}$

当 $x\leqslant 0$ 或 $y\leqslant 0$ 时，$F(x,y)=0$

当 $x>0$ 且 $y>0$ 时，$F(x,y)=\int_0^x\mathrm{d}u\int_0^y 6\mathrm{e}^{-2u+3v}\mathrm{d}v=(1-\mathrm{e}^{-2x})(1-\mathrm{e}^{-3y})$

因此，$F(x,y)=\begin{cases}(1-\mathrm{e}^{-2x})(1-\mathrm{e}^{-3y}),x>0,y>0\\0,\qquad\qquad\qquad\quad 其他\end{cases}$

6. 解题过程 $(1)P\{X=1|Z=0\}=\dfrac{4}{9}$

$(2)P\{X=0,Y=0\}=\dfrac{1}{4};P\{X=1,Y=0\}=\dfrac{1}{6};$

$P\{X=2,Y=0\}=\dfrac{1}{36};P\{X=0,Y=1\}=\dfrac{1}{3};$

$P\{X=1,Y=1\}=\dfrac{1}{9};P\{X=2,Y=1\}=0;$

$P\{X=0,Y=2\}=\dfrac{1}{9};P\{X=1,Y=2\}=0;$

$P\{X=2,Y=2\}=0;$

		X		
		0	1	2
	0	$\dfrac{1}{4}$	$\dfrac{1}{6}$	$\dfrac{1}{36}$
Y	1	$\dfrac{1}{3}$	$\dfrac{1}{9}$	0
	2	$\dfrac{1}{9}$	0	0

习题 3-2

1. 解题过程

X＼Y	y_1	y_2	y_3	$p_i.$
x_1	0.1	0.1	0.2	0.4
x_2	0.2	0.2	0.2	0.6
$p._j$	0.3	0.3	0.4	1

2. 解题过程 由题意可得，$P\{X=1,Y=1\}=\dfrac{1}{4}\cdot 1=\dfrac{1}{4}$

$$P\{X=2,Y=1\}=P\{X=2,Y=2\}=\dfrac{1}{4}\cdot\dfrac{1}{2}=\dfrac{1}{8}$$

$$P\{X=3,Y=1\}=P\{X=3,Y=2\}=P\{X=3,Y=3\}=\dfrac{1}{4}\cdot\dfrac{1}{3}=\dfrac{1}{12}$$

$$P\{X=4,Y=1\}=P\{X=4,Y=2\}=P\{X=4,Y=3\}=P\{X=4,Y=4\}=\dfrac{1}{4}\cdot\dfrac{1}{4}=\dfrac{1}{16}$$

得到(X,Y)的联合分布律及边缘分布律如下：

X＼Y	1	2	3	4	$p\cdot j$
1	$\dfrac{1}{4}$	$\dfrac{1}{8}$	$\dfrac{1}{12}$	$\dfrac{1}{16}$	$\dfrac{25}{48}$
2	0	$\dfrac{1}{8}$	$\dfrac{1}{12}$	$\dfrac{1}{16}$	$\dfrac{13}{48}$
3	0	0	$\dfrac{1}{12}$	$\dfrac{1}{16}$	$\dfrac{7}{48}$
4	0	0	0	$\dfrac{1}{16}$	$\dfrac{1}{16}$
$p_i\cdot$	$\dfrac{1}{4}$	$\dfrac{1}{4}$	$\dfrac{1}{4}$	$\dfrac{1}{4}$	1

3. 分析 边缘概率密度

$$\begin{cases} f_X(x)=\displaystyle\int_{-\infty}^{+\infty}f(x,y)\mathrm{d}y \\ f_Y(y)=\displaystyle\int_{-\infty}^{+\infty}f(x,y)\mathrm{d}x \end{cases}$$

解题过程 如题 3 图解所示，当 $0\leqslant x\leqslant 1$ 时，

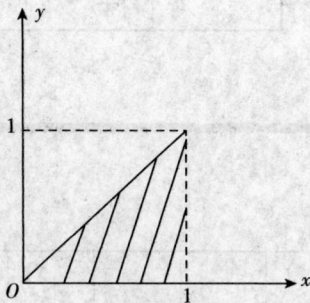

题 3 图解

$$f_X(x)=\int_{-\infty}^{+\infty}f(x,y)\mathrm{d}y$$

$$= \int_0^x 4.8y(2-x)\mathrm{d}y$$

$$= 4.8x^2 - 2.4x^3$$

$$\therefore f_X(x) = \begin{cases} 2.4x^2(2-x), & 0 \leqslant x \leqslant 1 \\ 0, & \text{其他} \end{cases}$$

当 $0 \leqslant y \leqslant 1$ 时，

$$f_Y(y) = \int_{-\infty}^{+\infty} f(x,y)\mathrm{d}x$$

$$= \int_y^1 4.8y(2-x)\mathrm{d}x$$

$$= 9.6y(1-y) - 2.4y \cdot (1-y^2)$$

$$= 7.2y - 9.6y^2 + 2.4y^3$$

$$\therefore f_Y(y) = \begin{cases} 2.4y(3-4y+y^2), & 0 \leqslant y \leqslant 1 \\ 0, & \text{其他} \end{cases}$$

4. **解题**过程 (1)如题 4 图解所示.

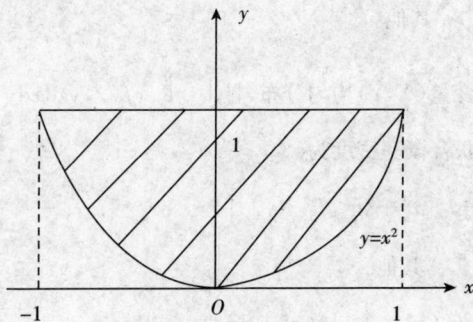

题 4 图解

由 $\displaystyle\int_{-\infty}^{+\infty}\int_{-\infty}^{+\infty} f(x,y)\mathrm{d}x\mathrm{d}y = 1$,得

$$\int_{-1}^1 \int_{x^2}^1 cx^2 y\mathrm{d}y\mathrm{d}x = 1$$

$$c\int_{-1}^1 x^2 \mathrm{d}x \int_{x^2}^1 y\mathrm{d}y = 1$$

$$c \cdot \int_{-1}^1 \frac{1}{2}x^2(1-x^4)\mathrm{d}x = 1$$

$$\frac{4c}{21} = 1$$

因此 $c = \dfrac{21}{4}$

$(2)\, f_X(x) = \displaystyle\int_{-\infty}^{+\infty} f(x,y)\,\mathrm{d}y$

$$= \begin{cases} \displaystyle\int_{x^2}^{1} \dfrac{21}{4} x^2 y\,\mathrm{d}y, & -1 < x < 1 \\ 0, & \text{其他} \end{cases}$$

$$= \begin{cases} \dfrac{21}{8} x^2 (1 - x^4), & -1 < x < 1 \\ 0, & \text{其他} \end{cases}$$

$f_Y(y) = \displaystyle\int_{-\infty}^{+\infty} f(x,y)\,\mathrm{d}x$

$$= \begin{cases} \displaystyle\int_{-\sqrt{y}}^{\sqrt{y}} \dfrac{21}{4} x^2 y\,\mathrm{d}x, & 0 < y < 1 \\ 0, & \text{其他} \end{cases}$$

$$= \begin{cases} \dfrac{7}{2} y^{\frac{5}{2}}, & 0 < y < 1 \\ 0, & \text{其他} \end{cases}$$

5. 解题过程 由于二维随机变量 (X,Y) 均匀分布，且 $\displaystyle\int_{-\infty}^{+\infty}\int_{-\infty}^{+\infty} f(x,y)\,\mathrm{d}x\,\mathrm{d}y = 1.$

因此 (X,Y) 的联合概率密度为

$$f(x,y) = \begin{cases} \dfrac{1}{\pi R^2}, & x^2 + y^2 \leqslant R^2 \\ 0, & \text{其他} \end{cases}$$

边缘概率密度 $f_X(x) = \displaystyle\int_{-\infty}^{+\infty} f(x,y)\,\mathrm{d}y$

$$= \begin{cases} \displaystyle\int_{-\sqrt{R^2-x^2}}^{\sqrt{R^2-x^2}} \dfrac{1}{\pi R^2}\,\mathrm{d}y = \dfrac{2}{\pi R^2}\sqrt{R^2 - x^2}, & -R \leqslant x \leqslant R \\ 0, & \text{其他} \end{cases}$$

$$f_Y(y) = \displaystyle\int_{-\infty}^{+\infty} f(x,y)\,\mathrm{d}x$$

$$= \begin{cases} \displaystyle\int_{-\sqrt{R^2-y^2}}^{\sqrt{R^2-y^2}} \dfrac{1}{\pi R^2}\,\mathrm{d}x = \dfrac{2}{\pi R^2}\sqrt{R^2 - y^2}, & -R \leqslant y \leqslant R \\ 0, & \text{其他} \end{cases}$$

1. 分析 条件分布律的概念.

解题过程 $P\{X=0|Y=1\}=\dfrac{P\{X=0,Y=1\}}{P\{Y=1\}}=\dfrac{0.2}{0.3}=\dfrac{2}{3}$

$P\{X=1|Y=1\}=\dfrac{P\{X=1,Y=1\}}{P\{Y=1\}}=\dfrac{0.1}{0.3}=\dfrac{1}{3}$

2. 解题过程 (1) $P\{X=i\}=\displaystyle\sum_{j=51}^{55}P\{X=i,Y=j\}$

得到(X,Y)关于X的边缘分布律如下:

X	51	52	53	54	55
p_k	0.18	0.15	0.35	0.12	0.20

(X,Y)关于Y的边缘分布律如下:

Y	51	52	53	54	55
p_k	0.28	0.28	0.22	0.09	0.13

(2)$P\{X=i|Y=51\}=\dfrac{P\{X=i,Y=51\}}{P\{Y=51\}}$ $i=51,52,53,54,55$

得到条件分布律如下:

$X=i$	51	52	53	54	55
$P\{X=i|Y=51\}$	6/28	7/28	5/28	5/28	5/28

3. 解题过程 由题意得

(1)$P\{Y=m|X=n\}=C_n^m p^m(1-p)^{n-m}, m=0,1,\cdots,n$

(2)$P\{X=n,Y=m\}=P\{Y=m|X=n\}\cdot P\{X=n\}$

$=C_n^m p^m(1-p)^{n-m}\cdot\dfrac{\lambda^n}{n!}e^{-\lambda}\,(m=0,1,\cdots,n;n=0,1,2\cdots)$

4. 分析 条件概率密度

$f_{X|Y}(x|y)=\dfrac{f(x,y)}{f_Y(y)}$

$f_{Y|X}(y|x)=\dfrac{f(x,y)}{f_X(x)}$

解题过程 如题 4 图解所示。

边缘概率密度 $f_X(x) = \int_{-\infty}^{+\infty} f(x,y)\mathrm{d}y$

$$= \begin{cases} \int_{-x}^{x} \mathrm{d}y, & 0 < x < 1 \\ 0, & \text{其他} \end{cases}$$

$$= \begin{cases} 2x, & 0 < x < 1 \\ 0, & \text{其他} \end{cases}$$

$f_Y(y) = \int_{-\infty}^{+\infty} f(x,y)\mathrm{d}x$

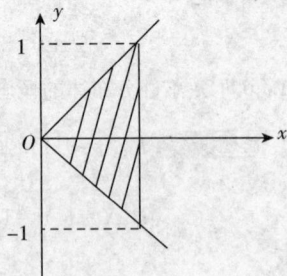

题 4 图解

$$= \begin{cases} \int_{|y|}^{1} \mathrm{d}x, & |y| < 1 \\ 0, & \text{其他} \end{cases}$$

$$= \begin{cases} 1-|y|, & |y| < 1 \\ 0, & \text{其他} \end{cases}$$

因此,条件概率密度 $f_{Y|X}(y|x) = \dfrac{f(x,y)}{f_X(x)} = \begin{cases} \dfrac{1}{2x}, & |y| < x, 0 < x < 1 \\ 0, & \text{其他} \end{cases}$

$$f_{X|Y}(x|y) = \dfrac{f(x,y)}{f_Y|y|} = \begin{cases} \dfrac{1}{1-|y|}, & |y| < x < 1 \\ 0, & \text{其他} \end{cases}$$

5. **解题过程** (1)如题 5 图解(a)所示,(X,Y) 关于 X 的边缘概率密度

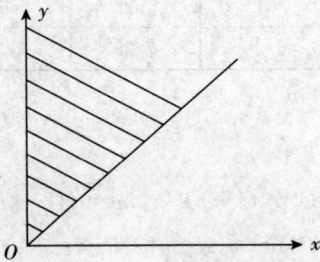

(a)

题 5 图解

$$f_X(x) = \int_{-\infty}^{+\infty} f(x,y)\mathrm{d}y = \begin{cases} \int_{x}^{+\infty} \mathrm{e}^{-y}\mathrm{d}y, & x > 0 \\ 0, & \text{其他} \end{cases}$$

$$= \begin{cases} e^{-x}, & x > 0 \\ 0, & \text{其他} \end{cases}$$

关于 Y 的边缘概率密度

$$f_Y(y) = \int_{-\infty}^{+\infty} f(x,y) \mathrm{d}x = \begin{cases} \int_0^y e^{-y} \mathrm{d}x, & y > 0 \\ 0, & \text{其他} \end{cases}$$

$$= \begin{cases} y e^{-y}, & y > 0 \\ 0, & \text{其他} \end{cases}$$

(2)由 $f_{Y|X}(x|y) = \dfrac{f(x,y)}{f_X(x)}$，$f_{X|Y}(x|y) = \dfrac{f(x,y)}{f_Y(y)}$，得

$$f_{Y|X}(y|x) = \begin{cases} e^{x-y}, & y > x > 0 \\ 0, & \text{其他} \end{cases}$$

$$f_{X|Y}(x|y) = \begin{cases} \dfrac{1}{y}, & y > x > 0 \\ 0, & \text{其他} \end{cases}$$

(3)区域 G 如题 5 图解(b)所示：

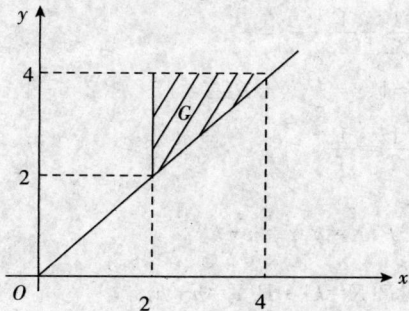

(b)

题 5 图解

$$P\{X > 2, Y < 4\} = \iint_G f(x,y) \mathrm{d}x \mathrm{d}y$$

$$= \int_2^4 \mathrm{d}x \int_x^4 e^{-y} \mathrm{d}y$$

$$= \int_2^4 (e^{-x} - e^{-4}) \mathrm{d}x$$

$$= e^{-2} - 3e^{-4}$$

$$P\{Y < 4\} = \int_0^4 y \cdot e^{-y} \mathrm{d}y = 1 - 5e^{-4}$$

因此 $P\{X > 2 | Y < 4\} = \dfrac{P\{X > 2, Y < 4\}}{P\{Y < 4\}} = \dfrac{e^{-2} - 3e^{-4}}{1 - 5e^{-4}}$

■ 习题 3-4

1. 解题过程

$\diagdown^{\,Y}_X$	y_1	y_2	y_3	$p_i\cdot$
x_1	1/24	1/8	1/12	1/4
x_2	1/8	3/8	1/4	3/4
$p\cdot_j$	1/6	1/2	1/3	1

注意:$p_{ij}=p_i\cdot\ \cdot\ p\cdot_j$

2. 解题过程 由于 X 和 Y 相互独立,且有相同的分布.

$$P\{X=Y\}=P\{X=-1,Y=-1\}+P\{X=1,Y=1\}$$
$$=P\{X=-1\}\cdot P\{Y=-1\}+P\{X=1\}\cdot P\{Y=1\}$$
$$=\frac{1}{2}\cdot\frac{1}{2}+\frac{1}{2}\cdot\frac{1}{2}=\frac{1}{2}$$
$$P\{X>Y\}=P\{X=1,Y=-1\}=P\{X=1\}\cdot P\{Y=-1\}$$
$$=\frac{1}{2}\cdot\frac{1}{2}=\frac{1}{4}$$

3. 解题过程 $P\{X+Y=n\}=\sum\limits_{k=1}^{n-1}P\{X=k,Y=n-k\}$

$$=\sum_{k=1}^{n-1}P\{X=k\}\cdot P\{Y=n-k\}$$
$$=\sum_{k=1}^{n-1}\frac{1}{2^k}\cdot\frac{1}{2^{n-k}}=\sum_{k=1}^{n-1}\frac{1}{2^n}=\frac{n-1}{2^n},n=2,3\cdots$$

4. 解题过程 $f(x,y)$ 关于 X 和 Y 的边缘概率密度为:

$$f_X(x)=\int_{-\infty}^{+\infty}f(x,y)\mathrm{d}y=\begin{cases}\int_0^1 4xy\mathrm{d}y=2x, & 0\leqslant x\leqslant 1\\ 0, & \text{其他}\end{cases}$$

$$f_Y(y)=\int_{-\infty}^{+\infty}f(x,y)\mathrm{d}x=\begin{cases}\int_0^1 4xy\mathrm{d}x=2y, & 0\leqslant y\leqslant 1\\ 0, & \text{其他}\end{cases}$$

$f(x,y)=f_X(x)\cdot f_Y(y)$ 成立

因此 X 和 Y 是独立的

5. 解题过程 （1）X 在 $(0,1)$ 上服从均匀分布，可得

$$f_X(x)=\begin{cases}1, & 0<x<1 \\ 0, & \text{其他}\end{cases}$$

并且 X 和 Y 相互独立．因此，X 和 Y 的联合概率密度

$$f(x,y)=\begin{cases}\dfrac{1}{2}\mathrm{e}^{-\frac{y}{2}}, & 0<x<1,y>0 \\ 0, & \text{其他}\end{cases}$$

（2）二次方程 $a^2+2xa+Y=0$ 有实根，即判别式 $\Delta=4X^2-4Y\geqslant0$. 即 $X^2\geqslant Y$ 求 $P\{X^2\geqslant Y\}$. 如题 5 图解所示.

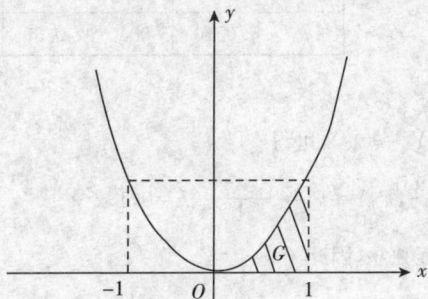

题 5 图解

$$P\{X^2\geqslant Y\}=\iint\limits_{G}f(x,y)\mathrm{d}x\mathrm{d}y$$

$$=\int_0^1\mathrm{d}x\int_0^{x^2}\frac{1}{2}\mathrm{e}^{-\frac{y}{2}}\mathrm{d}y$$

$$=\int_0^1(1-\mathrm{e}^{\frac{x^2}{2}})\mathrm{d}x$$

$$=1-\sqrt{2\pi}[\varPhi(1)-\varPhi(0)]$$

$$=1-\sqrt{2\pi}(0.8413-0.5)$$

$$=0.1445$$

习题 3-5

1. 解题过程 （1）

X	0	1	2
p_k	0.25	0.45	0.30

（2）X 可能的取值为 0,1,2. Y 可能的取值为 0,1.

$Z=X+Y$,可能的取值为 $0,1,2,3$.

$P\{Z=0\}=P\{X=0,Y=0\}=0.10$

$P\{Z=1\}=P\{X=0,Y=1\}+P\{X=1,Y=0\}$

$=0.15+0.25=0.40$

$P\{Z=2\}=P\{X=1,Y=1\}+P\{X=2,Y=0\}$

$=0.20+0.15=0.35$

$P\{Z=3\}=P\{X=2,Y=1\}=0.15$

$X+Y$ 的分布律如下:

$X+Y$	0	1	2	3
p_k	0.10	0.40	0.35	0.15

2. 解题过程 由于 $X\sim\pi(\lambda_1)$,$Y\sim\pi(\lambda_2)$,可得

$$P\{X=k\}=\frac{\lambda_1^k\mathrm{e}^{-\lambda_1}}{k!},P\{Y=k\}=\frac{\lambda_2^k\mathrm{e}^{-\lambda_2}}{k!} \quad k=0,1,2\cdots$$

并且 X 和 Y 相互独立,因此

$$P\{Z=n\}=\sum_{k=0}^{n}P\{X=k,Y=n-k\}=\sum_{k=0}^{n}P\{X=k\}\cdot P\{Y=n-k\}$$

$$=\sum_{k=0}^{n}\frac{\lambda_1^k\mathrm{e}^{-\lambda_1}}{k!}\cdot\frac{\lambda_2^{n-k}\mathrm{e}^{-\lambda_2}}{(n-k)!}=\mathrm{e}^{-\lambda_1-\lambda_2}\cdot\sum_{k=0}^{n}\frac{\lambda_1^k\lambda_2^{n-k}}{k!(n-k)!}$$

$$=\mathrm{e}^{-\lambda_1-\lambda_2}\cdot\frac{1}{n!}\cdot\sum_{k=0}^{n}C_n^k\lambda_1^k\cdot\lambda_2^{n-k}$$

$$=\frac{(\lambda_1+\lambda_2)^n\mathrm{e}^{-(\lambda_1+\lambda_2)}}{n!},n=0,1,2,\cdots$$

由此可得 $Z=X+Y\sim\pi(\lambda_1+\lambda_2)$

3. 分析 先求 $F_Z(z)$,再求 $f_Z(z)$.

解题过程 z 的分布函数 $F_Z(z)=P\{Z\leqslant z\}=P\{X+Y\leqslant z\}=\iint\limits_{x+y\leqslant z}f(x,y)\mathrm{d}x\mathrm{d}y$

当 $z<0$ 时,$F_Z(z)=0$,如题 3 图解(a)所示.

当 $0\leqslant z\leqslant 1$ 时,$F_Z(z)=\int_0^z\mathrm{d}y\int_0^{z-y}6x\mathrm{d}x=\int_0^z 3(z-y)^2\mathrm{d}y$,如题 3 图解(b) 所示.

$$=z^3$$

当 $z>1$ 时,$F_Z(z)=\iint\limits_G f(x,y)\mathrm{d}x\mathrm{d}y=\int_0^1\mathrm{d}y\int_0^{1-y}6x\mathrm{d}x$,如题 3 图解(c) 所示.

$$=\int_0^1 3(1-y)^2\mathrm{d}y=1$$

由此求导，$f_Z(z) = \begin{cases} 3z^2, & 0 \leqslant z \leqslant 1 \\ 0, & \text{其他} \end{cases}$

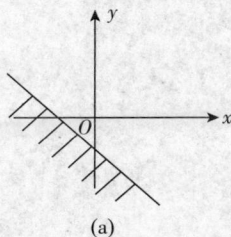
(a)

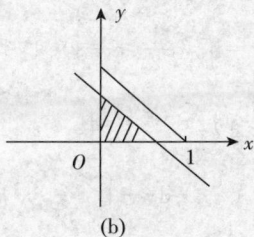
(b)

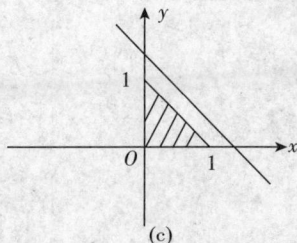
(c)

题 3 图解

4. 分析 先求 $F_Z(z)$，再求 $f_Z(z)$.

解题过程 由 X 和 Y 相互独立，可得

$$f(x, y) = \begin{cases} 2y, & 0 \leqslant x \leqslant 1, 0 \leqslant y \leqslant 1 \\ 0, & \text{其他} \end{cases}$$

当 $z \leqslant 0$ 时，$F_Z(z) = 0$，如题 4 图解(a)所示.

当 $0 \leqslant z \leqslant 1$ 时，$F_Z(z) = P\{Z \leqslant z\} = P\{X + Y \leqslant z\}$，如题 4 图解(b)所示.

$$= \int_0^z \mathrm{d}x \int_0^{z-x} 2y \mathrm{d}y = \frac{z^3}{3}$$

当 $1 \leqslant z \leqslant 2$ 时，$F_Z(z) = \int_0^{z-1} \mathrm{d}x \int_0^1 2y \mathrm{d}y + \int_{z-1}^1 \mathrm{d}x \int_0^{z-x} 2y \mathrm{d}y$

$$= z^2 - \frac{z^3}{3} - \frac{1}{3}$$

如题 4 图解(c)所示

当 $z \geqslant 2$ 时，$F_Z(z) = 1$

由此求导，$f_Z(z) = \begin{cases} z^2, & 0 \leqslant z \leqslant 1 \\ 2z - z^2, & 1 \leqslant z \leqslant 2 \\ 0, & \text{其他} \end{cases}$

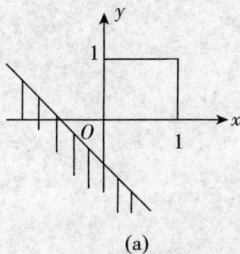
(a)

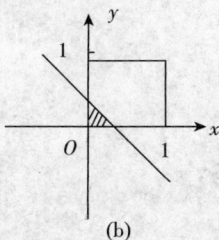
(b)

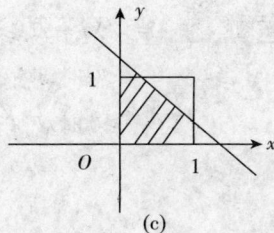
(c)

题 4 图解

5. 分析 此类题型也可用教材 81 页的公式(3)或(4)求解.

解题过程 (1)(X,Y)关于 X 的边缘概率密度为

$$f_X(x) = \int_{-\infty}^{+\infty} f(x,y)\mathrm{d}y = \int_0^{+\infty} \frac{1}{2}(x+y)\mathrm{e}^{-(x+y)}\mathrm{d}y$$

$$= \int_0^{+\infty} \left(\frac{1}{2}x + \frac{1}{2}y\right) \cdot \mathrm{e}^{-x} \cdot \mathrm{e}^{-y}\mathrm{d}y$$

$$= \int_0^{+\infty} \frac{1}{2}x \cdot \mathrm{e}^{-x} \cdot \mathrm{e}^{-y} \cdot \mathrm{d}y + \int_0^{+\infty} \frac{1}{2}y \cdot \mathrm{e}^{-x} \cdot \mathrm{e}^{-y}\mathrm{d}y$$

$$= \frac{1}{2}x \cdot \mathrm{e}^{-x}[-\mathrm{e}^{-y}]_0^{+\infty} - \frac{1}{2}\mathrm{e}^{-x}\{[y\mathrm{e}^{-y}]_0^{+\infty} - \int_0^{+\infty} \mathrm{e}^{-y}\mathrm{d}y\}$$

$$= \frac{1}{2}x \cdot \mathrm{e}^{-x} + \frac{1}{2}\mathrm{e}^{-x}$$

即 $f_X(x) = \begin{cases} \dfrac{1}{2}x \cdot \mathrm{e}^{-x} + \dfrac{1}{2}\mathrm{e}^{-x}, & x > 0 \\ 0, & \text{其他} \end{cases}$

同理(X,Y)关于 Y 的边缘概率密度为

$$f_Y(y) = \begin{cases} \dfrac{1}{2}y\mathrm{e}^{-y} + \dfrac{1}{2}\mathrm{e}^{-y}, & y > 0 \\ 0, & \text{其他} \end{cases}$$

由于 $f(x,y) \neq f_X(x) \cdot f_Y(y)$，因此 X 与 Y 不是相互独立.

(2)$Z = X + Y$

先求 z 的分布函数 $F_Z(z)$

当 $z \leqslant 0$ 时,$F_Z(z) = 0$

当 $z > 0$ 时,$F_Z(z) = \int_0^z \mathrm{d}x \int_0^{z-x} \frac{1}{2}(x+y)\mathrm{e}^{-(x+y)}\mathrm{d}y$

求导后得 $f_Z(z) = \begin{cases} \dfrac{1}{2}z^2\mathrm{e}^{-z}, & z > 0 \\ 0, & \text{其他} \end{cases}$

6. 解题过程 $z = \sqrt{X^2 + Y^2} \geqslant 0$

当 $z < 0$ 时,$F_Z(z) = 0$

当 $z \geqslant 0$ 时,$F_Z(z) = P\{Z \leqslant z\} = P\{X^2 + Y^2 \leqslant z^2\}$

$$= \iint_{x^2+y^2 \leqslant z^2} f(x,y)\mathrm{d}x\mathrm{d}y = \iint_{x^2+y^2 \leqslant z^2} \frac{1}{2\pi\sigma^2}\mathrm{e}^{\frac{-(x^2+y^2)}{2\sigma^2}}\mathrm{d}x\mathrm{d}y$$

$$= \int_0^{2\pi} \mathrm{d}\theta \int_0^z \frac{1}{2\pi\sigma^2}\mathrm{e}^{\frac{-z^2}{2\sigma^2}} \cdot r\mathrm{d}r$$

$$= \left[-\mathrm{e}^{\frac{-r^2}{2\sigma^2}}\right]_0^z = 1 - \mathrm{e}^{-\frac{z^2}{2\sigma^2}}$$

求导可得 $f_Z(z) = \begin{cases} \dfrac{z}{\sigma^2}\mathrm{e}^{-\frac{z^2}{2\sigma^2}}, & z \geqslant 0 \\ 0, & \text{其他} \end{cases}$

由此得证.

7. 分析 先求 $F_Z(z)$,再求导.

解题过程 $F_Z(z) = P\{Z \leqslant z\} = P\{XY \leqslant z\} = \displaystyle\iint\limits_{xy \leqslant z} f(x,y)\mathrm{d}x\mathrm{d}y$

当 $z < 0$ 时,$F_Z(z) = 0$

当 $z \geqslant 0$ 时,$F_Z(z) = \displaystyle\int_0^{+\infty}\mathrm{d}x\int_0^{\frac{z}{x}} x \cdot \mathrm{e}^{-x(1+y)}\mathrm{d}y$

$$= \int_0^{+\infty}(1-\mathrm{e}^{-z})\mathrm{e}^{-x}\mathrm{d}x$$

$$= (1-\mathrm{e}^{-z})\left[-\mathrm{e}^{-x}\right]_0^{+\infty}$$

$$= 1 - \mathrm{e}^{-z}$$

求导可得 $f_Z(z) = \begin{cases} \mathrm{e}^{-z}, & z \geqslant 0 \\ 0, & \text{其他} \end{cases}$

8. 解题过程 (1)由概率密度函数的性质,可得

$$\int_{-\infty}^{+\infty}\int_{-\infty}^{+\infty} f(x,y)\mathrm{d}x\mathrm{d}y = 1$$

如题 8 图解所示,$\displaystyle\int_0^1\mathrm{d}x\int_0^{+\infty} b\mathrm{e}^{-(x+y)}\mathrm{d}y = 1$

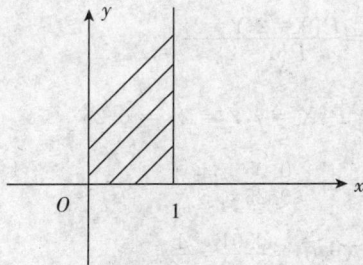

题 8 图解

$$b\int_0^1 \mathrm{e}^{-x}\mathrm{d}x\int_0^{+\infty}\mathrm{e}^{-y}\mathrm{d}y = 1$$

$$b(1-\mathrm{e}^{-1}) = 1$$

即 $b = \dfrac{1}{1-\mathrm{e}^{-1}}$

(2) $f_X(x) = \displaystyle\int_{-\infty}^{+\infty} f(x,y)\mathrm{d}y$

$$= \begin{cases} \displaystyle\int_0^{+\infty} \frac{\mathrm{e}^{-(x+y)}}{1-\mathrm{e}^{-1}}\mathrm{d}y = \frac{\mathrm{e}^{-x}}{1-\mathrm{e}^{-1}}, & 0<x<1 \\ 0, & \text{其他} \end{cases}$$

$f_Y(y) = \displaystyle\int_{-\infty}^{+\infty} f(x,y)\mathrm{d}x$

$$= \begin{cases} \displaystyle\int_0^1 \frac{\mathrm{e}^{-(x+y)}}{1-\mathrm{e}^{-1}}\mathrm{d}x = \mathrm{e}^{-y}, & y>0 \\ 0, & \text{其他} \end{cases}$$

(3) $f(x,y) = f_X(x) \cdot f_Y(y)$,因此 X 与 Y 相互独立.

$F_U(u) = P\{U \leqslant u\} = P\{X \leqslant u, Y \leqslant u\} = P\{X \leqslant u\} \cdot P\{Y \leqslant u\}$

当 $u<0$ 时,$F_U(u)=0$

当 $0 \leqslant u<1$ 时,$F_U(u) = \displaystyle\int_0^u f_X(x)\mathrm{d}x \cdot \int_0^u f_Y(y)\mathrm{d}y$

$$= \frac{(1-\mathrm{e}^{-u})^2}{1-\mathrm{e}^{-1}}$$

当 $u \geqslant 1$ 时,$F_U(u) = \displaystyle\int_0^1 f_X(x)\mathrm{d}x \cdot \int_0^u f_Y(y)\mathrm{d}y$

$$= 1-\mathrm{e}^{-u}$$

即 $F_U(u) = \begin{cases} 0, & u<0 \\ \dfrac{(1-\mathrm{e}^{-u})^2}{1-\mathrm{e}^{-1}}, & 0 \leqslant u<1 \\ 1-\mathrm{e}^{-u}, & u \geqslant 1 \end{cases}$

9. 解题过程 (1) $P\{X=2|Y=2\} = \dfrac{P\{X=2,Y=2\}}{P\{Y=2\}}$

$P\{Y=2\} = \displaystyle\sum_{i=0}^5 P\{X=i, Y=2\} = 0.25$

得 $P\{X=2|Y=2\} = \dfrac{0.05}{0.25} = \dfrac{1}{5}$

同理 $P\{Y=3|X=0\} = \dfrac{0.01}{0.03} = \dfrac{1}{3}$

(2) X 可能取值为 $0,1,2,3,4,5$;Y 可能取值为 $0,1,2,3$.

$U = \max(X,Y)$ 可能取值为 $0,1,2,3,4,5$

$P\{U=i\} = P\{\max(X,Y)=i\} = P\{X=i, Y<i\} + P\{X=i, Y=i\} + P\{X<i, Y=i\}$

可得 U 的分布律如下:

U	0	1	2	3	4	5
p_k	0	0.04	0.16	0.28	0.24	0.28

(3)V 的可能取值为 $0,1,2,3$

$$P\{V=i\}=P\{X=i,Y>i\}+P\{X=i,Y=i\}+P\{X>i,Y=i\}$$

可得 V 的分布律如下：

V	0	1	2	3
p_k	0.28	0.30	0.25	0.17

(4)$W=X+Y$ 的可能取值为 $0,1,2,3,4,5,6,7,8$

$$P\{W=i\}=\sum_{k=0}^{i}P\{X=k,Y=i-k\}\quad i=0,1,\cdots,8$$

可得 W 的分布律如下：

W	0	1	2	3	4	5	6	7	8
p_k	0	0.02	0.06	0.13	0.19	0.24	0.19	0.12	0.05

总习题

1. 解题过程 由题可得，Y 的概率密度函数 $f_Y(y)=\begin{cases} e^{-y}, & y>0 \\ 0, & \text{其他} \end{cases}$

故　$P\{X_1=0,X_2=0\}=P\{Y>1,Y>2\}=P\{Y>2\}=\displaystyle\int_2^{+\infty}e^{-y}\mathrm{d}y=e^{-2}$

$P\{X_1=1,X_2=0\}=P\{Y\leqslant1,Y>2\}=0$

$P\{X_1=0,X_2=1\}=P\{Y>1,Y\leqslant2\}=P\{1<Y\leqslant2\}=\displaystyle\int_1^2e^{-y}\mathrm{d}y=e^{-1}-e^{-2}$

$P\{X_1=1,X_2=1\}=P\{Y\leqslant1,Y\leqslant2\}=P\{Y\leqslant1\}=\displaystyle\int_0^1e^{-y}\mathrm{d}y=1-e^{-1}$

联合分布律如下：

X_2 ＼ X_1	0	1
0	e^{-2}	0
1	$e^{-1}-e^{-2}$	$1-e^{-1}$

2. 解题过程 由题可得,(X,Y) 的概率密度函数 $f(x,y)=\begin{cases}\dfrac{1}{2},0\leqslant x\leqslant2,0\leqslant y\leqslant1\\0,\quad 其他\end{cases}$

故 $P\{U=0,V=0\}=P\{X\leqslant Y,X\leqslant2Y\}=P\{X\leqslant Y\}=\underset{x\leqslant y}{\iint}f(x,y)\mathrm{d}x\mathrm{d}y=\dfrac{1}{4}$

$P\{U=1,V=0\}=P\{X>Y,X\leqslant2Y\}=P\{Y<X\leqslant2Y\}=\underset{0<y<x\leqslant2y}{\iint}f(x,y)\mathrm{d}x\mathrm{d}y=\dfrac{1}{4}$

$P\{U=0,V=1\}=P\{X\leqslant Y,X>2Y\}=0$

$P\{U=1,V=1\}=P\{X>Y,X>2Y\}=P\{X<2Y\}=\underset{0<2y<x}{\iint}f(x,y)\mathrm{d}x\mathrm{d}y=\dfrac{1}{2}$

联合分布律如下:

V \ U	0	1
0	$\dfrac{1}{4}$	$\dfrac{1}{4}$
1	0	$\dfrac{1}{2}$

3. 解题过程 (1)由 $P\{X_1X_2=0\}=1$,得 $P\{X_1X_2\neq0\}=0$,即

$P\{X_1=-1,X_2=1\}=0,P\{X_1=1,X_2=1\}=0$

故 $P\{X_1=-1,X_2=0\}=P\{X_1=-1\}=\dfrac{1}{4}$

$P\{X_1=1,X_2=0\}=P\{X_1=1\}=\dfrac{1}{4}$

$P\{X_1=0,X_2=1\}=P\{X_2=1\}=\dfrac{1}{2}$

X_1 与 X_2 联合分布律如下:

X_2 \ X_1	-1	0	1	$p_{\cdot j}$
0	$\dfrac{1}{4}$	0	$\dfrac{1}{4}$	$\dfrac{1}{2}$
1	0	$\dfrac{1}{2}$	0	$\dfrac{1}{2}$
$p_{i\cdot}$	$\dfrac{1}{4}$	$\dfrac{1}{2}$	$\dfrac{1}{4}$	1

(2)由(1)中可得边缘分布律 $p_{ij}=0,p_{i\cdot}\cdot p_{\cdot j}=\dfrac{1}{2}\cdot\dfrac{1}{2}=\dfrac{1}{4}\neq0$

因此 X_1 和 X_2 不独立.

4. **解题** 过程 X 和 Y 的可能取值为 $1,2,3$；U 和 V 的可能取值为 $1,2,3$

故 $P\{U=1,V=1\}=P\{X=1,Y=1\}=P\{X=1\}\cdot P\{Y=1\}=\dfrac{1}{9}$

$P\{U=1,V=2\}=P\{U=1,V=3\}=0$

$P\{U=2,V=1\}=P\{X=1,Y=2\}+P\{X=2,Y=1\}=\dfrac{2}{9}$

$P\{U=2,V=2\}=P\{X=2,Y=2\}=\dfrac{1}{9}$

$P\{U=3,V=1\}=P\{X=3,Y=1\}+P\{X=1,Y=3\}=\dfrac{2}{9}$

$P\{U=3,V=2\}=P\{X=3,Y=2\}+P\{X=2,Y=3\}=\dfrac{2}{9}$

$P\{U=3,V=3\}=P\{X=3,Y=3\}=\dfrac{1}{9}$

(U,V) 的分布律如下：

V \ U	1	2	3
1	$\dfrac{1}{9}$	$\dfrac{2}{9}$	$\dfrac{2}{9}$
2	0	$\dfrac{1}{9}$	$\dfrac{2}{9}$
3	0	0	$\dfrac{1}{9}$

5. **解题** 过程 由 $X_1\sim b(n_1,p)$，$X_2\sim b(n_2,p)$ 得

$P\{X_1=m\}=C_{n_1}^n p^m q^{n_1-m}$

$P\{X_2=k-m\}=C_{n_2}^{k-m} p^{k-m} q^{n_2-k+m}$

$P\{Z=k\}=P\{X_1+X_2=k\}=\sum_{m=0}^{k}P\{X_1=m\}\cdot P\{X_2=k-m\}$

$=\sum_{m=0}^{k}C_{n_1}^m\cdot C_{n_2}^{k-m}\cdot p^k q^{n_1+n_2-k}$

$=C_{n_1+n_2}^k\cdot p^k\cdot q^{n_1+n_2-k}$

即 $Z\sim b(n_1+n_2,p)$

6. **解题** 过程 X 和 Y 相互独立，则 $f(x,y)=f_X(x)\cdot f_Y(y)=\begin{cases}e^{-y},0<x<1,y>0\\0,\quad \text{其他}\end{cases}$

$F_Z(z)=P\{Z\leqslant z\}=P\{2X+Y\leqslant z\}=\iint\limits_{2x+y\leqslant z}f(x,y)\mathrm{d}x\mathrm{d}y.$

当 $z \leqslant 0$ 时,$F_Z(z)=0$

当 $0 < z \leqslant 2$ 时,如题 6 图解(a)所示.

$$F_Z(z)=\int_0^{\frac{z}{2}}\mathrm{d}x\int_0^{z-2x}\mathrm{e}^{-y}\mathrm{d}y=\frac{z+\mathrm{e}^{-z}-1}{2}$$

当 $z > 2$ 时,如题 6 图解(b)所示.

$$F_Z(z)=\int_0^1\mathrm{d}x\int_0^{z-2x}\mathrm{e}^{-y}\mathrm{d}y=\frac{2-\mathrm{e}^{2-z}+\mathrm{e}^{-z}}{2}$$

求导可得 $f_Z(z)=\begin{cases}0, & z\leqslant 0\\[2mm]\dfrac{1-\mathrm{e}^{-z}}{2}, & 0<z\leqslant 2\\[2mm]\dfrac{(\mathrm{e}^2-1)\mathrm{e}^{-z}}{2}, & z>2\end{cases}$

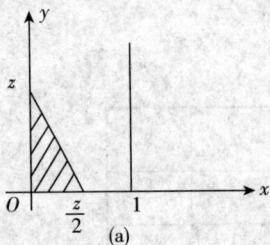
(a)

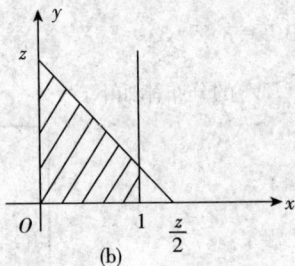
(b)

题 6 图解

7. **解题过程** 由 X 和 Y 相互独立,可得

$$f(x,y)=\begin{cases}\mathrm{e}^{-x-y}, & x>0,y>0\\0, & 其他\end{cases}$$

U 与 Y 的联合概率密度 $F_{UV}(u,v)=P\{U\leqslant u,V\leqslant v\}=P\{X+Y\leqslant u,X-Y\leqslant v\}$

$$=\iint\limits_{\substack{x+y\leqslant u\\x-y\leqslant v}}f(x,y)=\mathrm{d}x\mathrm{d}y$$

当 $u>0,u<v$ 时,

$$F_{UV}(u,v)=\int_0^u\mathrm{d}x\int_0^{u-x}\mathrm{e}^{-x-y}\mathrm{d}y=1-u\mathrm{e}^{-u}-\mathrm{e}^{-u}$$

当 $u>0,0<v<u$ 时,

$$F_{UV}(u,v)=\int_0^u\mathrm{d}x\int_0^{u-x}\mathrm{e}^{-x-y}\mathrm{d}y-\int_0^{\frac{u-v}{2}}\mathrm{d}y\int_{u-y}^{v+y}\mathrm{e}^{-x-y}\mathrm{d}x$$

$$=1-\frac{1}{2}\mathrm{e}^v-\frac{1}{2}\mathrm{e}^{-u}-\frac{u+v}{2}\mathrm{e}^{-u}$$

当 $u>0,-u<v<0$ 时,

$$F_{UV}(u,v) = \int_0^{\frac{u+v}{2}} \mathrm{d}x \int_{v+x}^{u-x} \mathrm{e}^{-x-y} \mathrm{d}y = \frac{1}{2} \mathrm{e}^{-v} - \frac{1}{2} \mathrm{e}^{-u} - \frac{u+v}{2} \mathrm{e}^{-u}$$

其他情况 $F_{UV}(u,v) = 0$

故 $F_{UV}(u,v) = \begin{cases} 1 - u\mathrm{e}^{-u} - \mathrm{e}^{-u}, & 0 < u < v \\ 1 - \dfrac{1}{2}\mathrm{e}^{-u} - \dfrac{1}{2}\mathrm{e}^{-v} - \dfrac{u+v}{2}\mathrm{e}^{-u}, & 0 < v < u \\ \dfrac{1}{2}\mathrm{e}^{-v} - \dfrac{1}{2}\mathrm{e}^{-u} - \dfrac{u+v}{2}\mathrm{e}^{-u}, & -u < v < 0 \\ 0, & \text{其他} \end{cases}$

求导得 $f_{UV}(u,v) = \begin{cases} \dfrac{1}{2}\mathrm{e}^{-u}, & u+v > 0, u-v > 0 \\ 0, & \text{其他} \end{cases}$

$$F_U(u) = P\{U \leqslant u\} = P\{X+Y \leqslant u\} = \iint\limits_{x+y \leqslant u} f(x,y)\mathrm{d}x\mathrm{d}y.$$

故 $f_U(u) = \begin{cases} u\mathrm{e}^{-u}, & u > 0 \\ 0, & \text{其他} \end{cases}$

同理 $f_V(v) = \dfrac{1}{2}\mathrm{e}^{-|v|}$ $-\infty < v < +\infty$

8. 解题过程 由 X,Y 相互独立，可得

(X,Y) 的联合概率密度为 $f(x,y) = \begin{cases} 1, & 0 < x < 1, 0 < y < 1 \\ 0, & \text{其他} \end{cases}$

$$F_Z(z) = P\{Z \leqslant z\} = P\{|X-Y| \leqslant z\} = \iint\limits_{|x-y| \leqslant z} f(x,y)\mathrm{d}x\mathrm{d}y$$

因为 $0 < x < 1, 0 < y < 1$，所以 $0 \leqslant |x-y| < 1$

当 $z < 0$ 时，$F_Z(z) = 0$

当 $0 < z < 1$ 时，$F_Z(z) = 1 - (1-z)^2$

当 $z \geqslant 1$ 时，$F_Z(z) = 1$

故 $F_Z(z) = \begin{cases} 0, & z \leqslant 0 \\ 1 - (1-z)^2, & 0 < z < 1 \\ 1, & z \geqslant 1 \end{cases}$

求导可得 $f_Z(z) = \begin{cases} 2 - 2z, & 0 < z < 1 \\ 0, & \text{其他} \end{cases}$

9. 解题过程 设 $Y_1 = X_1 X_4, Y_2 = X_2 X_3, X = Y_1 - Y_2$.

Y_1, Y_2 可能取值为 $0,1$ 且独立同分布

$$P\{Y_1=1\}=P\{Y_2=1\}=P\{X_2=1,X_3=1\}=P\{X_1=1,X_4=1\}$$
$$=P\{X_1=1\}\cdot P\{X_4=1\}=0.4\times0.4=0.16$$
$$P\{Y_1=0\}=P\{Y_2=0\}=1-0.16=0.84$$

X 可能取值为 -1、0、1

$$P\{X=-1\}=P\{Y_1=0,Y_2=1\}=P\{Y_1=0\}\cdot P\{Y_2=1\}=0.84\times0.16=0.1344$$
$$P\{X=1\}=P\{Y_1=1,Y_2=0\}=P\{Y_1=1\}\cdot P\{Y_2=0\}=0.16\times0.84=0.1344$$
$$P\{X=0\}=1-P\{X=-1\}-P\{X=1\}=0.7312$$

故 X 的分布律如下：

$$X\sim\begin{bmatrix}-1 & 0 & 1\\0.1344 & 0.7312 & 0.1344\end{bmatrix}$$

10. 解题过程 $F_U(u)=P\{U\leqslant u\}=P\{X+Y\leqslant u\}$

利用全概率公式

$$F_U(u)=P\{X+Y\leqslant u|X=1\}P\{X=1\}+P\{X+Y\leqslant u|X=2\}\cdot P\{X=2\}$$
$$=P\{Y\leqslant u-1\}\times0.3+P\{Y\leqslant u-2\}\times0.7$$
$$=F_Y(u-1)\times0.3+F_Y(u-2)\times0.7$$

求导可得 $g(u)=0.3f(u-1)+0.7f(u-2)$

11. 解题过程 (1)记第 i 周的需求量为 $X_i(i=1,2,3)$，两周的需求量 $Z=X_1+X_2$

由相互独立可得 $f_Z(z)=\displaystyle\int_{-\infty}^{+\infty}f(x)f(z-x)\mathrm{d}x$

$x>0$ 且 $z-x>0$，即 $0<x<z$ 时积分不为 0

故 $f_Z(z)=\begin{cases}\displaystyle\int_0^z f(x)f(z-x)\mathrm{d}x, & z>0\\0, & \text{其他}\end{cases}$

$$=\begin{cases}\displaystyle\int_0^z x\mathrm{e}^{-x}(z-x)\mathrm{e}^{-(z-x)}\mathrm{d}x, & z>0\\0, & \text{其他}\end{cases}$$

$$=\begin{cases}\mathrm{e}^{-z}\displaystyle\int_0^z(xz-x^2)\mathrm{d}x=\dfrac{z^3\mathrm{e}^{-z}}{3!}, & z>0\\0, & \text{其他}\end{cases}$$

(2)记三周的需求量 $W=Z+X_3$，X_1、X_2、X_3 相互独立，因此 Z 与 X_3 相互独立.

故 $f_W(z)=\displaystyle\int_{-\infty}^{+\infty}f_Z(x)f_{X_3}(u-x)\mathrm{d}x$

$x>0$ 且 $u-x>0$，即 $0<x<u$ 时，积分不为 0

故　$f_w(u)=\begin{cases}\displaystyle\iint_0^u f_z(x)f_{X_3}(u-x)\mathrm{d}x,&u>0\\0,&\text{其他}\end{cases}$

$=\begin{cases}\displaystyle\iint_0^u \dfrac{x^3\mathrm{e}^{-x}}{3!}(u-x)\mathrm{e}^{-(u-x)}\mathrm{d}x,&u>0\\0,&\text{其他}\end{cases}$

$=\begin{cases}\dfrac{\mathrm{e}^{-u}}{3!}\displaystyle\int_0^u(x^3u-x^4)\mathrm{d}x=\dfrac{u^5\mathrm{e}^{-u}}{5!},&u>0\\0,&\text{其他}\end{cases}$

12. 解题过程 $(1)\,P\{X>2Y\}=\displaystyle\iint_{x>2y}f(x,y)\mathrm{d}x\mathrm{d}y=\int_0^1\mathrm{d}x\int_0^{\frac{x}{2}}(2-x-y)\mathrm{d}y=\dfrac{7}{24}$

$(2)\,f_Z(z)=\displaystyle\int_{-\infty}^{+\infty}f(x,z-x)\mathrm{d}x$

$0<x<1$ 且 $z-1<x<z$ 时,积分不为 0.

如题 12 图解所示。

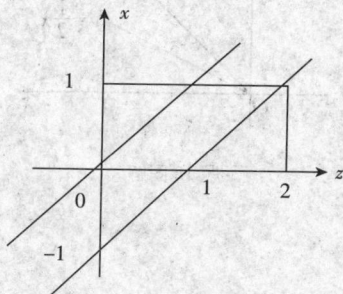

题 12 图解

当 $z\leqslant0$ 或 $z\geqslant2$ 时, $f_Z(z)=0$

当 $0<z<1$ 时, $f_Z(z)=\displaystyle\int_0^z(2-z)\mathrm{d}x=z(2-z)$

当 $1\leqslant z<2$ 时, $f_Z(z)=\displaystyle\int_{z-1}^1(2-z)\mathrm{d}x=(2-z)^2$

故　$f_Z(z)=\begin{cases}z(2-z),&0<z<1\\(2-z)^2,&1\leqslant z<2\\0,&\text{其他}\end{cases}$

13. 解题过程 $(1)\,f(x,y)=f_X(x)f_{Y|X}(y|x)$

$=\begin{cases}3x^2\cdot\dfrac{3y^2}{x^3}&0<x<1,0<y<x\\0&\text{其他}\end{cases}$

$$=\begin{cases}\dfrac{9y^2}{x} & 0<x<1,0<y<x\\[2mm]0 & 其他\end{cases}$$

(2) $f_Y(y)=\displaystyle\int_{-\infty}^{+\infty}f(x,y)\mathrm{d}x$

$0<y<1\Rightarrow f_Y(y)=-9y^2\ln y.$

$\begin{cases}0<x<1\\0<y<x\end{cases}\Rightarrow f(x,y)\neq0,$ 如题 13 图解所示.

所以 $f_Y(y)=\begin{cases}-9y^2\ln y & 0<y<1\\0 & 其他\end{cases}$

(3) $P\{X>2Y\}=\displaystyle\iint_{x>2y}f(x,y)\mathrm{d}x\mathrm{d}y=\dfrac{1}{8}$

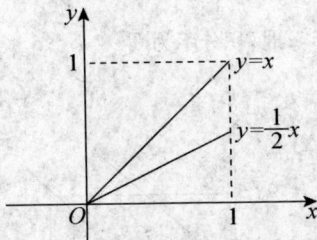

题 13 图解

第四章

随机变量的数字特征

本章知识结构图

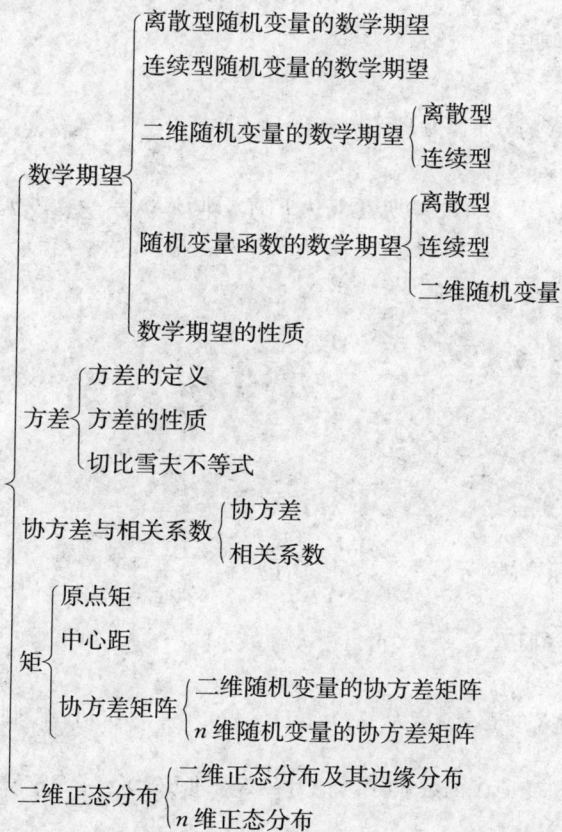

数学期望
- 离散型随机变量的数学期望
- 连续型随机变量的数学期望
- 二维随机变量的数学期望
  - 离散型
  - 连续型
- 随机变量函数的数学期望
  - 离散型
  - 连续型
  - 二维随机变量
- 数学期望的性质

方差
- 方差的定义
- 方差的性质
- 切比雪夫不等式

协方差与相关系数
- 协方差
- 相关系数

矩
- 原点矩
- 中心距
- 协方差矩阵
  - 二维随机变量的协方差矩阵
  - n 维随机变量的协方差矩阵

二维正态分布
- 二维正态分布及其边缘分布
- n 维正态分布

知识点归纳

■ 数学期望

我们希望引进这样一个特征数字,它能反映随机变量 X 所取数值的集中位置,在概率论中,这种数字就是随机变量的数学期望或均值.

1 加权平均值

对于任意一组数据 $x_1, x_2, \cdots, x_n$,取适当函数 $f(x)$ 和非负实数 $p_1, p_2, \cdots, p_n$,方程 $f(x) = p_1 x_1 + p_2 x_2 + \cdots + p_n x_n$ 的解 $\bar{x}$ 称为加权平均值,其中 $p_i (i=1,2,\cdots,n)$ 称作权,且满足 $0 \leqslant p_i \leqslant 1, p_1 + p_2 + \cdots + p_n = 1$.

2 离散型随机变量的数学期望

设离散型随机变量 X 的分布律为 $P\{X = x_i\} = p_i, i = 1,2,\cdots$,若级数 $\sum\limits_{i=1}^{\infty} x_i \cdot p_i$ 绝对收敛,则称级数 $\sum\limits_{i=1}^{\infty} x_i \cdot p_i$ 的和为随机变量 X 的数学期望,记为 $E(X)$,即 $E(X) = \sum\limits_{i=1}^{\infty} x_i \cdot p_i$.

例1 设随机变量 X 的分布律如下:

X	-1	0	$\dfrac{1}{2}$	1	2
P_k	$\dfrac{1}{3}$	$\dfrac{1}{6}$	$\dfrac{1}{6}$	$\dfrac{1}{12}$	$\dfrac{1}{4}$

求 $E(X)$.

【解】 $E(X) = (-1) \times \dfrac{1}{3} + 0 \times \dfrac{1}{6} + \dfrac{1}{2} \times \dfrac{1}{6} + 1 \times \dfrac{1}{12} + 2 \times \dfrac{1}{4} = \dfrac{1}{3}$

3 连续型随机变量的数学期望

设连续型随机变量 X 的概率密度为 $f(x)$,若反常积分 $\displaystyle\int_{-\infty}^{+\infty} xf(x)\mathrm{d}x$ 绝对收敛,则称级数反常积分 $\displaystyle\int_{-\infty}^{+\infty} xf(x)\mathrm{d}x$ 的值为随机变量 X 的数学期望,记为 $E(X)$,即 $E(X) = \displaystyle\int_{-\infty}^{+\infty} xf(x)\mathrm{d}x$.

从几何意义来说,连续型随机变量 X 的数学期望 $E(X)$ 就是概率分布曲线 $y = f(x)$ 与 x 轴之间的平面图形的重心的横坐标.

例 2 设随机变量 X 的概率密度为

$$f(x) = \begin{cases} 1 - |1-x|, & 0 < x < 2 \\ 0, & \text{其他} \end{cases}$$

求 $E(x)$.

【解】 将密度函数中的绝对值去掉,可化为

$$f(x) = \begin{cases} x, & 0 < x < 1 \\ 2-x, & 1 \leqslant x < 2 \\ 0, & \text{其他} \end{cases}$$

则 $E(x) = \int_{-\infty}^{+\infty} x f(x) \mathrm{d}x$

$$= \int_0^1 x x \mathrm{d}x + \int_1^2 x(2-x) \mathrm{d}x$$

$$= \frac{1}{3} + \frac{2}{3}$$

$$= 1$$

4 二维随机变量的数学期望

对二维随机变量 (X,Y),定义它的数学期望为 $E(X,Y) = (EX, EY)$.

二维离散型随机变量:设二维离散型随机变量 (X,Y) 的联合分布律为 $P\{X = x_i, Y = y_i\} = p_{ij}, i,j = 1,2,\cdots,$ 则

$$E(X) = \sum_{i=1}^{+\infty} x_i p_{i \cdot} = \sum_{i=1}^{+\infty} \sum_{j=1}^{+\infty} x_i p_{ij}$$

$$E(Y) = \sum_{j=1}^{+\infty} y_j p_{\cdot j} = \sum_{i=1}^{+\infty} \sum_{j=1}^{+\infty} y_j p_{ij}$$

二维连续型随机变量:设二维连续型随机变量 (X,Y) 的联合概率密度为 $f(x,y)$,则

$$E(X) = \int_{-\infty}^{+\infty} x f_X(x) \mathrm{d}x = \int_{-\infty}^{+\infty} \int_{-\infty}^{+\infty} x f(x,y) \mathrm{d}x \mathrm{d}y$$

$$E(Y) = \int_{-\infty}^{+\infty} y f_Y(y) \mathrm{d}y = \int_{-\infty}^{+\infty} \int_{-\infty}^{+\infty} y f(x,y) \mathrm{d}x \mathrm{d}y$$

例 3 设 (X,Y) 的联合概率密度为

$$f(x,y) = \begin{cases} 24(1-x)y, & 0 < x < 1, 0 < y < x \\ 0, & \text{其他} \end{cases}$$

求 $E(X), E(Y)$.

【解】 由公式得

$$E(X)=\int_{-\infty}^{+\infty}\int_{-\infty}^{+\infty}xf(x,y)\mathrm{d}x\mathrm{d}y=\int_0^1\mathrm{d}x\int_0^x24(1-x)xy\mathrm{d}y=\frac{3}{5}$$

$$E(Y)=\int_{-\infty}^{+\infty}\int_{-\infty}^{+\infty}yf(x,y)\mathrm{d}x\mathrm{d}y=\int_0^1\mathrm{d}x\int_0^x24(1-x)y^2\mathrm{d}y=\frac{2}{5}$$

5 随机变量函数的数学期望

离散型随机变量:设离散型随机变量 X 的分布律为

$$P\{X=x_i\}=p_i \quad i=1,2,\cdots$$

$g(x)$是实值连续函数,且级数 $\sum_{i=1}^{\infty}g(x_i)p_i$ 绝对收敛,则随机变量函数 $g(X)$ 的数学期望为

$$E[g(X)]=\sum_{i=1}^{\infty}g(x_i)p_i.$$

连续型随机变量:设连续型随机变量 X 的概率密度为 $f(x)$,$g(x)$是实值连续函数,且反常积分 $\int_{-\infty}^{+\infty}g(x)f(x)\mathrm{d}x$ 绝对收敛,则随机变量函数 $g(X)$ 的数学期望为 $E[g(X)]=\int_{-\infty}^{+\infty}g(x)f(x)\mathrm{d}x$.

二维离散型随机变量:设二维离散型随机变量(X,Y)的联合分布律为

$$P\{X=x_i,Y=y_i\}=p_{ij} \quad i=1,2,\cdots;j=1,2,\cdots$$

$g(x,y)$是实值连续函数,且级数 $\sum_{i=1}^{\infty}\sum_{j=1}^{\infty}g(x_i,y_j)p_{ij}$ 绝对收敛,则随机变量函数 $g(X,Y)$ 的数学期望为 $E[g(X,Y)]=\sum_{i=1}^{\infty}\sum_{j=1}^{\infty}g(x_i,y_j)p_{ij}.$

二维连续型随机变量:设二维连续型随机变量(X,Y)的联合概率密度函数为 $f(x,y)$,$g(x,y)$是实值连续函数,且反常积分 $\int_{-\infty}^{+\infty}\int_{-\infty}^{+\infty}g(x,y)f(x,y)\mathrm{d}x\mathrm{d}y$绝对收敛,则随机变量函数$g(X,Y)$的数学期望为

$$E[g(X,Y)]=\int_{-\infty}^{+\infty}\int_{-\infty}^{+\infty}g(x,y)f(x,y)\mathrm{d}x\mathrm{d}y.$$

例4 设(X,Y)的概率密度函数为

$$f(x,y)=\begin{cases} \dfrac{x+y}{3}, & 0\leqslant x\leqslant 2,0\leqslant y\leqslant 1 \\ 0, & \text{其他} \end{cases}$$

求 $E(X+Y)$.

【解】 由公式可得

$$E(X+Y)=E(X)+E(Y)$$

$$= \int_{-\infty}^{+\infty} \int_{-\infty}^{+\infty} xp(x,y)\mathrm{d}x\mathrm{d}y + \int_{-\infty}^{+\infty} \int_{-\infty}^{+\infty} yp(x,y)\mathrm{d}x\mathrm{d}y$$

$$= \int_{0}^{2} x\mathrm{d}x \int_{0}^{1} \frac{x+y}{3}\mathrm{d}y + \int_{0}^{2} \mathrm{d}x \int_{0}^{1} \frac{xy+y^2}{3}\mathrm{d}y$$

$$= \frac{11}{9} + \frac{5}{9} = \frac{16}{9}.$$

6 数学期望的性质

(1)设 C 是常数,则有 $E(C)=C$.

(2)设 X 是一个随机变量,C 是常数,则有 $E(CX)=CE(X)$.

(3)设 X,Y 是两个随机变量,则有 $E(X+Y)=E(X)+E(Y)$.且该性质可推广到有限个随机变量的情况.

(4)设 X,Y 是相互独立的随机变量,则有 $E(XY)=E(X)E(Y)$.且该性质可推广到有限个相互独立的随机变量的情况.

■ 方差

1 方差

设 X 是一个随机变量,若 $E[X-E(X)]^2$ 存在,则称 $E[X-E(X)]^2$ 为 X 的方差,记为 $D(X)$ 或 $Var(X)$,即 $D(X)=Var(X)=E[X-E(X)]^2$.

标准差或均方差:应用上还引入与随机变量 X 具有相同量纲的量 $\sqrt{D(X)}$,记为 $\sigma(X)$,称为标准差或均方差.

离散型随机变量的方差:由 $E[X]=\sum\limits_{i=1}^{\infty} x_i p_i$ 得离散型随机变量的方差为

$$D(X) = \sum_{i=1}^{\infty} [x_i - E(X)]^2 p_i$$

其中 $p_i=P\{X=x_i\}$,$i=1,2,\cdots$,是 X 的分布律.

连续型随机变量的方差:由 $E[X]=\int_{-\infty}^{+\infty} xf(x)\mathrm{d}x$ 得连续型随机变量的方差为

$$D(X) = \int_{-\infty}^{+\infty} [x - E(X)]^2 f(x)\mathrm{d}x$$

其中 $f(x)$ 是 X 的概率密度.

随机变量 X 的方差计算公式: $D(X)=E(X^2)-[E(X)]^2$.

例 5 题目同例 1 所给条件,求 $D(X)$.

【解】 已知 $E(X) = \frac{1}{3}$，求 $E(X^2)$ 属于求随机变量 X 的函数的数学期望.

$$E(X^2) = (-1)^2 \times \frac{1}{3} + 0^2 + \frac{1}{6} + (\frac{1}{2})^2 \times \frac{1}{6} + 1^2 \times \frac{1}{12} + 2^2 \times \frac{1}{4} = \frac{35}{24}$$

由公式知 $D(X) = E(X^2) - [E(X)]^2$

所以 $D(X) = E(X^2) - [E(X)]^2 = \frac{35}{24} - (\frac{1}{3})^2 = \frac{97}{72}$

2 方差的性质

(1) 设 C 是常数，则有 $D(C) = 0$.

(2) 设 X 是随机变量，a、b 是常数，则有 $D(aX+b) = a^2 D(X)$.

(3) 设 X, Y 是两个随机变量，则有

$$D(X \pm Y) = D(X) + D(Y) + 2E[(X-E(X))(Y-E(Y))]$$

特别，若 X 和 Y 相互独立，则有 $D(X \pm Y) = D(X) + D(Y)$

该性质可推广到一般情况：设 $X_1, X_2, \cdots, X_n$ 相互独立，且方差存在，$C_1, C_2, \cdots, C_n$ 为常数，则

$$D\left(\sum_{i=1}^{n} C_i X_i\right) = \sum_{i=1}^{n} C_i^2 D(X_i).$$

(4) $D(X) = 0$ 的充要条件是 X 以概率 1 取常数 C，即 $P\{X=C\} = 1$，显然此处 $C = E(X)$.

3 常用分布的期望与方差表

(见教材 P107 页：表 4-1 为几种常用的概率分布及其数学期望与方差)

■ 切比雪夫不等式

切比雪夫不等式

设随机变量 X 具有数学期望 $E(X) = \mu$，$D(X) = \sigma^2$，则对于任意正数 ε，不等式 $P\{|X-\mu| \geqslant \varepsilon\} \leqslant \frac{\sigma^2}{\varepsilon^2}$

成立.

这一不等式称为切比雪夫(Chebyshev)不等式.

例6 设随机变量 X 和 Y 的数学期望分别为 -2 和 2，方差分别为 1 和 4，而相关系数为 $-\frac{1}{2}$，则根据切

比雪夫不等式得

$P\{|X+Y| \geqslant 6\} \leqslant$ _____

注意：X 与 Y 没有独立，不可算成 $D(X+Y) = D(X) + D(Y)$

【解】 令 $Z=X+Y$，则 $E(Z)=E(X)+E(Y)=-2+2=0$

$$D(Z)=D(X+Y)=D(X)+D(Y)+2\text{cov}(X,Y)$$
$$=D(X)+D(Y)+2\rho_{xy}\sqrt{D(X)}\sqrt{D(Y)}$$
$$=1+4+2\times\left(-\frac{1}{2}\right)\times1\times2=3$$

则 $P\{|X+Y|\geqslant6\}=P\{|Z-E(Z)|\geqslant6\}\leqslant\dfrac{D(Z)}{6^2}=\dfrac{3}{36}=\dfrac{1}{12}$

协方差与相关系数

1 协方差

$E\{[X-E(X)][Y-E(Y)]\}$ 称为随机变量 X 与 Y 的协方差，记为 $\text{cov}(X,Y)$，即

$\text{cov}(X,Y)=E\{[X-E(X)][Y-E(Y)]\}$.

由上述定义知，对于任意两个随机变量 X 和 Y，下列等式成立：

$D(X\pm Y)=D(X)+D(Y)+2\text{cov}(X,Y)$

按 $\text{cov}(X,Y)$ 的定义展开，易得

$\text{cov}(X,Y)=E(XY)-E(X)E(Y)$

协方差的性质：

(1) $\text{cov}(X,X)=D(X)$；

(2) $\text{cov}(X,Y)=\text{cov}(Y,X)$；

(3) $\text{cov}(aX,bY)=ab\text{cov}(X,Y)$，$a$、$b$ 为任意常数；

(4) $\text{cov}(C,X)=0$，C 为任意常数；

(5) $\text{cov}(X_1+X_2,Y)=\text{cov}(X_1,Y)+\text{cov}(X_2,Y)$；

(6) 如果 X 与 Y 相互独立，则 $\text{cov}(X,Y)=0$.

2 相关系数

设随机变量 X 和 Y 的数学期望、方差都存在，称

$$\rho_{XY}=\frac{\text{cov}(X,Y)}{\sqrt{D(X)D(Y)}}$$

为随机变量 X 与 Y 的相关系数，ρ_{XY} 是一个无量纲的量.

令　$X^*=\dfrac{X-E(X)}{\sqrt{D(X)}}$，$Y^*=\dfrac{Y-E(Y)}{\sqrt{D(Y)}}$

X^* 和 Y^* 分别称为 X 和 Y 的标准化随机变量. 易知：

$E(X^*)=0,D(X^*)=1,E(Y^*)=0,D(Y^*)=1$

$$\rho_{XY}=\frac{\text{cov}(X,Y)}{\sqrt{D(X)D(Y)}}=\text{cov}(X^*,Y^*)=E(X^*Y^*)$$

因此,ρ_{XY}成为标准协方差.

相关系数有如下性质:

(1) $|\rho_{XY}|\leqslant 1$;

(2) $|\rho_{XY}|=1$的充要条件为:存在常数 a 和 b,使得 $P\{Y=aX+b\}=1$.

独立性与不相关:当 $\rho_{XY}=0$ 时,称 X 与 Y 不相关;当 $|\rho_{XY}|=1$ 时,称 X 与 Y 完全相关.X 与 Y 独立包含 $\rho_{XY}=0$,因此不相关;但若 X 与 Y 不相关,X 与 Y 可以不独立,因此"不相关"是一个比"独立"要弱的概念.

例7 设 (X,Y) 服从二维正态分布,且 $X\sim N(0,3)$,$Y\sim N(0,4)$,相关系数 $\rho_{XY}=-\dfrac{1}{4}$,试写出 X 和 Y 的联合概率密度.

【解】 由 $X\sim N(0,3)$,$Y\sim N(0,4)$,$\rho_{xy}=-\dfrac{1}{4}$,得 (X,Y) 服从二维正态分布 $N(0,0;3,4;-\dfrac{1}{4})$,且 X 和 Y 的联合概率密度为

$$f(x,y)=\frac{1}{2\pi\sqrt{3}\sqrt{4}\sqrt{1-(\frac{1}{4})^2}}\times\exp\left\{-\frac{1}{2[1-(-\frac{1}{4})^2]}\left[\frac{x^2}{3}-2(-\frac{1}{4})\frac{xy}{\sqrt{3}\sqrt{4}}+\frac{y^2}{4}\right]\right\}$$

$$=\frac{1}{3\sqrt{5}\pi}exp\left\{-\frac{8}{15}\left[\frac{x^2}{3}+\frac{xy}{4\sqrt{3}}+\frac{y^2}{4}\right]\right\}$$

矩、协方差矩阵

1 原点矩与中心矩

原点矩:设 X 和 Y 是随机变量,若 $\mu_k=E(X^k)$,$k=1,2,\cdots$ 存在,称它为 X 的 k 阶原点矩,简称 k 阶矩.

若 $E(X^kY^j)$,$k,j=1,2,\cdots$ 存在,称它为 X 和 Y 的 $k+j$ 阶混合原点矩.

中心矩:设 X 和 Y 是随机变量,若 $v_k=E\{[X-E(X)]^k\}$,$k=2,3,\cdots$ 存在,称它为 X 的 k 阶中心矩.

若 $E\{[X-E(X)]^k[Y-E(Y)]^j\}$,$k,j=1,2,\cdots$ 存在,称它为 X 和 Y 的 $k+j$ 阶混合中心矩.

显然,X 的数学期望 $E(X)$ 是 X 的一阶原点矩,一阶中心矩恒等于 0,方差 $D(X)$ 是 X 的二阶中心矩,协方差 $\text{cov}(X,Y)$ 是 X 和 Y 的二阶混合中心矩.

2 协方差矩阵

二维协方差矩阵:二维随机变量 (X_1,X_2) 有四个二阶中心矩(设它们都存在),分别记为

$$c_{11} = E\{[X_1 - E(X_1)]^2\}$$

$$c_{12} = E\{[X_1 - E(X_1)][X_2 - E(X_2)]\}$$

$$c_{21} = E\{[X_2 - E(X_2)][X_1 - E(X_1)]\}$$

$$c_{22} = E\{[X_2 - E(X_2)]^2\}$$

将它们排成矩阵的形式：$\begin{bmatrix} c_{11} & c_{12} \\ c_{21} & c_{22} \end{bmatrix}$

这个矩阵称为随机变量 (X_1, X_2) 的协方差矩阵.

n 维协方差矩阵：设 n 维随机变量 $(X_1, X_2, \cdots X_n)$ 的二阶混合中心矩 $c_{ij} = \mathrm{cov}(X_i, X_j) = E\{[X_i - E(X_i)][X_j - E(X_j)]\}, i, j = 1, 2, \cdots, n$ 都存在，则称矩阵

$$\begin{bmatrix} c_{11} & c_{12} & \cdots & c_{1n} \\ c_{21} & c_{22} & \cdots & c_{2n} \\ \vdots & \vdots & & \vdots \\ c_{n1} & c_{n2} & \cdots & c_{nn} \end{bmatrix}$$

为 n 维随机变量 $(X_1, X_2, \cdots X_n)$ 的协方差矩阵. 由于 $c_{ij} = c_{ji}(i \neq j; i, j = 1, 2, \cdots, n)$，因而上述矩阵是一个对称矩阵.

二维正态分布

1 二维正态分布及其边缘分布

二维正态分布：设二维连续型随机变量 (X, Y) 的联合概率密度为：

$$f(x, y) = \frac{1}{2\pi\sigma_1\sigma_2\sqrt{1-\rho^2}} \exp\left\{-\frac{1}{2(1-\rho^2)}\left[\frac{(x-\mu_1)^2}{\sigma_1^2} - 2\rho \cdot \frac{(x-\mu_1)(y-\mu_2)}{\sigma_1\sigma_2} + \frac{(y-\mu_2)^2}{\sigma_2^2}\right]\right\}, (-\infty < x < +\infty, -\infty < y < +\infty)$$

其中 $\mu_1, \mu_2, \sigma_1^2, \sigma_2^2, \rho$ 都是常数，且 $\sigma_1 > 0, \sigma_2 > 0, -\infty < \mu_1, \mu_2 < +\infty, -1 < \rho < 1$，我们称 (X, Y) 为服从参数为 $\mu_1, \mu_2, \sigma_1^2, \sigma_2^2, \rho$ 的二维正态分布，记为 $(X, Y) \sim N(\mu_1, \mu_2, \sigma_1^2, \sigma_2^2, \rho)$.

参数 μ_1 及 μ_2 分别是随机变量 X 及 Y 的数学期望，参数 σ_1 及 σ_2 分别是它们的标准差，参数 ρ 是它们的相关系数.

边缘概率密度：

X 的边缘概率密度为 $\quad f_X(x) = \frac{1}{\sqrt{2\pi}\sigma_1} e^{\frac{-(x-\mu_1)^2}{2\sigma_1^2}}$

Y 的边缘概率密度为 $\quad f_Y(y) = \frac{1}{\sqrt{2\pi}\sigma_2} e^{\frac{-(y-\mu_2)^2}{2\sigma_2^2}}$

可知二维正态分布的两个边缘分布都是正态分布.

二维正态分布的独立性:若二维随机变量(X,Y)服从二维正态分布,则随机变量X与Y相互独立的充要条件是$\rho=0$,即对于二维正态随机变量(X,Y)来说,X和Y不相关与X和Y相互独立是等价的.

2 n 维正态分布

设n维正态随机变量$(X_1,X_2,\cdots X_n)$,引入列向量和矩阵

$$X=\begin{bmatrix} x_1 \\ x_2 \\ \vdots \\ x_n \end{bmatrix},\mu=\begin{bmatrix} \mu_1 \\ \mu_2 \\ \vdots \\ \mu_n \end{bmatrix},C=\begin{bmatrix} c_{11} & c_{12} & \cdots & c_{1n} \\ c_{21} & c_{22} & \cdots & c_{2n} \\ \vdots & \vdots & & \vdots \\ c_{n1} & c_{n1} & \cdots & c_{m} \end{bmatrix}$$

其中C为对称正定矩阵.

若n维正态随机变量$(X_1,X_2,\cdots X_n)$的联合概率密度为

$$f(x_1,x_2,\cdots x_n)=(2\pi)^{-\frac{n}{2}}|C|^{-\frac{1}{2}}\exp\left\{-\frac{1}{2}(X-\mu)^T C^{-1}(X-\mu)\right\}$$

则称$(X_1,X_2,\cdots,X_n)$服从n维正态分布,矩阵C为协方差矩阵,其中$c_{ij}=\text{cov}(X_i,X_j)(i,j=1,2,\cdots,n)$,$\mu_i=E(X_i)(i=1,2,\cdots,n)$.

n维正态随机变量$(X_1,X_2,\cdots X_n)$的性质:

(1) n维正态变量$(X_1,X_2,\cdots,X_n)$的每一个分量$X_i,i=1,2,\cdots,n$都是正态随机变量;反之,若$(X_1,X_2,\cdots,X_n)$都是正态随机变量且相互独立,则$(X_1,X_2,\cdots,X_n)$是n维正态随机变量;

(2) n维随机变量$(X_1,X_2,\cdots,X_n)$服从n维正态分布的充要条件是$X_1,X_2,\cdots,X_n$的任意线性组合$l_1X_1+l_2X_2+\cdots+l_nX_n$服从一维正态分布(其中$l_1,l_2,\cdots l_n$不全为零);

(3) 若$(X_1,X_2,\cdots,X_n)$服从n维正态分布,设$Y_1,Y_2,\cdots,Y_k$是$X_j(j=1,2,\cdots,n)$的线性函数,则$(Y_1,Y_2,\cdots,Y_k)$也服从多维的正态分布,这一性质称为正态变量的线性变换不变性;

(4) 设$(X_1,X_2,\cdots,X_n)$服从n维正态分布,则"$X_1,X_2,\cdots,X_n$相互独立"与"$X_1,X_2,\cdots,X_n$两两不相关"等价.

典型题型归类

■ 随机变量的数学期望和方差

例 8 设长方形的高(以 m 计)$X\sim U(0,2)$,已知长方形的周长(以 m 计)为 20,求长方形面积 A 的数学期望和方差.

【分析】 解此题应首先将面积 A 用已知条件表达出来.

【解】 设长方形的长为 Y,有 $20=2Y+2X$,由 $10=Y+X$ 得 $Y=10-X$,则面积 $A=(10-X)X$,X 的概率密度为

$$f(x)=\begin{cases} \dfrac{1}{2}, & 0<x<2 \\ 0, & \text{其他} \end{cases}$$

则数学期望为

$$E(A)=E[(10-X)X]=\int_0^2 (10-x)x\,\frac{1}{2}dx$$

$$=5(\frac{1}{2}x^2)\Big|_0^2-\frac{1}{2}(\frac{1}{3}x^3)\Big|_0^2$$

$$=10-\frac{4}{3}$$

$$=\frac{26}{3}=8.667$$

又 $E(A^2)=E[((10-X)X)^2]=\int_0^2 (10-x)^2x^2\,\frac{1}{2}dx=96.533$

则所求方差为

$$D(A)=E(A^2)-[E(A)]^2=96.533-(8.667)^2=21.42$$

协方差和相关系数

例 9 设二维随机变量 (X,Y) 的概率密度为

$$f(x,y)=\begin{cases} \dfrac{1}{\pi}, & x^2+y^2\leqslant1 \\ 0, & \text{其他} \end{cases}$$

试验证 X 和 Y 是不相关,但 X 和 Y 不是相互独立.

【分析】 欲证 X 和 Y 不相关,即证 X 和 Y 的相关系数等于零.欲证 X 和 Y 不相互独立,即证 $f(x,y)\neq f_X(x)f_Y(y)$.

【证明】 关于 X 的边缘概率密度为

$$f_X(x)=\begin{cases} \displaystyle\int_{-\sqrt{1-x^2}}^{\sqrt{1-x^2}} \frac{1}{\pi}dy=\frac{2\sqrt{1-x^2}}{\pi}, & |x|<1 \\ 0, & \text{其他} \end{cases}$$

关于 Y 的边缘概率密度为

$$f_Y(y)=\begin{cases} \displaystyle\int_{-\sqrt{1-y^2}}^{\sqrt{1-y^2}} \frac{1}{\pi}dx=\frac{2\sqrt{1-y^2}}{\pi}, & |y|<1 \\ 0, & \text{其他} \end{cases}$$

因为

$$f_x(x)f_Y(y) \neq f(x,y),$$

所以 X 和 Y 不是相互独立的.

关于 X,Y 的数字特征如下:

$$E(X) = \int_{-1}^{1} x \frac{2\sqrt{1-x^2}}{\pi} dx = 0$$

$$E(Y) = \int_{-1}^{1} y \frac{2\sqrt{1-y^2}}{\pi} dy = 0$$

$$E(XY) = \int_{-1}^{1} dx \int_{-\sqrt{1-x^2}}^{\sqrt{1-x^2}} xy \frac{1}{\pi} dy = \frac{1}{\pi} \int_{-1}^{1} x dx \int_{-\sqrt{1-x^2}}^{\sqrt{1-x^2}} y dy = 0$$

$$D(X) = E(X^2) = \int_{-1}^{1} x^2 \frac{2\sqrt{1-x^2}}{\pi} dx = \frac{4}{\pi} \int_{0}^{1} x^2 \sqrt{1-x^2} dx$$

$$= \frac{4}{\pi} \left[-\frac{x}{4}\sqrt{(1-x^2)^3} \right] + \frac{1}{8}(x\sqrt{1-x^2} + \arcsin x)]_{0}^{1}$$

$$= \frac{4}{\pi} \times \frac{1}{8} \times \frac{\pi}{2}$$

$$= \frac{1}{4}$$

同理 $D(Y) = \frac{1}{4}$,则

$D(X) > 0, D(Y) > 0, X$ 和 Y 的相关系数为

$$\rho_{XY} = \frac{\text{cov}(X,Y)}{\sqrt{D(X)}\sqrt{D(Y)}} = \frac{E(XY) - E(X)E(Y)}{\sqrt{D(X)}\sqrt{D(Y)}} = 0$$

所以 X 和 Y 不相关.

得证:X 和 Y 不相关,但不相互独立.

习题全解

习题 4-1

1. **解题过程** $E(X) = 0.3 + 0.2 \times 2 + 0.1 \times 3 = 1$

$E(Y) = 0.5 + 0.2 \times 2 = 0.9$

$E(X)>E(Y)$,因此选乙机器较好.

2. 解题过程 $(1)E(X)=-1\times\dfrac{1}{3}+\dfrac{1}{2}\times\dfrac{1}{6}+1\times\dfrac{1}{12}+2\times\dfrac{1}{4}=\dfrac{1}{3}$

$(2)E(-X+1)=2\times\dfrac{1}{3}+1\times\dfrac{1}{6}+\dfrac{1}{2}\times\dfrac{1}{6}+(-1)\times\dfrac{1}{4}=\dfrac{2}{3}$

$(3)E(X^2)=1\times\dfrac{1}{3}+\dfrac{1}{4}\times\dfrac{1}{6}+1\times\dfrac{1}{12}+4\times\dfrac{1}{4}=\dfrac{35}{24}$

3. 解题过程 $E(X)=\displaystyle\sum_{i=0}^{1}\sum_{j=0}^{1}x_ip_{ij}=0\times0.3+0\times0.2+1\times0.4+1\times0.1=0.5$

$E(Y)=\displaystyle\sum_{i=0}^{1}\sum_{j=0}^{1}y_jp_{ij}=0\times0.3+0\times0.4+1\times0.2+1\times0.1=0.3$

$E(X-2Y)=\displaystyle\sum_{i=0}^{1}\sum_{j=0}^{1}(x_i-2y_j)p_{ij}=(-2)\times0.2+1\times0.4+(-1)\times0.1=-0.1$

$E(3XY)=\displaystyle\sum_{i=0}^{1}\sum_{j=0}^{1}(3x_iy_j)p_{ij}=0\times0.3+0\times0.4+0\times0.2+3\times0.1=0.3$

4. 解题过程 记随机变量 X_i 表示第 i 个盒子的状态. $i=1,2,3,4.$

$$X_i=\begin{cases}1,\text{第 }i\text{ 个盒子为空}\\0,\text{第 }i\text{ 个盒子非空}\end{cases}$$

$X=\displaystyle\sum_{i=1}^{4}X_i\quad E(X_i)=P\{X_i=1\}=\left(1-\dfrac{1}{4}\right)^4=\dfrac{81}{256}$

$E(X)=\displaystyle\sum_{i=1}^{4}E(X_i)=4\times\dfrac{81}{256}=\dfrac{81}{64}$

5. 解题过程 由概率密度函数性质可知 $\displaystyle\int_{-\infty}^{+\infty}f(x)\mathrm{d}x=1$

即 $\displaystyle\int_0^1 kx^a\mathrm{d}x=1$

$\left[\dfrac{k}{a+1}x^{a+1}\right]_0^1=1\quad\dfrac{k}{a+1}=1$　　　　　　　　　　　　①

又 $E(X)=0.75$,可知 $\displaystyle\int_0^1 xf(x)\mathrm{d}x=0.75$

$\left[\dfrac{k}{a+2}x^{a+2}\right]_0^1=0.75,\dfrac{k}{a+2}=0.75$　　　　　　　　　②

由①②两式求得 $k=3,a=2$

6. 分析 连续型随机变量的期望 $E(X)=\displaystyle\int_{-\infty}^{+\infty}xf(x)\mathrm{d}x.$

解题过程 求导可得 $f(x)=\begin{cases} \dfrac{3a^3}{x^4}, & x\geqslant a \\ 0, & x<a \end{cases}$

故 $E(X)=\displaystyle\int_{-\infty}^{+\infty}xf(x)\mathrm{d}x=\int_a^{+\infty}\dfrac{3a^3}{x^3}\mathrm{d}x=-\dfrac{3a^3}{2}\cdot\left[x^{-2}\right]_a^{+\infty}=\dfrac{3}{2}a$

7. 分析 $E(X^2)=\displaystyle\int_{-\infty}^{+\infty}x^2f(x)\mathrm{d}x$

解题过程 $(1)E(X_1+X_2)=E(X_1)+E(X_2)$

$$E(X_1)=\int_0^{+\infty}x\cdot 2\mathrm{e}^{-2x}\mathrm{d}x=\dfrac{1}{2}$$

$$E(X_2)=\int_0^{+\infty}x\cdot 4\mathrm{e}^{-4x}\mathrm{d}x=\dfrac{1}{4}$$

故 $E(X_1+X_2)=\dfrac{1}{2}+\dfrac{1}{4}=\dfrac{3}{4}$

$$E(2X_1-3X_2^2)=2E(X_1)-3E(X_2^2)$$

$$E(X_1)=\dfrac{1}{2},E(X_2^2)=\int_0^{+\infty}x^2\cdot 4\mathrm{e}^{-4x}\mathrm{d}x=\dfrac{1}{8}$$

故 $E(2X_1-3X_2^2)=2\times\dfrac{1}{2}-3\times\dfrac{1}{8}=\dfrac{5}{8}$

(2)由相互独立可得

$$E(X_1X_2)=E(X_1)\cdot E(X_2)=\dfrac{1}{2}\cdot\dfrac{1}{4}=\dfrac{1}{8}$$

8. 解题过程 记圆盘直径为随机变量 D. 由题可知其概率密度为

$$f(d)=\begin{cases} \dfrac{1}{b-a}, & a<d<b \\ 0, & \text{其他} \end{cases}$$

$$S=\dfrac{\pi}{4}D^2,E(S)=E\left(\dfrac{\pi}{4}D^2\right)=\dfrac{\pi}{4}E(D^2)=\dfrac{\pi}{4}\int_a^b\dfrac{x^2}{b-a}\mathrm{d}x$$

$$=\dfrac{\pi}{4}\cdot\dfrac{1}{b-a}\cdot\dfrac{1}{3}\cdot\left[x^3\right]_a^b$$

$$=\dfrac{\pi}{12}(a^2+ab+b^2)$$

9. 分析 期望的性质:(1)$E(CX)=CE(X)$;

(2)$E(X+Y)=E(X)+E(Y)$;

(3)当 X 与 Y 独立时,$E(XY)=E(X)\cdot E(Y)$.

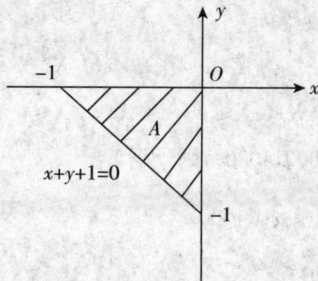

题 9 图解

解题过程 如题 9 图解所示,可得区域 A 面积为 $\frac{1}{2}$,则 (X,Y) 的概率密度函数为

$$f(x,y)=\begin{cases}2, & -1<x<0,-x-1<y<0\\0, & \text{其他}\end{cases}$$

$(1)E(X)=\displaystyle\int_{-\infty}^{+\infty}\int_{-\infty}^{+\infty}x\cdot f(x,y)\mathrm{d}x\mathrm{d}y=2\int_{-1}^{0}x\mathrm{d}x\int_{-x-1}^{0}\mathrm{d}y=-\frac{1}{3}$

$(2)E(Y)=\displaystyle\int_{-\infty}^{+\infty}\int_{-\infty}^{+\infty}y\cdot f(x,y)\mathrm{d}x\mathrm{d}y=2\int_{-1}^{0}\mathrm{d}x\int_{-x-1}^{0}y\mathrm{d}y=-\frac{1}{3}$

$E(-3X+2Y)=-3E(X)+2E(Y)=1-\dfrac{2}{3}=\dfrac{1}{3}$

$(3)E(XY)=\displaystyle\int_{-\infty}^{+\infty}\int_{-\infty}^{+\infty}xyf(x,y)\mathrm{d}x\mathrm{d}y=2\int_{-1}^{0}x\mathrm{d}x\int_{-x-1}^{0}y\mathrm{d}y=\frac{1}{12}$

10. **分析** 二维连续型随机变量 (X,Y) 的联合概率密度函数为 $f(x,y)$,则

$$E[g(X,Y)]=\int_{-\infty}^{+\infty}\int_{-\infty}^{+\infty}g(x,y)f(x,y)\mathrm{d}x\mathrm{d}y.$$

解题过程 $E(\sqrt{X^2+Y^2})=\displaystyle\int_{-\infty}^{+\infty}\int_{-\infty}^{+\infty}\sqrt{x^2+y^2}\cdot f(x,y)\mathrm{d}x\mathrm{d}y.$

由题易知 $f_X(x)=\dfrac{1}{\sqrt{2\pi}}\mathrm{e}^{-\frac{x^2}{2}}$,$f_Y(y)=\dfrac{1}{\sqrt{2\pi}}\mathrm{e}^{-\frac{x^2}{2}}$

X、Y 相互独立,则 $f(x,y)=f_X(x)\cdot f_Y(y)=\dfrac{1}{\sqrt{2\pi}}\mathrm{e}^{-\frac{x^2+y^2}{2}}$

故 $E(\sqrt{X^2+Y^2})=\dfrac{1}{2\pi}\displaystyle\int_{-\infty}^{+\infty}\int_{-\infty}^{+\infty}\cdot\mathrm{e}^{-\frac{x^2+y^2}{2}}\cdot\sqrt{x^2+y^2})\mathrm{d}x\mathrm{d}y$

$=\displaystyle\lim_{a\to+\infty}\frac{1}{2\pi}\int_{0}^{2\pi}\mathrm{d}\theta\int_{0}^{a}\mathrm{e}^{-\frac{r^2}{2}}\cdot r\cdot r\mathrm{d}r=\lim_{a\to+\infty}[-\int_{0}^{a}r\cdot\mathrm{d}\mathrm{e}^{-\frac{r^2}{2}}]$

$=\displaystyle\lim_{a\to+\infty}\int_{0}^{a}\mathrm{e}^{-\frac{r^2}{2}}\mathrm{d}r=\sqrt{2}\lim_{a\to+\infty}\int_{0}^{a}\mathrm{e}^{-t^2}\mathrm{d}t=\frac{\sqrt{2\pi}}{2}$

11. 解题过程 设组织 U 吨货源时收益

$$W_u(X) = \begin{cases} 3u, & X > u \\ 3X - (u - X), & X \leqslant u \end{cases} = \begin{cases} 3u, & X > u \\ 4X - u, & X \leqslant u \end{cases}$$

由题可知 $X \sim U(2000, 4000)$，则

$$f_X(x) = \begin{cases} \dfrac{1}{2000}, & 2000 < x < 4000 \\ 0, & \text{其他} \end{cases}$$

故 $E[W_u(X)] = \displaystyle\int_{-\infty}^{+\infty} W_u(x) f_X(x) \mathrm{d}x = \int_{2000}^{u} \dfrac{4x - u}{2000} \mathrm{d}x + \int_{u}^{4000} \dfrac{3u}{2000} \mathrm{d}x$

$$= -\dfrac{u^2}{1000} + 7u - 4000.$$

令 $E'[W_u(X)] = -\dfrac{1}{500}u + 7 = 0$，则 $u = 3500$

因此该组织 3500 吨货源，才能使平均收益最大.

12. 解题过程 设每周生产 m 件产品，$m \leqslant 5$，每周利润

$$S = \begin{cases} (c_2 - c_1)m, & Q > m \\ c_2 Q - c_1 m - c_3(m - Q), & Q \leqslant m \end{cases}$$

$$= \begin{cases} 6m, & Q > m \\ 10Q - 4m, & Q \leqslant m \end{cases}$$

故 $E(S) = 6m \cdot P\{Q > m\} + (10Q - 4m) \cdot P\{Q \leqslant m\}$

$$= 6m \cdot \sum_{i=m+1}^{5} \dfrac{1}{5} + 10 \sum_{i=1}^{m} i \times \dfrac{1}{5} - 4m \sum_{i=1}^{m} \dfrac{1}{5}$$

$$= \dfrac{6}{5}m(5 - m) + 2 \cdot \dfrac{1+m}{2} \cdot m - \dfrac{4}{5}m^2 = 7m - m^2$$

令 $E'(S) = 7 - 2m = 0$，则 $m = 3.5$.

由于生产量应取整数，因此每周生产 3 件或 4 件时，产品利润最大.

13. 解题过程 记 A_k 表示事件"第 k 次试开成功"，$k = 1, 2, \cdots$

$\{X = k\}$ 表示前 $k - 1$ 次试开均未成功，第 k 次才成功

则 $P\{X = k\} = P(\overline{A}_1 \overline{A}_2 \cdots \overline{A}_{k-1} A_k) = P(\overline{A}_1 \overline{A}_2 \cdots \overline{A}_{k-1}) P(A_k \mid \overline{A}_1 \overline{A}_2 \cdots \overline{A}_{k-1})$

$$= P(\overline{A}_1 \overline{A}_2 \cdots \overline{A}_{k-2}) P(\overline{A}_{k-1} \mid \overline{A}_1 \overline{A}_2 \cdots \overline{A}_{k-2}) P(A_k \mid \overline{A}_1 \overline{A}_2 \cdots \overline{A}_{k-1})$$

$$= P(\overline{A}_1) P(\overline{A}_2 \mid \overline{A}_1) P(\overline{A}_3 \mid \overline{A}_1 \overline{A}_2) \cdots P(A_k \mid \overline{A}_1 \overline{A}_2 \cdots \overline{A}_{k-1})$$

$$= \dfrac{n-1}{n} \cdot \dfrac{n-2}{n-1} \cdots \dfrac{n-k+1}{n-k+2} \cdot \dfrac{1}{n-k+1} = \dfrac{1}{n}$$

14. 解题过程 记 X_i 为第 i 个盒子中是否有球,则

$$X_i = \begin{cases} 1, \text{第 } i \text{ 个盒子中有球} \\ 0, \text{其他} \end{cases} \quad i=1,2,\cdots,M$$

$$X = X_1 + X_2 + X_3 + \cdots + X_M$$

由于 $P\{X_i=0\}=\dfrac{(M-1)^n}{M^n}, P\{X_i=1\}=1-\dfrac{(M-1)^n}{M^n}$

所以 $E(X_i)=1-\dfrac{(M-1)^n}{M^n}$

故 $E(X)=\sum\limits_{i=1}^{M}E(X_i)=M\left[1-\dfrac{(M-1)^n}{M^n}\right]$

15. 解题过程 原式 $=\displaystyle\int_0^{0.5} x\left(x+\dfrac{1}{2}\right)\mathrm{d}x$

$$=\left(\dfrac{1}{3}x^3+\dfrac{1}{4}x^2\right)\Big|_0^{\frac{1}{2}}$$

$$=\dfrac{1}{3}\times\dfrac{1}{8}+\dfrac{1}{4}\times\dfrac{1}{4}$$

$$=\dfrac{5}{48}$$

16. 解题过程 原式 $=\displaystyle\int_0^1\int_y^1 x\,24(1-x)y\,\mathrm{d}y\,\mathrm{d}x$

$$=24\int_0^1\left(\dfrac{1}{6}y-\dfrac{1}{2}y^3+\dfrac{1}{3}y^4\right)\mathrm{d}y$$

$$=24\times\left(\dfrac{1}{12}y^2-\dfrac{1}{8}y^4+\dfrac{1}{15}y^5\right)\Big|_0^1$$

$$=24\times\dfrac{3}{120}=\dfrac{3}{5}$$

■ 习题 4-2

1. 解题过程 $E(X^*)=\dfrac{E(X)-E[E(X)]}{\sqrt{(D(X))}}, E[E(X)]=E(X)$,故 $E(X^*)=0$

$$D(X^*)=D\left[\dfrac{1}{\sqrt{D(X)}}X-\dfrac{E(X)}{\sqrt{D(X)}}\right]=\dfrac{1}{D(X)}\cdot D(X)=1$$

2. 分析 $D(X)=E(X^2)-[E(X)]^2$

解题过程 由题易知 $E(X)=\lambda, D(X)=\lambda$

又 $E[(X-2)(X-3)]=E(X^2-5X+6)=E(X^2)-5E(X)+6$

$$=D(X)+[E(X)]^2-5E(X)+6$$

$$=\lambda+\lambda^2-5\lambda+6=2$$

即 $\lambda^2-4\lambda+6=2$

解得 $\lambda=2$

3. 分析 二项分布的期望 $E(X)=np$,方差 $D(X)=np(1-p)$

解题过程 由于 $X\sim b(n,p)$,则 $E(X)=np,D(X)=np(1-p)$

又 $E(X)=2.4,D(X)=1.44$

故 $p=6,n=0.4$

4. 解题过程 $E[(X-C)]^2=E[X^2-2CX+C^2]$

$$=E(X^2)-2CE(X)+C^2$$

$$=E(X^2)-[E(X)]^2+[E(X)-C]^2$$

$$=D(X)+[E(X)-C]^2\geqslant D(X)$$

等号当且仅当 $C=E(X)$ 时成立.

5. 分析 $D(X)=E(X^2)-[E(X)]^2$

解题过程 右边 $=D(X)D(Y)+E(X)^2D(Y)+E^2(Y)D(X)$

$$=[E(X^2)-E^2(X)][E(Y^2)-E^2(Y)]+E^2(X)[E(Y^2)-E^2(Y)]+E^2(Y)[E(X^2)-E^2(X)]$$

$$=E(X^2)E(Y^2)-E^2(X)E^2(Y)=E(X^2Y^2)-E^2(XY)$$

$$=D(XY)=左边$$

得证.

6. 解题过程 记变量 X_i 为第 i 个部件是否需要调整. 则

$$X_i=\begin{cases}1,第\ i\ 个部件需要调整\\0,第\ i\ 个部件不需要调整\end{cases} \quad i=1,2,3$$

故 $X=X_1+X_2+X_3$

由题知 $E(X_1)=0.1,E(X_2)=0.2,E(X_3)=0.3$

且 $D(X_1)=0.1-(0.1)^2=0.09$

$D(X_2)=0.2-(0.2)^2=0.16$

$D(X_3)=0.3-(0.3)^2=0.21$

因此，$E(X) = E(X_1) + E(X_2) + E(X_3) = 0.6$

$D(X) = D(X_1) + D(X_2) + D(X_3) = 0.46$

7. 解题过程 $E(X) = \int_{-\infty}^{+\infty} x \cdot f(x) \mathrm{d}x = \int_0^{+\infty} x \cdot \dfrac{x}{\sigma^2} \mathrm{e}^{-\frac{x}{2\sigma^2}} \mathrm{d}x$

$E(X^2) = \int_{-\infty}^{+\infty} x^2 \cdot f(x) \mathrm{d}x = \int_0^{+\infty} x^2 \cdot \dfrac{x}{\sigma^2} \mathrm{e}^{\frac{x^2}{2\sigma^2}} \mathrm{d}x$

令 $u = \dfrac{x^2}{2\sigma^2}$，可得

$E(X) = \sqrt{2}\sigma \int_0^{+\infty} u^{\frac{1}{2}} \mathrm{e}^{-u} \mathrm{d}u = \sqrt{2}\sigma \cdot \Gamma\left(\dfrac{3}{2}\right) = \sqrt{2}\sigma \dfrac{1}{2}\Gamma\left(\dfrac{1}{2}\right) = \sqrt{\dfrac{\pi}{2}}\sigma$

$E(X^2) = 2\sigma^2 \int_0^{+\infty} u \mathrm{e}^{-u} \mathrm{d}u = 2\sigma^2 \Gamma(2) = 2\sigma^2$

故 $\quad D(X) = E(X^2) - [E(X)]^2 = 2\sigma^2 - \dfrac{\pi}{2}\sigma^2 = \dfrac{4-\pi}{2}\sigma^2$

8. 解题过程 $E(X) = \sum_{k=1}^{\infty} kP\{X=k\} = \sum_{k=1}^{\infty} kp(1-p)^{k-1}$

$\qquad = p \sum_{k=1}^{\infty} (1-p)^{k-1} \cdot k$

令 $f(x) = \sum_{k=1}^{\infty} k \cdot x^{k-1}$，两边积分

$\int f(x) \mathrm{d}x = \sum_{k=1}^{\infty} x^k = \dfrac{1}{1-x}$

故 $\quad f(x) = \dfrac{1}{(1-x)^2}$

$E(X) = \dfrac{p}{[1-(1-p)]^2} = \dfrac{1}{p}$

又 $\quad E(X^2) = \sum_{k=1}^{\infty} k^2 P\{p=k\} = p \cdot \sum_{k=1}^{\infty} k^2(1-p)^{k-1} = \dfrac{2}{p^2} - \dfrac{1}{p}$

故 $\quad D(X) = E(X^2) - [E(X)]^2 = \dfrac{1-p}{p^2}$

9. 解题过程 $E(X) = \int_{-\infty}^{+\infty}\int_{-\infty}^{+\infty} x \cdot f(x,y) \mathrm{d}x\mathrm{d}y = \int_0^1 15x^2 \mathrm{d}x \int_0^x y^2 \mathrm{d}y = \dfrac{5}{6}$

$E(X^2) = \int_{-\infty}^{+\infty}\int_{-\infty}^{+\infty} x^2 f(x,y) \mathrm{d}x\mathrm{d}y = \int_0^1 15x^3 \mathrm{d}x \int_0^x y^2 \mathrm{d}y = \dfrac{5}{7}$

故 $\quad D(X) = E(X^2) - [E(X)]^2 = \dfrac{5}{7} - \dfrac{25}{36} = \dfrac{5}{252}$

同理　$D(Y) = E(Y^2) - [E(Y)]^2 = \dfrac{17}{448}$

10. 解题过程 X 和 Y 相互独立，故 $D(X+Y) = D(X) + D(Y)$

$$E(X) = \int_0^{+\infty} x \cdot 2\mathrm{e}^{-2x}\,\mathrm{d}x = \frac{1}{2}$$

$$E(X^2) = \int_0^{+\infty} x^2 \cdot 2\mathrm{e}^{-2x}\,\mathrm{d}x = \frac{1}{2}$$

所以　$D(X) = E(X^2) - [E(X)]^2 = \dfrac{1}{4}$

同理　$D(Y) = E(Y^2) - [E(Y)]^2 = \dfrac{1}{16}$

故　$D(X+Y) = \dfrac{1}{4} + \dfrac{1}{16} = \dfrac{5}{16}$

11. 分析 若 $X_i \sim N(\mu_i, \sigma_i^2)$，$i = 1, 2, \cdots, n$

且它们相互独立，则它们的线性组合 $C_1X_1 + C_2X_2 + \cdots + C_nX_n$（$C_1, C_2 \cdots, C_n$ 是不全为 0 的常数）仍然服从正态分布．

$$C_1X_1 + C_2X_2 + \cdots + C_nX_n \sim N\left(\sum_{i=1}^{n} C_i\mu_i, \sum_{i=1}^{n} C_i^2\sigma_i^2\right)$$

解题过程 (1) $E(Y) = E\left(2X_1 - X_2 + 3X_3 - \dfrac{1}{2}X_4\right)$

$$= 2E(X_1) - E(X_2) + 3E(X_3) - \frac{1}{2}E(X_4)$$

$$= 2 - 2 + 9 - 2 = 7$$

$$D(Y) = D\left(2X_1 - X_2 + 3X_3 - \frac{1}{2}X_4\right)$$

$$= 4D(X_1) + D(X_2) + 9D(X_3) + \frac{1}{4}D(X_4)$$

$$= 4 \times 4 + 3 + 9 \times 2 + \frac{1}{4} \times 1 = \frac{149}{4}$$

(2) 由于 $X、Y$ 相互独立，且 $X \sim N(720, 30^2)$，$Y \sim N(640, 25^2)$

故　$Z_1 = 2X + Y$，$Z_2 = X - Y$ 均服从正态分布，且

$$E(Z_1) = E(2X + Y) = 2E(X) + E(Y) = 2 \times 720 + 640 = 2080$$

$$E(Z_2) = E(X - Y) = E(X) - E(Y) = 720 - 640 = 80$$

$$D(Z_1) = D(2X + Y) = 4D(X) + D(Y) = 4 \times 30^2 + 25^2 = 4225$$

$$D(Z_2) = D(X - Y) = D(X) + D(Y) = 30^2 + 25^2 = 1525$$

因此 $Z_1 \sim N(2080,4225)$，$Z_2 \sim N(80,1525)$

$$P\{X>Y\}=P\{X-Y>0\}=P\{Z_2>0\}=1-P\{Z_2<0\}$$

$$=1-\Phi\left(\frac{0-80}{\sqrt{1525}}\right)=\Phi(2.05)=0.9798$$

$$P\{X+Y>1400\}=1-P\{X+Y\leqslant1400\}$$

$$X+Y\sim N(E(X)+E(Y),D(X)+D(Y)) \quad 即\ X+Y\sim N(1360,1525)$$

故 $P\{X+Y>1400\}=1-\Phi\left(\frac{1400-1360}{\sqrt{1525}}\right)=1-\Phi(1.02)=0.1539$

12. **解题过程** 记 Y 为 5 家商店两周的总销量，则 $Y=X_1+X_2+X_3+X_4+X_5$

(1) $E(Y)=\sum_{i=1}^{5}E(X_i)=200+240+180+260+320=1200$

$D(Y)=\sum_{i=1}^{5}D(X_i)=225+240+225+265+270=1225$

(2) 设仓库应储存 n 千克该产品，才能使新的供货到达之前商店不会脱销的概率大于

0.99. 由题意可知 $P\{Y\leqslant n\}>0.99$

(1) 中求得 $Y\sim N(1200,1225)$

故 $P\{Y\leqslant n\}=P\left\{\frac{Y-1200}{35}\leqslant\frac{n-1200}{35}\right\}=\Phi\left(\frac{n-1200}{35}\right)$

$\Phi\left(\frac{n-1200}{35}\right)>0.99=\Phi(2.33)$

从而 $\frac{n-1200}{35}>2.33$

$n>2.33\times35+1200=1281.55$

取 $n=1282\text{kg}$

13. **解题过程** $E(X)=\int_{-\infty}^{+\infty}x\cdot f(x)\mathrm{d}x=\int_{-\infty}^{+\infty}x\cdot\frac{1}{\sqrt{\pi}}\mathrm{e}^{-x^2+2x-1}\mathrm{d}x=1$

$E(X^2)=\int_{-\infty}^{+\infty}x^2\cdot f(x)\mathrm{d}x=\frac{1}{\sqrt{\pi}}\int_{-\infty}^{+\infty}x^2\cdot\mathrm{e}^{-x^2+2x-1}\mathrm{d}x$

$$=1+\frac{\sqrt{2}}{2}$$

故 $D(X)=E(X^2)-[E(X)]^2=1+\frac{\sqrt{2}}{2}-1=\frac{\sqrt{2}}{2}$

14. **解题过程** 记 X 为 1000 次实验中事件 A 发生的次数，则 $X\sim b(1000,0.5)$

$$E(X) = np = 500$$

$$D(X) = np(1-p) = 1000 \times 0.5 \times 0.5 = 250$$

故 $P\{400 < X < 600\} = P\{|X-500| < 100\} \geqslant 1 - \dfrac{250}{100^2} = 0.975$

15. 解题过程 $E(X) = \displaystyle\int_{-\infty}^{+\infty} x f(x) \mathrm{d}x = \int_0^{+\infty} \dfrac{x^{m+1} \mathrm{e}^{-x}}{m!} \mathrm{d}x = m+1$

$$E(X^2) = \int_{-\infty}^{+\infty} x^2 f(x) \mathrm{d}x = \int_0^{+\infty} \dfrac{x^{m+2} \mathrm{e}^{-x}}{m!} \mathrm{d}x = (m+2)(m+1)$$

故 $D(X) = E(X^2) - [E(X)]^2 = m+1$

由切比雪夫不等式有

$$P\{0 < X < 2(m+1)\} = P\{|X-(m+1)| < m+1\}$$

$$\geqslant 1 - \dfrac{D(X)}{(m+1)^2} = \dfrac{m}{m+1}$$

习题 4-3

1. 分析 利用公式 $\mathrm{cov}(X,Y) = E(XY) - E(X)E(Y)$

解题过程 易知 X 及 Y 的边缘概率分布分别是

X	-1	0	1	Y	-1	0	1
$p_i.$	0.375	0.25	0.375	$p._j$	0.375	0.25	0.375

$$\mathrm{cov}(X,Y) = E(XY) - E(X)E(Y)$$

$$= 0.125 \times (-1) \times (-1) + (-1) \times 1 \times 0.125 + (-1) \times 1 \times 0.125 + 1 \times 1 \times 0.$$

$$125 - (-1) \times 0.375 - 0.375 - (-1) \times 0.375 - 0.375 = 0$$

故 X 和 Y 是不相关的.

$p_{00} = 0, p_0. \cdot p._0 = 0.25 \times 0.25 \neq 0$

所以 X 和 Y 不是相互独立的.

2. 解题过程 由题知 X、Y 有相同概率分布,故 $E(X) = E(Y), D(X) = D(Y)$

$$\mathrm{cov}(U,V) = E(UV) - E(U) \cdot E(V)$$

$$= E(X^2 - Y^2) - E(X+Y) \cdot E(X-Y)$$

$$= E(X^2) - E(Y^2) - [E(X) + E(Y)] \cdot [E(X) - E(Y)]$$

$$= E(X^2) - E(Y^2) - E^2(X) + E^2(Y)$$

$$=D(X)-D(Y)=0$$

故　$\rho_{UV}=\dfrac{\text{cov}(XY)}{\sqrt{D(X)}\cdot\sqrt{D(Y)}}=0$

3. 解题过程　如题 3 图解所示，由题可知　$f(x,y)=\begin{cases}\dfrac{1}{2},0<x<2,0<y<2,x+y<2\\[2mm]0,\ \text{其他}\end{cases}$

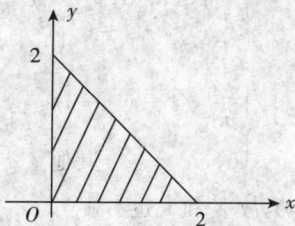

题 3 图解

$$E(X)=\int_{-\infty}^{+\infty}\int_{-\infty}^{+\infty}x\cdot f(x,y)\mathrm{d}x\mathrm{d}y=\int_0^2\frac{1}{2}\cdot x\mathrm{d}x\int_0^{2-x}\mathrm{d}y=\frac{2}{3}$$

$$E(X^2)=\int_{-\infty}^{+\infty}\int_{-\infty}^{+\infty}x^2 f(x,y)\mathrm{d}x\mathrm{d}y=\int_0^2\frac{1}{2}x^2\mathrm{d}x\int_0^{2-x}\mathrm{d}y=\frac{2}{3}$$

故　$D(X)=E(X^2)-[E(X)]^2=\dfrac{2}{3}-\dfrac{4}{9}=\dfrac{2}{9}$

因为 X 与 Y 对称，所以 $E(Y)=\dfrac{2}{3}$，$D(Y)=\dfrac{2}{9}$

$$E(XY)=\int_{-\infty}^{+\infty}\int_{-\infty}^{+\infty}xyf(x,y)\mathrm{d}x\mathrm{d}y=\int_0^2\frac{1}{2}x\mathrm{d}x\int_0^{2-x}y\mathrm{d}y=\frac{1}{3}$$

故　$\text{cov}(X,Y)=E(XY)-E(X)E(Y)=\dfrac{1}{3}-\dfrac{4}{9}=-\dfrac{1}{9}$

$$\rho_{XY}=\frac{\text{cov}(X,Y)}{\sqrt{D(X)}\sqrt{D(Y)}}=-\frac{\dfrac{1}{9}}{\dfrac{2}{9}}=-\frac{1}{2}$$

4. 解题过程　由题可得　$f(x,y)=\begin{cases}\dfrac{1}{\pi},\ \ x^2+y^2\leqslant1\\[2mm]0,\ \ \ \text{其他}\end{cases}$

$$E(X)=\frac{1}{\pi}\iint_{x^2+y^2<1}x\mathrm{d}x\mathrm{d}y=\frac{1}{\pi}\int_0^{2\pi}\mathrm{d}\theta\int_0^1 r^2\cdot\cos\theta\mathrm{d}r=0$$

$$E(Y)=\frac{1}{\pi}\iint_{x^2+y^2<1}y\mathrm{d}x\mathrm{d}y=\frac{1}{\pi}\int_0^{2\pi}\mathrm{d}\theta\int_0^1 r^2\cdot\sin\theta\mathrm{d}r=0$$

$$E(XY) = \frac{1}{\pi} \iint\limits_{x^2+y^2<1} xy \mathrm{d}x\mathrm{d}y = \frac{1}{\pi}\int_0^{2\pi}\mathrm{d}\theta\int_0^1 r^3 \cdot \sin\theta\cos\theta\mathrm{d}r = 0$$

故 $\text{cov}(X,Y) = E(XY) - E(X)E(Y) = 0$

$\rho_{XY} = \dfrac{\text{cov}(X,Y)}{\sqrt{D(X)} \cdot \sqrt{D(Y)}} = 0$,所以 X 和 Y 是不相关的.

求边缘概率分布,$f_X(x) = \displaystyle\int_{-\infty}^{+\infty} f(x,y)\mathrm{d}y = \begin{cases} \dfrac{2}{\pi}\sqrt{1-x^2}, & -1 \leqslant x \leqslant 1 \\ 0, & \text{其他} \end{cases}$

$f_Y(y) = \displaystyle\int_{-\infty}^{+\infty} f(x,y)\mathrm{d}x = \begin{cases} \dfrac{2}{\pi}\sqrt{1-y^2}, & -1 \leqslant y \leqslant 1 \\ 0, & \text{其他} \end{cases}$

$f(x,y) \neq f_X(x) \cdot f_Y(y)$,故 X 和 Y 也不独立.

5. 解题过程 $E(X) = \displaystyle\int_{-\infty}^{+\infty}\int_{-\infty}^{+\infty} x \cdot f(x,y)\mathrm{d}x\mathrm{d}y = \int_0^1 \mathrm{d}x\int_{-x}^{x} x\mathrm{d}y = \frac{2}{3}$

$E(Y) = \displaystyle\int_{-\infty}^{+\infty}\int_{-\infty}^{+\infty} y \cdot f(x,y)\mathrm{d}x\mathrm{d}y = \int_0^1 \mathrm{d}x\int_{-x}^{x} y\mathrm{d}y = 0$

$E(XY) = \displaystyle\int_{-\infty}^{+\infty}\int_{-\infty}^{+\infty} xyf(x,y)\mathrm{d}x\mathrm{d}y = \int_0^1 \mathrm{d}x\int_{-x}^{x} xy\mathrm{d}y = 0$

$\text{cov}(X,Y) = E(XY) - E(X)E(Y) = 0$

6. 解题过程 $(1)E(X) = \displaystyle\int_{-\infty}^{+\infty} xf(x)\mathrm{d}x = \int_{-\infty}^0 \frac{1}{2}x\mathrm{e}^{-x}\mathrm{d}x + \int_0^{+\infty} \frac{1}{2}x\mathrm{e}^{-x}\mathrm{d}x = 0$

$E(X^2) = \displaystyle\int_{-\infty}^{+\infty} x^2 f(x)\mathrm{d}x = \int_{-\infty}^0 \frac{1}{2}x^2\mathrm{e}^{x}\mathrm{d}x + \int_0^{+\infty} \frac{1}{2}x^2\mathrm{e}^{-x}\mathrm{d}x = 2$

$D(X) = E(X^2) - [E(X)]^2 = 2$

$(2)E(|X|) = \dfrac{1}{2}\displaystyle\int_{-\infty}^{+\infty}|x|\mathrm{e}^{-|x|}\mathrm{d}x = \int_0^{+\infty} x \cdot \mathrm{e}^{-x}\mathrm{d}x = \Gamma(2) = 1$

$E(|X|^2) = \dfrac{1}{2}\displaystyle\int_{-\infty}^{+\infty}|x|^2\mathrm{e}^{-|x|}\mathrm{d}x = \int_0^{+\infty} x^2\mathrm{e}^{-x}\mathrm{d}x = \Gamma(3) = 2$

故 $D(|X|) = E(|X|^2) - [E|X|]^2 = 2 - 1 = 1$

$E(X \cdot |X|) = \displaystyle\int_{-\infty}^{+\infty} \frac{x}{2}|x|\mathrm{e}^{-|x|}\mathrm{d}x = -\frac{1}{2}\int_{-\infty}^0 x^2\mathrm{e}^{x}\mathrm{d}x + \frac{1}{2}\int_0^{+\infty} x^2\mathrm{e}^{-x}\mathrm{d}x$

$\qquad\qquad = -\dfrac{1}{2}\Gamma(3) + \dfrac{1}{2}\Gamma(3) = 0$

$\text{cov}(X,|X|) = E(X \cdot |X|) - E(X)E(|X|) = 0$,故 X 与 $|X|$ 不相关.

(3)对于 $0 < a < +\infty$,当 $X > 0$ 时,$\{|X| < a\} = \{X < a\}$

又 $P\{|X| < a\} > 0, P\{X < a\} < 1$

所以 $P\{X<a,|X|<a\}=P\{X<a\}=P\{|X|<a\}$

$$\neq P\{X<a\}P\{|X|<a\}$$

故 X 与 Y 不独立.

7. 解题过程 $E(X+Y+Z)=E(X)+E(Y)+E(Z)=1+1-1=1$

$$D(X+Y+Z)=E[(X+Y+Z)^2]-[E(X+Y+Z)]^2$$
$$=E(X^2+Y^2+Z^2+2XY+2XZ+2YZ)-1$$
$$=E(X^2)+E(Y^2)+E(Z^2)+2E(XY)+2E(XZ)+2E(YZ)-1$$
$$=D(X)+E^2(X)+D(Y)+E^2(Y)+D(Z)+E^2(Z)+2[\rho_{XY}\sqrt{D(X)}$$
$$\sqrt{D(Y)}+E(X)E(Y)]+2[\rho_{XZ}\sqrt{D(X)}\sqrt{D(Z)}+E(X)E(Z)]+2[\rho_{YZ}$$
$$\sqrt{D(Y)}\sqrt{D(Z)}+E(Y)E(Z)]-1$$
$$=1+1+1+1+1+1+2+2\left(\frac{1}{2}-1\right)+2\left(-\frac{1}{2}-1\right)-1=3$$

8. 分析 $\rho_{XY}=\dfrac{E(XY)-E(X)E(Y)}{\sqrt{D(X)}\sqrt{D(Y)}}$

解题过程 由题知,$E(X)=p,E(Y)=p$

若 X 与 Y 相互独立,则 $P\{X=1,Y=1\}=p\{X=1\}\cdot p\{Y=1\}=p^2$

$E(XY)=1\times1\times p^2=p^2$

$\rho_{XY}=\dfrac{E(XY)-E(X)E(Y)}{\sqrt{D(X)}\sqrt{D(Y)}}=0$

即 X 与 Y 不相关. 反之,亦然.

因此,X 和 Y 相互独立等价于 X 和 Y 不相关.

习题 4-4、5

1. 解题过程 $\mu_k=\dfrac{1}{k+1}(a^k+a^{k-1}b+\cdots+ab^{k-1}+b^k)$

$V_3=E\{[X-E(X)]^3\}=0$

2. 解题过程 由题可知,$(X,Y)\sim N(\mu_1,\mu_2,\sigma_1^2,\sigma_2^2,\rho)$

其中 $\mu_1=E(X)=0,\mu_2=E(Y)=0,\sigma_1^2=D(X)=16,\sigma_2^2=D(Y)=25$

$\rho=\rho_{XY}=\dfrac{\mathrm{cov}(X,Y)}{\sqrt{D(X)}\sqrt{D(Y)}}=\dfrac{12}{4\times5}=\dfrac{3}{5}$

因此 $f(x,y)=\dfrac{1}{32\pi}\exp\left\{-\dfrac{25}{32}\left[\dfrac{1}{16}x^2-\dfrac{3}{50}xy+\dfrac{1}{25}y^2\right]\right\}$

3. 解题过程 (1) 由题可知,$f_X(x)=\dfrac{1}{\sqrt{2\pi}}e^{-\frac{x^2}{2}}$, $-\infty<x<+\infty$

$$f_Y(y)=\dfrac{1}{\sqrt{2\pi}}e^{-\frac{y^2}{2}}, \quad -\infty<y<+\infty$$

$$\rho_{XY}=\dfrac{E(XY)-E(X)E(Y)}{\sqrt{D(X)}\sqrt{D(Y)}}=\int_{-\infty}^{+\infty}\int_{-\infty}^{+\infty}xyf(x,y)\mathrm{d}x\mathrm{d}y$$

$$=\dfrac{1}{2}\int_{-\infty}^{+\infty}\int_{-\infty}^{+\infty}\varphi_X(x,y)\cdot xy\mathrm{d}x\mathrm{d}y+\dfrac{1}{2}\int_{-\infty}^{+\infty}\int_{-\infty}^{+\infty}\varphi_Y(x,y)\cdot xy\mathrm{d}x\mathrm{d}y$$

$$=\dfrac{1}{2}\left(\dfrac{1}{3}-\dfrac{1}{3}\right)=0$$

(2) $f_X(x)=\dfrac{1}{\sqrt{2\pi}}e^{-\frac{x^2}{2}}$, $f_Y(y)=\dfrac{1}{\sqrt{2\pi}}e^{-\frac{y^2}{2}}$

$$f(x,y)\neq f_X(x)\cdot f_Y(y)$$

故 X 与 Y 不独立.

4. 解题过程 (1) $E(W)=E[(aX+3Y)^2]$

$$=E[a^2X^2+6aXY+9Y^2]$$

$$=a^2E(X^2)+6aE(XY)+9E(Y^2)$$

其中 $E(X^2)=D(X)+[E(X)]^2=4$

$$E(XY)=\text{cov}(X,Y)+E(X)\cdot E(Y)=\rho_{XY}\sqrt{D(X)D(Y)}=-4$$

则 $E(W)=4a^2-24a+144=4(a-3)^2+108$

即当 $a=3$ 时,$E(W)$ 为最小,最小值为 108

(2) (X,Y) 是二维正态变量,W 与 V 分别是 X,Y 的线性组合,则 (W,V) 是二维正态变量.

又 $a^2=\sigma_X^2/\sigma_Y^2$ 则 $\text{cov}(W,V)=\cos(X-aY,X+aY)$

$$=\text{cov}(X,X)-a^2\text{cov}(Y,Y)$$

$$=\sigma_X^2-a^2\sigma_Y^2=0$$

因此 W 与 V 不相关,对于二维正态变量,不相关与相互独立是等价的.

即 W 与 V 相互独立.

5. 解题过程 由题知,(X,Y) 服从二维正态分布,即 $(X,Y)\sim N(\mu_1,\mu_2,\sigma_1^2,\sigma_2^2,\rho)$

$$\mu_1=\mu_2=0, \quad \sigma_1^2=3, \sigma_2^2=4, \rho=-\dfrac{1}{4}$$

因此 $f(x,y)=\dfrac{1}{3\sqrt{5}\pi}\exp\left[-\dfrac{8}{15}\left(\dfrac{x^2}{3}+\dfrac{xy}{4\sqrt{3}}+\dfrac{y^2}{4}\right)\right]$

6. 解题过程 (1)由题可知,

$$(X,Y) \sim N(\mu_1,\mu_2,\sigma_1^2,\sigma_2^2,\rho)$$

$$2\pi\sigma_1\sigma_2\sqrt{1-\rho^2}=2\pi, \frac{1}{2(1-\rho^2)} \cdot \frac{1}{\sigma_1^2}=2$$

$$\frac{1}{2(1-\rho^2)} \cdot 2\rho \cdot \frac{1}{\sigma_1\sigma_2}=-\sqrt{3}, \frac{1}{2(1-\rho^2)} \cdot \frac{1}{\sigma_2^2}=\frac{1}{2}$$

由上式可得,$\sigma_1^2=1,\sigma_2^2=4,\rho=-\dfrac{\sqrt{3}}{2}$

故　$E(X)=0,E(Y)=1,D(X)=1,D(Y)=4,\rho_{XY}=\dfrac{\sqrt{3}}{2}$

因此　$f_X(x)=\dfrac{1}{\sqrt{2\pi}}\mathrm{e}^{-\frac{x^2}{2}},-\infty<x<+\infty$

$$f_Y(y)=\frac{1}{2\sqrt{2\pi}}\mathrm{e}^{-\frac{(y-1)^2}{8}},-\infty<y<+\infty$$

(2)$E(X)=0,E(Y)=1,D(X)=1,D(Y)=4$

(3)$\rho_{XY}=-\dfrac{\sqrt{3}}{2},\mathrm{cov}(X,Y)=\rho_{XY}\sqrt{D(X)}\sqrt{D(Y)}=-\sqrt{3}$

7. 解题过程 由于 e 的指数式中不含 x 与 y 的交叉项,故 $\rho=0$. 显然 $\sigma_1=\sigma_2=10,\mu_1=\mu_2=0$.
令 $Z=X-Y$. X 与 Y 均服从正态分布,则 Z 服从 $\mu=0,\sigma=10$ 的正态分布.

$$P\{X<Y\}=P\{X-Y<0\}=P\{Z<0\}=\Phi(0)=\frac{1}{2}$$

总习题

1. 解题过程 记 $q=1-p$,则 X 的分布律 $P\{X=k\}=q^{k-1}p,k=1,2,\cdots$

$$E(X)=\sum_{k=1}^{\infty}kq^{k-1}p=p(\sum_{k=1}^{\infty}q^k)'=p \cdot \left(\frac{q}{1-q}\right)'=\frac{1}{p}$$

$$E(X^2)=\sum_{k=1}^{\infty}k^2q^{k-1}p=p\sum_{k=1}^{\infty}k^2q^{k-1}=p[q(\sum_{k=1}^{\infty}q^k)')']=p\left[\frac{q}{(1-q)^2}\right]'=\frac{2-p}{p^2}$$

则 $D(X)=E(X^2)-E^2(X)=\dfrac{2-p}{p^2}-\dfrac{1}{p^2}=\dfrac{1-p}{p^2}$

2. 解题过程 $P\left\{X>\dfrac{\pi}{3}\right\}=\int_{\frac{\pi}{3}}^{\pi}\dfrac{1}{2}\cos\dfrac{x}{2}\mathrm{d}x=\dfrac{1}{2}$,故 $Y \sim b\left(4,\dfrac{1}{2}\right)$

$$E(Y) = n \cdot p = 4 \times \frac{1}{2} = 2$$

$$D(Y) = np(1-p) = 4 \times \frac{1}{2} \times \left(1 - \frac{1}{2}\right) = 1$$

故 $E(Y^2) = D(Y) + E^2(Y) = 1 + 4 = 5$

3. 分析 $D(X+Y) = D(X) + D(Y) + \text{cov}(X,Y)$

解题过程 如题 3 图解所示,可知 $f(x,y) = \begin{cases} 2, 0 < x \leqslant 1, 1-x \leqslant y \leqslant 1 \\ 0, 其他 \end{cases}$

故 $f_X(x) = \begin{cases} \int_{1-x}^1 2\mathrm{d}y = 2x, 0 < x < 1 \\ 0, \qquad\qquad 其他 \end{cases}$

$$E(X) = \int_0^1 x \cdot f_X(x) \mathrm{d}x = \int_0^1 2x^2 \mathrm{d}x = \frac{2}{3}$$

$$E(X^2) = \int_0^1 2x^3 \mathrm{d}x = \frac{1}{2}$$

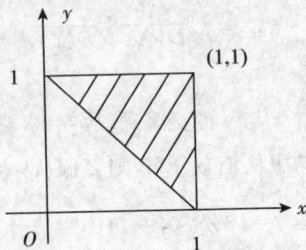

题 3 图解

则 $D(X) = E(X^2) - E^2(X) = \frac{1}{2} - \frac{4}{9} = \frac{1}{18}$

同理可得 $E(Y) = \frac{2}{3}, E(Y^2) = \frac{1}{2}, D(Y) = \frac{1}{18}$

$$E(XY) = 2\int_0^1 x\mathrm{d}x \int_{1-x}^1 y\mathrm{d}y = \frac{5}{12}$$

$$\text{cov}(X,Y) = E(XY) - E(X)E(Y) = \frac{5}{12} - \frac{4}{9} = -\frac{1}{36}$$

故 $D(U) = D(X+Y) = D(X) + D(Y) + 2\text{cov}(X,Y) = \frac{1}{18} + \frac{1}{18} - \frac{2}{36} = \frac{1}{18}$

4. 解题过程 由题可知,$f(x) = \begin{cases} \dfrac{1}{60}, & 0 \leqslant x \leqslant 60 \\ 0, & 其他 \end{cases}$

记游客等候时间为 Y，则 $Y = g(X) = \begin{cases} 5-X, & 0 \leqslant X \leqslant 5 \\ 25-X, & 5 < X \leqslant 25 \\ 55-X, & 25 < X \leqslant 55 \\ 60-X+5, & 55 < X \leqslant 60 \end{cases}$

$$E(Y) = E[g(x)] = \int_{-\infty}^{+\infty} g(x)f(x)\,dx$$

$$= \int_0^5 \frac{5-x}{60}\,dx + \int_5^{25} \frac{25-x}{60}\,dx + \int_{25}^{55} \frac{55-x}{60}\,dx + \int_{55}^{60} \frac{65-x}{60}\,dx$$

$$= \frac{12.5+200+450+37.5}{60} = 11.67$$

5. **解题**过程 记随机变量 X_i，$X_i = \begin{cases} 1, \text{第 } i \text{ 层电梯停} \\ 0, \text{第 } i \text{ 层电梯不停} \end{cases} \quad i = 1,2,\cdots,n$

$X = \sum\limits_{i=1}^{n} X_i$，故 $P\{X_i = 0\} = \left(1 - \dfrac{1}{n}\right)^r$

$P\{X_i = 1\} = 1 - \left(1 - \dfrac{1}{n}\right)^r$

则 $E(X_i) = 1 - \left(1 - \dfrac{1}{n}\right)^r$

$E(X) = \sum\limits_{i=1}^{n} E(X_i) = n\left[1 - \left(1 - \dfrac{1}{n}\right)^r\right]$

所以电梯需要停的次数的数学期望为 $n\left[1 - \left(1 - \dfrac{1}{n}\right)^r\right]$.

6. **解题**过程 (1)由 $\int_{-\infty}^{+\infty} f(x)\,dx = 1$，得

$$\int_0^2 ax\,dx + \int_2^4 (cx+b)\,dx = 1$$

$2a + 6c + 2b = 1 \qquad ①$

由 $E(X) = 2$，得

$$\int_0^2 ax^2\,dx + \int_2^4 x(cx+b)\,dx = 2$$

$\dfrac{8}{3}a + \dfrac{56}{3}c + 6b = 2 \qquad ②$

由 $P\{1 < X < 3\} = \dfrac{3}{4}$，得

$$\int_1^2 ax\,dx + \int_2^3 (cx+b)\,dx = \frac{3}{4}$$

$\dfrac{3}{2}a + \dfrac{5}{2}c + b = \dfrac{3}{4} \quad ③$

由①②③求得，$a=\dfrac{1}{4}$，$b=1$，$c=-\dfrac{1}{4}$

$(2)E(Y)=\displaystyle\int_{-\infty}^{+\infty}e^x f(x)\mathrm{d}x=\dfrac{1}{4}\int_0^2 xe^x\mathrm{d}x+\int_2^4 e^x\left(-\dfrac{1}{4}x+1\right)\mathrm{d}x=\dfrac{1}{4}(e^2-1)^2$

$E(Y^2)=\displaystyle\int_{-\infty}^{+\infty}e^{2x}f(x)\mathrm{d}x=\dfrac{1}{4}\int_0^2 x\cdot e^{2x}\mathrm{d}x+\int_2^4 e^{2x}\left(-\dfrac{1}{4}x+1\right)\mathrm{d}x=\dfrac{1}{16}(e^4-1)^2$

故 $D(Y)=E(Y^2)-E^2(Y)=\dfrac{1}{16}(e^4-1)^2-\dfrac{1}{16}(e^2-1)^4=\dfrac{1}{4}e^2(e^2-1)^2$

7. 解题过程 记进货量为 t，则所得利润 $W_t(X)$ 如下：

$$W_t(X)=\begin{cases}500t+300(X-t), & t<X<30 \quad 供不应求\\ 500X-100(t-X), & 10<X<t \quad 供大于求\end{cases}$$

$$=\begin{cases}300X+200t, & t<X<30\\ 600X-100t, & 10<X<t\end{cases}$$

由题知 $f(x)=\begin{cases}\dfrac{1}{20}, & 10<x<30\\ 0, & 其他\end{cases}$

$E[W_t(X)]=\displaystyle\int_{-\infty}^{+\infty}W_t(x)f(x)\mathrm{d}x=\dfrac{1}{20}\int_{10}^{30}W_t(x)\mathrm{d}x$

$=\dfrac{1}{20}\displaystyle\int_{10}^{t}(600x-100t)\mathrm{d}x+\dfrac{1}{20}\int_t^{30}(300x+200t)\mathrm{d}x$

$=15(t^2-100)-5t(t-10)+\dfrac{1}{2}\cdot 15(900-t^2)+10t(30-t)$

$=-\dfrac{15}{2}t^2+350t+5250$

令 $E[W_t(X)]\geqslant 9280$

$-\dfrac{15}{2}t^2+350t-4030\geqslant 0$

$20.6\leqslant t\leqslant 26$

故最小进货量为 21 单位.

8. 解题过程 由题意，可知 $X\sim N\left(0,\dfrac{1}{2}\right)$，$Y\sim N\left(0,\dfrac{1}{2}\right)$ 且 X 和 Y 相互独立.

令 $Z=X-Y$，故 $Z\sim N(0,1)$

$D(|X-Y|)=D(|Z|)=E(|Z|^2)-E^2(|Z|)=E(Z^2)-E^2(|Z|)$

$E(Z^2)=D(Z)+E^2(Z)=1$

$E(|Z|)=\displaystyle\int_{-\infty}^{+\infty}|z|\cdot\dfrac{1}{\sqrt{2\pi}}e^{-\frac{z^2}{2}}\mathrm{d}z=\dfrac{2}{\sqrt{2\pi}}\int_0^{+\infty}ze^{-\frac{z^2}{2}}\mathrm{d}z=\sqrt{\dfrac{2}{\pi}}$

故 $D(|X-Y|)=1-\dfrac{2}{\pi}$

9. **解题** 过程 $(1)\,E(Z)=E\left(\dfrac{X}{3}+\dfrac{Y}{2}\right)=\dfrac{1}{3}E(X)+\dfrac{1}{2}E(Y)=\dfrac{1}{3}$

$$D(Z)=D\left(\dfrac{X}{3}\right)+D\left(\dfrac{Y}{2}\right)+2\mathrm{cov}\left(\dfrac{X}{3},\dfrac{Y}{2}\right)$$

$$=\dfrac{1}{9}D(X)+\dfrac{1}{4}D(Y)+2\rho_{XY}\cdot\dfrac{1}{3}\sqrt{D(X)}\cdot\dfrac{1}{2}\sqrt{D(Y)}$$

$$=1+4-2=3$$

$(2)\,\mathrm{cov}(X,Z)=\mathrm{cov}\left(X,\dfrac{X}{3}\right)+\mathrm{cov}\left(X,\dfrac{Y}{2}\right)$

$$=\dfrac{1}{3}\mathrm{cov}(X,X)+\dfrac{1}{2}\mathrm{cov}(X,Y)$$

$$=\dfrac{1}{3}\times3^2+\dfrac{1}{2}\times3\times4\times\dfrac{1}{2}=0$$

故 $\rho_{XZ}=\dfrac{\mathrm{cov}(X,Z)}{\sqrt{D(X)}\sqrt{D(Y)}}=0.$

10. **解题** 过程 (1)记 $Y_i=\{$抽到 i 等品$\},i=1,2,3$

$$P(Y_1)=\dfrac{80}{100}=0.8,P(Y_2)=\dfrac{10}{100}=0.1,P(Y_3)=\dfrac{10}{100}=0.1$$

$$P\{X_1=0,X_2=0\}=P(Y_3)=0.1$$

$$P\{X_1=0,X_2=1\}=P(Y_2)=0.1$$

$$P\{X_1=1,X_2=0\}=P(Y_1)=0.8$$

$$P\{X_1=1,X_2=1\}=0$$

$(2)\,E(X_1)=0.8,E(X_2)=0.1$

$$D(X_1)=0.8\times0.2=0.16,D(X_2)=0.1\times0.9=0.09$$

$$E(X_1X_2)=0\times0\times0.1+0\times1\times0.1+1\times0\times0.8=0$$

$$\rho_{X_1X_2}=\dfrac{\mathrm{cov}(X,Y)}{\sqrt{D(X)}\sqrt{D(Y)}}=\dfrac{0-0.08}{0.4\times0.3}=-\dfrac{2}{3}$$

11. **解题** 过程 设 $P(A)=p_1,P(B)=p_2,P(AB)=p_{12}$

$$E(X)=P(A)-P(\bar{A})=p_1-(1-p_1)=2p_1-1$$

$$E(Y)=P(B)-P(\bar{B})=p_2-(1-p_2)=2p_2-1$$

又 $P\{XY=1\}=P(AB)+P(\bar{A}\bar{B})=p_{12}+(1-p_1)(1-p_2)=2p_{12}-p_1-p_2+1$

$$P\{XY=-1\}=1-P\{XY=1\}=p_1+p_2-2p_{12}$$

$$E(XY)=2p_{12}-p_1-p_2+1-(p_1+p_2-2p_{12})=4p_{12}+1-2p_1-2p_2$$

$$\text{cov}(X,Y)=E(XY)-E(X)E(Y)=4p_{12}+1-2p_1-2p_2-(2p_1-1)(2p_2-1)$$

$$=4p_{12}-4p_1p_2$$

由此可见，$\text{cov}(X,Y)=0$ 当且仅当 $p_{12}=p_1 \cdot p_2$

即 X 和 Y 不相关的充分必要条件是 A 与 B 相互独立.

12. 解题过程 由题可知，X 和 Y 的分布律如下：

X	-1	0	1
$p_i.$	3/8	2/8	3/8

Y	-1	0	1
$p._j$	3/8	2/8	3/8

$$E(X)=-1\times\frac{3}{8}+\frac{3}{8}=0,\quad E(Y)=-1\times\frac{3}{8}+\frac{3}{8}=0.$$

$$E(XY)=(-1)\times(-1)\times\frac{1}{8}+(-1)\times1\times\frac{1}{8}+1\times(-1)\times\frac{1}{8}+1\times1\times\frac{1}{8}$$

$$=0$$

$$\text{cov}(X,Y)=E(XY)-E(X)\cdot E(Y)=0.$$

故 X 与 Y 是不相关的.

$$p_0.=\frac{2}{8},p._0=\frac{2}{8},p_{00}=0$$

$$p_0.\cdot p._0\neq p_{00}$$

故 X 与 Y 不是相互独立的.

13. 解题过程 （1）由题可得

$$f(y)=\begin{cases}e^{-y}, & y>0 \\ 0, & y\leqslant 0\end{cases}$$

则 $F(y)=\begin{cases}1-e^{-y}, & y>0 \\ 0, & y\leqslant 0\end{cases}$

故 $P\{X_1=0,X_2=0\}=P\{Y\leqslant1,Y\leqslant2\}=P\{Y\leqslant1\}=1-e^{-1}$

$P\{X_1=1,X_2=0\}=P\{Y>1,Y\leqslant2\}=P\{1<Y\leqslant2\}=e^{-1}-e^{-2}$

$P\{X_1=0,X_2=1\}=P\{Y\leqslant1,Y>2\}=0$

$P\{X_1=1,X_2=1\}=P\{Y>1,Y>2\}=P\{Y>2\}=e^{-2}$

(X_1,X_2) 的联合分布律如下

X_2 \ X_1	0	1
0	$1-\mathrm{e}^{-1}$	$\mathrm{e}^{-1}-\mathrm{e}^{-2}$
1	0	e^{-2}

(2) X_1 与 X_2 的边缘分布律如下

X_1	0	1
p	$1-\mathrm{e}^{-1}$	e^{-1}

X_2	0	1
p	$1-\mathrm{e}^{-2}$	e^{-2}

$$E(X_1)=\mathrm{e}^{-1},\ E(X_2)=\mathrm{e}^{-2}$$

$$E(X_1X_2)=\mathrm{e}^{-2}$$

$$\mathrm{cov}(X_1,X_2)=\mathrm{e}^{-2}-\mathrm{e}^{-1}\cdot\mathrm{e}^{-2}=\mathrm{e}^{-2}-\mathrm{e}^{-3}$$

又 $E(X_1^2)=\mathrm{e}^{-1},\ E(X_2^2)=\mathrm{e}^{-2}$

$$D(X_1)=E(X_1^2)-E^2(X_1)=\mathrm{e}^{-1}-\mathrm{e}^{-2}$$

$$D(X_2)=E(X_2^2)-E^2(X_2)=\mathrm{e}^{-2}-\mathrm{e}^{-4}$$

$$\rho_{X_1X_2}=\frac{\mathrm{cov}(X_1,X_2)}{\sqrt{D(X_1)}\sqrt{D(X_2)}}=\frac{\mathrm{e}^{-2}-\mathrm{e}^{-3}}{\sqrt{(\mathrm{e}^{-1}-\mathrm{e}^{-2})}\cdot\sqrt{(\mathrm{e}^{-2}-\mathrm{e}^{-4})}}=\sqrt{\frac{1}{\mathrm{e}+1}}$$

14. 解题过程 (1)由题可知 $f(x,y)=\begin{cases}\dfrac{1}{2},0\leqslant x\leqslant 2,0\leqslant y\leqslant 1\\[2mm]0,\ 其他\end{cases}$

则 $P\{U=0,V=0\}=P\{X\leqslant Y,X\leqslant 2Y\}=P\{X\leqslant Y\}=\iint\limits_{x\leqslant y}f(x,y)\mathrm{d}x\mathrm{d}y=\dfrac{1}{4}$

$P\{U=1,V=0\}=P\{X>Y,X\leqslant 2Y\}=P\{Y<X\leqslant 2Y\}=\iint\limits_{0<y<x\leqslant 2y}f(x,y)\mathrm{d}x\mathrm{d}y=\dfrac{1}{4}$

$P\{U=0,V=1\}=P\{X\leqslant Y,X>2Y\}=0$

$P\{U=1,V=1\}=P\{X>Y,X>2Y\}=P\{X>2Y\}=\iint\limits_{0<2y<x}f(x,y)\mathrm{d}x\mathrm{d}y=\dfrac{1}{2}$

(U,V) 的分布律如下

X \ U	0	1
0	$\dfrac{1}{4}$	0
1	$\dfrac{1}{4}$	$\dfrac{1}{2}$

129

第四章 随机变量的数字特征

(2)U 与 V 的边缘分布律如下

U	0	1
p	1/4	3/4

V	0	1
p	1/2	1/2

$$E(U)=3/4, E(V)=1/2$$

$$E(UV)=1\times1\times\frac{1}{2}=\frac{1}{2}$$

$$\mathrm{cov}(U,V)=E(UV)-E(U)\times E(V)=\frac{1}{2}-\frac{1}{2}\times\frac{3}{4}=\frac{1}{8}$$

$$E(U^2)=\frac{1}{4}, E(V^2)=\frac{1}{2}$$

$$D(U)=\frac{1}{4}-\left(\frac{3}{4}\right)^2=\frac{3}{16} \quad D(V)=\frac{1}{2}-\left(\frac{1}{2}\right)^2=\frac{1}{4}$$

故 $p_{UV}=\dfrac{\mathrm{cov}(U,V)}{\sqrt{D(U)}\sqrt{D(V)}}=\dfrac{\frac{1}{8}}{\frac{\sqrt{3}}{4}\cdot\frac{1}{2}}=\dfrac{\sqrt{3}}{3}$

15. 解题过程 引入实变量 t 的函数

$$g(t)=E[(V+W\cdot t)^2]=E(V^2)+2t\cdot E(VW)+t^2E(W^2)$$

对任意实数 t, $g(t)\geqslant0$, 因此 $\Delta=4E^2(VW)-4E(V^2)\cdot E(W^2)\leqslant0$

即 $[E(VW)]^2\leqslant E(V^2)E(W^2)$.

得证.

16. 解题过程 由题可知

$$E(X)=-2, E(Y)=2. D(X)=1, D(Y)=4, \rho_{XY}=-0.5$$

令 $Z=X+Y, E(Z)=E(X)+E(Y)=0$

$$D(Z)=D(X)+D(Y)+2\mathrm{cov}(X,Y)=1+4+2\times(-0.5)\times\sqrt{4}=3$$

所以 $P\{|X+Y|\geqslant6\}=P\{|Z|\geqslant6\}\leqslant\dfrac{D(Z)}{6^2}=\dfrac{3}{36}=\dfrac{1}{12}$

17. 解题过程 对于二维正态分布, X 与 Y 不相关等价于 X 与 Y 相互独立.

故 $f_{X|Y}(x|y)=\dfrac{f_{XY}(x,y)}{f_Y(y)}=\dfrac{f_X(x)\cdot f_Y(y)}{f_Y(y)}=f_X(x)$

∴ 选 A.

18. 解题过程 (1)当 $X=0, Y=0$ 时符合 $X=2Y$ $P(X=0, Y=0)=\dfrac{1}{4}$

当 $X=2, Y=1$ 时符合 $X=2Y$ $P(X=2, Y=1)=0$

故 $P\{X=2Y\}=P\{X=0, Y=0\}$ $P\{X=2, Y=1\}=\dfrac{1}{4}$

(2) $\mathrm{cov}(X-Y, Y)=\mathrm{cov}(X, Y)-D(y)$

$D(Y)=E(Y^2)-E^2(Y)$

Y 的概率分布为

Y	0	1	2
P	$\dfrac{1}{3}$	$\dfrac{1}{3}$	$\dfrac{1}{3}$

$E(Y)=0\times\dfrac{1}{3}+1\times\dfrac{1}{3}+2\times\dfrac{1}{3}=1$

$E(Y^2)=0\times\dfrac{1}{3}+1\times\dfrac{1}{3}+4\times\dfrac{1}{3}=\dfrac{5}{3}$

$D(Y)=E(Y^2)-E^2(Y)=\dfrac{5}{3}-1=\dfrac{2}{3}$

X 的概率分布为

X	0	1	2
P	$\dfrac{1}{2}$	$\dfrac{1}{3}$	$\dfrac{1}{6}$

$E(X)=0\times\dfrac{1}{3}+1\times\dfrac{1}{3}+2\times\dfrac{1}{6}=\dfrac{2}{3}$

XY 的概率分布为

XY	0	1	4
P	$\dfrac{7}{12}$	$\dfrac{1}{3}$	$\dfrac{1}{12}$

$E(XY)=0\times\dfrac{7}{12}+1\times\dfrac{1}{3}+4\times\dfrac{1}{12}=\dfrac{2}{3}$

$\mathrm{cov}(X, Y)=E(XY)-E(X)\cdot E(Y)$

$\qquad\quad =\dfrac{2}{3}-\dfrac{2}{3}\times 1$

$\qquad\quad =0$

故 $\mathrm{cov}(X-Y, Y)=0-\dfrac{2}{3}=-\dfrac{2}{3}$

第五章

大数定律与中心极限定理

本章知识结构图

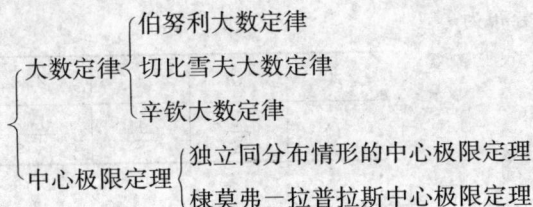

$$
\begin{cases}
\text{大数定律}
\begin{cases}
\text{伯努利大数定律}\\
\text{切比雪夫大数定律}\\
\text{辛钦大数定律}
\end{cases}\\
\text{中心极限定理}
\begin{cases}
\text{独立同分布情形的中心极限定理}\\
\text{棣莫弗—拉普拉斯中心极限定理}
\end{cases}
\end{cases}
$$

知识点归纳

■ 大数定律

设 $Y_1, Y_2, \cdots, Y_n, \cdots$ 是一个随机变量序列，a 是一个常数，若对任意正数 ε，有

$$\lim_{n\to\infty} P\{|Y_n - a| < \varepsilon\} = 1$$

则称序列 $Y_1, Y_2, \cdots, Y_n, \cdots$ 依概率收敛于 a，记为 $Y_n \xrightarrow{P} a$.

$Y_n \xrightarrow{P} a$ 的直观解释是：对任意 $\varepsilon > 0$，当 n 充分大时，"Y_n 与 a 的偏差大于或等于 ε"这一事件 $\{|Y_n - a| \geqslant \varepsilon\}$ 发生的概率很小（收敛于 0）.

依概率收敛序列的性质：设 $X_n \xrightarrow{P} a, Y_n \xrightarrow{P} b$，又设 $g(x,y)$ 在点 (a,b) 连续，则 $g(X_n, Y_n) \xrightarrow{P} g(a,b)$.

1 伯努利大数定律

设试验 E 是可重复进行的,事件 A 在每次试验中出现的概率 $P(A)=p(0<p<1)$,将试验独立地进行 n 次,用 n_A 表示其中事件 A 出现的次数,则对于任意正数 ε,有

$$\lim_{n \to \infty} P\{|\frac{n_A}{n}-p|<\varepsilon\}=1 \text{ 或 } \lim_{n \to \infty} P\{|\frac{n_A}{n}-p|\geqslant\varepsilon\}=0$$

若记

$$X_i = \begin{cases} 1, & \text{第 } i \text{ 次试验中事件 } A \text{ 出现} \\ 0, & \text{第 } i \text{ 次试验中事件 } A \text{ 不出现} \end{cases}$$

则

$$n_A = \sum_{i=1}^{n} X_i, \frac{n_A}{n} = \frac{1}{n}\sum_{i=1}^{n} X_i, p = \frac{1}{n}\sum_{i=1}^{n} P(A) = \frac{1}{n}\sum_{i=1}^{n} E(X_i)$$

所以伯努利大数定律又可写成

$$\lim_{n \to \infty} P\{|\frac{1}{n}\sum_{i=1}^{n} X_i - \frac{1}{n}\sum_{i=1}^{n} E(X_i)|<\varepsilon\}=1$$

一般地,若随机变量序列 $X_1, X_2, \cdots, X_n, \cdots$ 的数学期望都存在,且满足上式,则称随机变量序列 $\{X_n\}$ 满足大数定律.

2 切比雪夫大数定律

切比雪夫大数定律:设 $X_1, X_2, \cdots$ 是一列相互独立的随机变量,若存在 $c>0$,使 $D(X_i) \leqslant c, i=1, 2, \cdots$,则对任意正数 ε 有

$$\lim_{n \to \infty} P\{|\frac{1}{n}\sum_{i=1}^{n} X_i - \frac{1}{n}\sum_{i=1}^{n} E(X_i)|<\varepsilon\}=1$$

切比雪夫大数定律的特殊情况:设随机变量 $X_1, X_2, \cdots, X_n, \cdots$ 相互独立,且具有相同的数学期望和方差:$E(X_k)=\mu, D(X_k)=\sigma^2(k=1,2,\cdots)$,作前 n 个随机变量的算术平均 $\overline{X}=\frac{1}{n}\sum_{k=1}^{n} X_k$,则对任意正数 ε,有

$$\lim_{n \to \infty} P\{|\overline{X}-\mu|<\varepsilon\} = \lim_{n \to \infty} P\{|\frac{1}{n}\sum_{k=1}^{n} X_k - \frac{1}{n}\sum_{k=1}^{n} E(X_k)|<\varepsilon\}=1$$

3 辛钦大数定律

设随机变量 $X_1, X_2, \cdots, X_n, \cdots$ 相互独立,服从同一分布,具有数学期望 $E(X_k)=\mu(k=1,2,\cdots)$,则对于任意正数 ε,有

$$\lim_{n \to \infty} P\{|\frac{1}{n}\sum_{k=1}^{n} X_k - \mu|<\varepsilon\}=1$$

设 $X_1,X_2,\cdots,X_n,\cdots$ 相互独立,$D(X_i)(i=1,2,\cdots)$ 存在,将随机变量 $\sum_{i=1}^{n}X_i$ 标准化,得

$$Y_n=\frac{\sum_{i=1}^{n}X_i-\sum_{i=1}^{n}E(X_i)}{\sqrt{D(\sum_{i=1}^{n}X_i)}}$$

则不管 $X_i(i=1,2,\cdots)$ 服从什么分布,在一定条件下,当 $n\to\infty$ 时,Y_n 的分布函数的极限总是标准正态分布的分布函数.

1 独立同分布情形的中心极限定理

设随机变量 $X_1,X_2,\cdots,X_n,\cdots$ 相互独立,且服从同一分布,具有数学期望和方差:$E(X_i)=u$, $D(X_i)=\sigma^2>0(i=1,2,\cdots)$,则随机变量之和 $\sum_{i=1}^{n}X_i$ 的标准化变量

$$Y_n=\frac{\sum_{i=1}^{n}X_i-E(\sum_{i=1}^{n}X_i)}{\sqrt{D(\sum_{i=1}^{n}X_i)}}=\frac{\sum_{i=1}^{n}X_i-n\mu}{\sqrt{n}\sigma}$$

的分布函数 $F_n(x)$ 对于任意 x 满足:

$$\lim_{n\to\infty}F_n(x)=\lim_{n\to\infty}P\left\{\frac{\sum_{i=1}^{n}X_i-n\mu}{\sqrt{n}\sigma}\leqslant x\right\}=\frac{1}{\sqrt{2\pi}}\int_{-\infty}^{x}e^{-\frac{t^2}{2}}dt=\varphi(x)$$

2 棣莫弗－拉普拉斯中心极限定理

设随机变量 $\eta_n(n=1,2,\cdots)$ 服从参数为 $n,p(0<p<1)$ 的二项分布,则对于任意 x,有

$$\lim_{n\to\infty}P\left\{\frac{\eta_n-np}{\sqrt{np(1-p)}}\leqslant x\right\}=\int_{-\infty}^{x}\frac{1}{\sqrt{2\pi}}e^{-\frac{t^2}{2}}dt=\varphi(x)$$

棣莫弗－拉普拉斯中心极限定理可写成如下更实用的形式:

当 n 充分大时,对任意 $a<b$,有

$$P\{a\leqslant\eta_n\leqslant b\}=P\left\{\frac{a-np}{\sqrt{np(1-p)}}\leqslant\frac{\eta_n-np}{\sqrt{np(1-p)}}\leqslant\frac{b-np}{\sqrt{np(1-p)}}\right\}\approx\Phi\left(\frac{b-np}{\sqrt{np(1-p)}}\right)-\Phi\left(\frac{a-np}{\sqrt{np(1-p)}}\right)$$

典型题型归类

■ 大数定律与中心极限定理

例1　一个部件包括 10 部分,每部分的长度是一个随机变量,它们相互独立,且服从同一分布,其数学期望为 2mm,均方差为 0.05mm,规定总长度为 $(20+0.1)$mm 时产品合格,试求产品合格的概率.

【分析】　利用独立同分布中心极限定理.

【解】　设这个部件包括的 10 部分长度分别为 $X_1, X_2, \cdots, X_{10}$,它们相互独立且服从同一分布,则得

$$E(X_i) = 2, D(X_i) = 0.05^2$$

设总长度为　$Y = \sum_{i=1}^{10} X_i$

$$E(Y) = \sum_{i=1}^{10} E(X_i) = 10 \times 2 = 20$$

$$D(Y) \sum_{i=1}^{10} D(X_i) = 10 \times 0.05^2 = 0.025$$

规定总长度 Y 为 (20 ± 0.1)mm 时产品合格,即当 $|Y-20| < 0.1$ 时产品合格.

合格概率为

$$
\begin{aligned}
P\{|Y-20| < 0.1\} &= P\left\{\frac{|Y-20|}{\sqrt{0.025}} < \frac{0.1}{\sqrt{0.025}}\right\} \\
&= P\left\{\frac{|Y-20|}{\sqrt{0.025}} < 0.6325\right\} \\
&\approx 2\Phi(0.6325) - 1 \\
&= 2 \times 0.7357 - 1 \\
&= 0.4714
\end{aligned}
$$

例2　有一批建筑房屋用的木柱,其中 80% 的长度不短于 3m. 现从这批木柱中随机地取出 100 根,问其中至少有 30 根短于 3m 的概率是多少?

【分析】　从一批木柱中随机地取出 100 根,不放回抽样近似看作放回抽样,对 100 根木柱长度的测量看成是进行 100 次的伯努利试验. 则本题利用棣莫弗—拉普拉斯中心极限定理.

【解】　设随机变量

$$
x_i = \begin{cases} 1, \text{第 } i \text{ 根木柱长度短于 3m} \\ 0, \text{第 } i \text{ 根木柱长度不短于 3m} \end{cases}
$$

已知 $P\{X_i=1\}=0.20, P\{X_i=0\}=0.80$,则随机变量 $X=\sum\limits_{i=1}^{100}X_i$ 表示 100 根木柱中长度

短于 3m 的根数, $X\sim b(100,0.20)$

$E(X)=100\times0.20=20$

$D(X)=100\times0.20\times0.80=16$

由棣莫弗—拉普拉斯中心极限定理,得

$$P\{X\geqslant30\}=1-P\{X<30\}=1-P\left\{\frac{X-20}{\sqrt{16}}<\frac{30-20}{\sqrt{16}}\right\}$$

$$=1-P\left\{\frac{X-20}{4}<2.5\right\}\approx1-\Phi(2.5)$$

$$=1-0.9938=0.0062$$

习题全解

习题 5-1、2

1. **分析** 注意概率不可大于 1.

证明 令 $\overline{X}=\frac{1}{n}\sum\limits_{i=1}^{n}X_i$,得 $E(\overline{X})=\frac{1}{n}\sum\limits_{i=1}^{n}E(X_i)$, $D(\overline{X})=\frac{1}{n^2}\sum\limits_{i=1}^{n}D(X_i)\leqslant\frac{nc}{n^2}=\frac{c}{n}$

对任意 $\varepsilon>0$,根据切比雪夫不等式得

$$P\left\{\left|\overline{X}-\frac{1}{n}\sum\limits_{i=1}^{n}E(X_i)\right|<\varepsilon\right\}\geqslant1-\frac{D(\overline{X})}{\varepsilon^2}\geqslant1-\frac{c}{\varepsilon^2n}$$

取 $n\rightarrow+\infty$ 可得

$$\lim\limits_{n\rightarrow+\infty}P\left\{\left|\frac{1}{n}\sum\limits_{i=1}^{n}(X_i)-\frac{1}{n}\sum\limits_{i=1}^{n}E(X_i)\right|<\varepsilon\right\}=1$$

2. **证明** $E(X_k)=-ka\cdot\frac{1}{2k^2}+0+ka\cdot\frac{1}{2k^2}=0$

$$E(X_k{}^2)=(ka)^2\cdot\frac{1}{2k^2}+0+(ka)^2\cdot\frac{1}{2k^2}=a^2$$

$$D(X_k)=E(X_k{}^2)-[E(X_k)]^2=a^2, k=1,2,\cdots$$

故 $X_1,\cdots,X_n,\cdots$ 相互独立有相同的期望、方差,故满足切比雪夫大数定律.

3. **解题过程** 设 Y 为次品件数

令 $X_i = \begin{cases} 1, & \text{到第 } i \text{ 件时为次品} \\ 0, & \text{到第 } i \text{ 件时为正品} \end{cases}$

则 $Y = \sum\limits_{i=1}^{n} X_i, E(X_i) - \dfrac{1}{6}, D(X_i) = \dfrac{1}{6} \times \left(1 - \dfrac{1}{6}\right) = \dfrac{5}{36}$

根据中心极限定理

$$P\{40 \leqslant Y \leqslant 60\} = P\left\{\dfrac{40 - 300 \times \frac{1}{6}}{\sqrt{300 \times \frac{1}{6} \times \frac{5}{6}}} \leqslant \dfrac{Y - 300 \times \frac{1}{6}}{\sqrt{300 \times \frac{5}{36}}} \leqslant \dfrac{60 - 300 \times \frac{1}{6}}{\sqrt{300 \times \frac{1}{6} \times \frac{5}{6}}}\right\}$$

$$\approx \Phi\left[\dfrac{60 - 50}{\sqrt{300 \times \frac{5}{36}}}\right] - \Phi\left[\dfrac{40 - 50}{\sqrt{300 \times \frac{5}{36}}}\right] \approx 0.8788$$

4. 解题过程 $x \sim U(-0.5, 0.5)$，所以 $E(X) = 0$，$D(X) = \dfrac{1}{12}$

记 X_i 为第 i 次数值计算的误差 $(i = 1, 2, \cdots, 100)$

$$\overline{X} = \dfrac{1}{100} \sum_{i=1}^{100} X_i, \quad E(\overline{X}) = \dfrac{1}{100} \sum_{i=1}^{100} E(X_i) = 0$$

$$D(\overline{X}) = \dfrac{1}{100^2} \sum_{i=1}^{100} D(X_i) = \dfrac{1}{1200}$$

故 $\dfrac{\overline{X} - 0}{\sqrt{\frac{1}{1200}}}$ 近似服从标准正态分布.

则 $P\left\{-\dfrac{\sqrt{3}}{20} \leqslant \overline{X} \leqslant \dfrac{\sqrt{3}}{20}\right\} = P\left\{\dfrac{-\frac{\sqrt{3}}{20} - 0}{\sqrt{\frac{1}{1200}}} \leqslant \dfrac{\overline{X}}{\sqrt{\frac{1}{\sqrt{1200}}}} \leqslant \dfrac{\frac{\sqrt{3}}{20} - 0}{\sqrt{\frac{1}{1200}}}\right\}$

$$= P\left\{-3 \leqslant \dfrac{\overline{X}}{\sqrt{\frac{1}{1200}}} \leqslant 3\right\} = \Phi(3) - \Phi(-3) = 2\Phi(3) - 1$$

$$= 0.9974$$

5. 解题过程 记 X 表示投保的 3000 人中 1 年内死亡数, 故 $X \sim (3000, 0.001)$

$E(X) = np = 3000 \times 0.001 = 3$，$D(X) = npq = 3000 \times 0.001 \times 0.999 = 2.997$

保险公司亏本即 $2000X \geqslant 3000 \times 10, X \geqslant 15$

由中心极限定理，得 $\dfrac{X - 3}{\sqrt{2.997}} \sim N(0, 1)$

所以 $P\{X\geqslant 15\}=P\left\{\dfrac{X-3}{\sqrt{2.997}}\geqslant\dfrac{15-3}{\sqrt{2.997}}\right\}=1-\Phi(6.932)=0$

即公司亏本概率为 0.

6. 解题过程 (1)记售出第 i 只蛋糕的价格为 $X_i(i=1,2,\cdots,300)$

则 $\qquad X_i\sim\begin{bmatrix}1 & 1.2 & 1.5\\0.3 & 0.2 & 0.5\end{bmatrix}$

$E(X_i)=0.3+0.24+0.75=1.29$

$D(X_i)=1.713$

故 $X=\sum\limits_{i=1}^{300}X_i$

$E(X)=\sum\limits_{i=1}^{300}E(X_i)=300\times1.29=387$

$D(X)=\sum\limits_{i=1}^{300}D(X_i)=300\times1.713=513.9$

由中心极限定理,得

$\dfrac{X-387}{\sqrt{513.9}}\sim N(0,1)$

$P\{X\geqslant 400\}=1-P\{X<400\}=1-\Phi\left\{\dfrac{400-387}{\sqrt{513.9}}\right\}=1-\Phi(0.57)=0.2843$

(2)引入随机变量 Y_i, $Y_i=\begin{cases}1,\text{售出价格为 1.2 元}\\0,\text{售出价格不为 1.2 元}\end{cases}$ $(i=1,2,\cdots,300)$

$P\{Y_i=1\}=0.2,P\{Y_i=0\}=1-0.2=0.8$

$E(Y_i)=0.2,D(Y_i)=0.16.$

$Y=\sum\limits_{i=1}^{300}Y_i,E(Y)=\sum\limits_{i=1}^{300}E(Y_i)=0.2\times300=60$

$D(Y)=\sum\limits_{i=1}^{300}D(Y_i)=0.16\times300=48$

由中心极限定理,得

$\dfrac{Y-E(Y)}{\sqrt{D(Y)}}$ 近似服从正态分布 $N(0,1)$.

故 $P\{Y>60\}=1-P\{Y\leqslant 60\}=1-P\left\{\dfrac{Y-60}{\sqrt{48}}\leqslant\dfrac{60-60}{\sqrt{48}}\right\}=1-\Phi(0)=0.5$

即售出 1.2 元的蛋糕多于 60 只的概率为 0.5.

7. 解题过程 记随机变量 X 表示需要使用外线,则 $X \sim b(260, 0.04)$

$E(X) = 260 \times 0.04 = 10.4, D(X) = 260 \times 0.04 \times 0.96 = 9.984$

由中心极限定理,得

$$\frac{X - E(X)}{\sqrt{D(X)}} \sim N(0, 1)$$

设要安装 m 条外线,才能以 95% 以上的概率保证每部电话需要使用外线通话时可以打通.

$$P\{X \leqslant m\} = P\left\{\frac{X - 10.4}{\sqrt{9.984}} \leqslant \frac{m - 10.4}{\sqrt{9.984}}\right\} \approx \Phi\left(\frac{m - 10.4}{\sqrt{9.984}}\right) \geqslant 95\%$$

得 $m \geqslant 16$.

即至少要装 16 条外线.

8. 解题过程 记随机变量 X 为掷硬币 n 次正面出现的次数,则 $X \sim b(n, 0, 5)$

$E(X) = 0.5n, D(X) = 0.5 \times 0.5 \times n = 0.25n$

由切比雪夫不等式得

$$P\left\{0.4 < \frac{X}{n} < 0.6\right\} = P\{|X - 0.5n| < 0.1n\}$$

$$\geqslant 1 - \frac{0.25n}{(0.1)^2} = 1 - \frac{25}{n} \geqslant 0.9$$

故 $n \geqslant 250$

由中心极限定理估计

$$P\left\{0.4 < \frac{X}{n} < 0.6\right\} = P\{0.4n < X < 0.6n\} = P\left\{\frac{0.4n - 0.5n}{\sqrt{0.25n}} < \frac{X - 0.5n}{\sqrt{0.25n}} < \frac{0.6n - 0.5n}{\sqrt{0.25n}}\right\}$$

$$= 2\Phi\left(\frac{0.1n}{\sqrt{0.25n}}\right) - 1 \geqslant 0.9$$

故 $n \geqslant 68$

易得中心极限定理更精确.

9. 解题过程 $(1) E(\bar{X}) = \frac{80 \times 5}{80} = 5, D(\bar{X}) = \frac{80 \times 0.3}{80^2} = \frac{3}{800}$

由中心极限定理可得 $\frac{\bar{X} - E(\bar{X})}{\sqrt{D(\bar{X})}}$ 近似服从标准正态分布.

$$P\{4.9<\overline{X}<5.1\}=P\left\{\frac{4.9-5}{\sqrt{\frac{3}{800}}}<\frac{\overline{X}-5}{\sqrt{\frac{3}{800}}}<\frac{5.1-5}{\sqrt{\frac{3}{800}}}\right\}$$

$$=P\left\{\frac{-0.1}{\sqrt{\frac{3}{800}}}<\frac{\overline{X}-5}{\sqrt{\frac{3}{800}}}<\frac{0.1}{\sqrt{\frac{3}{800}}}\right\}$$

$$=2\Phi\left(\frac{0.1}{\sqrt{\frac{3}{800}}}\right)-1=0.8968$$

$$(2)E(\overline{X}-\overline{Y})=0,D(\overline{X}-\overline{Y})=D(\overline{X})+D(\overline{Y})=\frac{3}{400}$$

$$P\{-0.1<\overline{X}-\overline{Y}<0.1\}=P\left\{\frac{-0.1}{\sqrt{\frac{3}{400}}}<\frac{\overline{X}-\overline{Y}}{\sqrt{\frac{3}{400}}}<\frac{0.1}{\sqrt{\frac{3}{400}}}\right\}$$

$$=2\Phi\left(\frac{0.1}{\sqrt{\frac{3}{400}}}\right)-1=0.7498$$

*10. 解题过程 由题意,得

$$E(\xi_i^2)=a_2,E(\xi_i^4)=a_4,则$$

$$D(\xi_i^2)=E(\xi_i^4)-E^2(\xi_i^2)=a_4-a_2^2$$

故 $E(\eta_n)=E\left[\frac{1}{n}\sum_{i=1}^{n}\xi_i^2\right]=\frac{1}{n}\sum_{i=1}^{n}E(\xi_i^2)=a_2\times n\times\frac{1}{n}=a_2$

$$D(\eta_n)=\frac{1}{n^2}\sum_{i=1}^{n}D(\xi_i^2)=\frac{1}{n^2}\sum_{i=1}^{n}(a_4-a_2^2)=(a_4-a_2^2)\times n\times\frac{1}{n^2}=\frac{a_4-a_2^2}{n}$$

又 $\xi_1,\xi_2\cdots\xi_n$ 相互独立且同分布,由中心极限定理可知 η_n 近似服从正态分布,N

$\left(a_2,\frac{a_4-a_2^2}{n}\right)$

*11. 解题过程 证 $E(Y_n)=\frac{2}{n(n+1)}\sum_{k=1}^{n}ku=u$

$$D(Y_n)=\frac{4}{n^2(n+1)^2}\sum_{k=1}^{n}k^2\sigma^2=\frac{4(2n+1)}{6n(n+1)}\sigma^2$$

但取 $\varepsilon>0$,由切比雪夫不等式

$$P\{Y_n-E(Y_n)|\geqslant\xi\}=P\{|Y_n-\mu|\geqslant\xi\}\leqslant\frac{P(Y_n)}{\xi^2}=\frac{4(2n+1)\sigma^2}{6n(n+1)\xi^2}$$

令 $n\rightarrow+\infty$,知 $\lim_{n\rightarrow\infty}P\{|Y_n-\mu|\geqslant\xi\}=0$. 即 $\{Y_n\}$ 依概率收敛于 μ.

第六章

样本及抽样分布

本章知识结构图

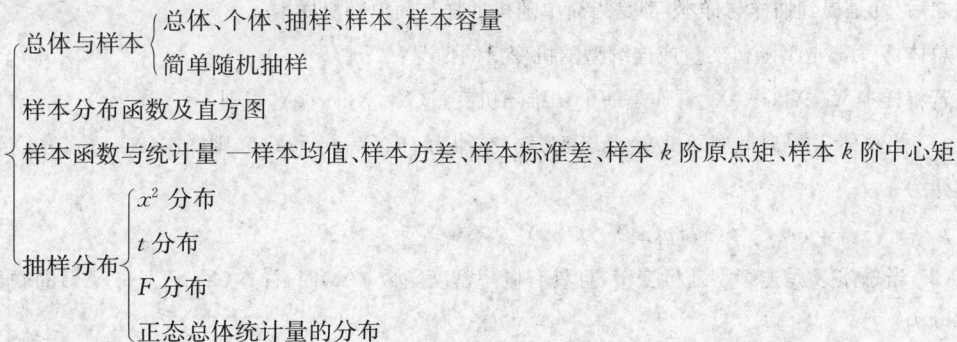

$$
总体与样本
\begin{cases}
总体、个体、抽样、样本、样本容量 \\
简单随机抽样
\end{cases}
$$

样本分布函数及直方图

样本函数与统计量 —样本均值、样本方差、样本标准差、样本 k 阶原点矩、样本 k 阶中心矩

$$
抽样分布
\begin{cases}
x^2 \ 分布 \\
t \ 分布 \\
F \ 分布 \\
正态总体统计量的分布
\end{cases}
$$

知识点归纳

■ 总体与样本

1 数理统计的几个相关概念

　　总体与个体:统计问题所研究对象的全体称为总体(或母体),而把组成总体的各个元素称为个体. 代表总体的指标是一个随机变量 X,所以总体就是指某个随机变量 X 可能取值的全体.

　　抽样:从总体抽取一个个体就是对代表总体的随机变量 X 进行一次试验(或观测),得到 X 的一個试验数据(或观测值). 从总体中抽取一部分个体就是对随机变量 X 进行若干次试验(观测). 从总体中抽取若干个个体的过程称为抽样.

样本与样本容量:抽样结果得到 X 的一组试验数据(观测值),称为样本(或子样);样本中所含个体的数量称为样本容量.

2 简单随机抽样

简单随机抽样:从总体中抽取样本一般假设满足下述两个条件:

(1) 随机性:为使样本具有充分的代表性,抽样必须是随机的;

(2) 独立性:各次抽样必须是相互独立的.

这种随机的、独立的抽样方法称为简单随机抽样.

简单随机样本:由简单随机抽样得到的样本,即从总体中随机地抽取 n 个个体,记为 $X_1, X_2, \cdots, X_n$. 若 $X_1, X_2, \cdots, X_n$ 相互独立,且每个 $X_i, i=1,2,\cdots,n$ 都与总体 X 分布相同,则称 $X_1, X_2, \cdots, X_n$ 为来自总体 X 的容量为 n 的简单随机样本,它们的观测值记为 $x_1, x_2, \cdots, x_n$,称为样本值.

之后,凡是提到抽样与样本,都是指简单随机抽样与简单随机样本.

总体 X 为离散型随机变量或连续型随机变量的情况:

若将样本 $X_1, X_2, \cdots, X_n$ 看作是一个 n 维随机变量 $(X_1, X_2, \cdots, X_n)$,则

(1) 当总体 X 是离散型随机变量,若记其分布律为 $P\{X=x\}=p(x)$,则样本 $(X_1, X_2, \cdots, X_n)$ 的分布律为

$$p^*(x_1, x_2, \cdots, x_n) = p(x_1)p(x_2)\cdots p(x_n)$$

(2) 当总体 X 是连续型随机变量,且具有概率密度函数 $f(x)$ 时,样本 $(X_1, X_2, \cdots, X_n)$ 的联合概率密度为

$$f^*(x_1, x_2, \cdots, x_n) = f(x_1)f(x_2)\cdots f(x_n)$$

■ 样本分布函数及性质

1 样本分布函数

我们把总体 X 的分布函数 $F(x)=P\{X\leqslant x\}$ 称为总体分布函数.

从总体中抽取容量为 n 的样本,得到 n 个样本观测值,若样本容量 n 较大,则相同的观测值可能重复出现若干次,为此,应当把这些观测值整理,并写入下面的样本频率分布表:

观测值	$x_{(1)}$	$x_{(2)}$	$\cdots$	$x_{(l)}$	总计
频数	n_1	n_2	$\cdots$	n_l	n
频率	f_1	f_2	$\cdots$	f_l	f

其中
$$x_{(1)} < x_{(2)} < \cdots < x_{(l)} \quad (l \leqslant n)$$
$$f_i = \frac{n_i}{n} \quad (i = 1, 2, \cdots, l)$$
$$\sum_{i=1}^{l} n_i = n, \sum_{i=1}^{l} f_i = 1$$

设函数
$$F_n(x) = \begin{cases} 0, & x \leqslant x_{(1)} \\ \sum_{x_{(i)} \leqslant x} f_i, & x_{(i)} \leqslant x < x_{(i+1)} \quad (i = 1, 2, \cdots, l-1) \\ 1, & x \geqslant x_{(l)} \end{cases}$$

其中和式 $\sum_{x_{(i)} \leqslant x} f_i$ 是对小于或等于 x 的一切 $x_{(i)}$ 的频率 f_i 求和,则称 $F_n(x)$ 为样本分布函数或经验分布函数.

样本分布函数的性质:

(1) $0 \leqslant F_n(x) \leqslant 1$;

(2) $F_n(x)$ 是非减函数;

(3) $F_n(-\infty) = 0, F_n(+\infty) = 1$;

(4) $F_n(x)$ 在每个观测值 $x_{(i)}$ 处是右连续的,点 $x_{(i)}$ 是 $F_n(x)$ 的跳跃间断点,$F_n(x)$ 在该点的跃度就等于频率 f_i.

2 直方图

数理统计中研究连续型随机变量 X 的样本分布时,通常需要作出样本的频率直方图,简称直方图.

作直方图的步骤:

(1) 找出样本观测值 $x_1, x_2, \cdots, x_n$ 中的最小值与最大值,分别记作 x_1^* 与 x_n^*,即
$$x_1^* = \min(x_1, x_2, \cdots, x_n), x_n^* = \max(x_1, x_2, \cdots, x_n)$$

(2) 适当选取略小于 x_1^* 的数 a 与略大于 x_n^* 的数 b,并用分点
$$a = t_0 < t_1 < t_2 < \cdots < t_{l-1} < t_l = b$$
把区间 (a, b) 分成 l 个子区间
$$[t_0, t_1), [t_1, t_2), \cdots, [t_{i-1}, t_i), \cdots, [t_{l-1}, t_l)$$
第 i 个子区间的长度为 $\Delta t_i = t_i - t_{i-1}, i = 1, 2, \cdots, l$.

各子区间的长度可以相等也可以不等,个数 l 一般取为 8 至 15 个,分点 t_i 应比样本观测值 x_i 多取一位小数.

(3) 把所有样本观测值逐个分到各个区间内,并计算样本观测值落在各子区间内的频数 n_i 及频

率 $f_i = \dfrac{n_i}{n}(i=1,2,\cdots,l)$.

（4）在 Ox 轴上截取各子区间，并以各子区间为底，以 $\dfrac{f_i}{t_i - t_{i-1}}$ 为高作小矩形，各个小矩形的面积

ΔS_i 就等于样本观测值落在该子区间内的频率，即

$$\Delta S_i = (t_i - t_{i-1})\frac{f_i}{t_i - t_{i-1}} = f_i \quad (i=1,2,\cdots,l)$$

所有小矩形的面积的和等于 1：

$$\sum_{i=1}^{l} \Delta S_i = \sum_{i=1}^{l} f_i = 1$$

这样做出的所有小矩形就构成了直方图.

例 1 设总体 X 的 100 个样本观测值如表：

观测值 x_i	1	2	3	4	5	6
频数 n_i	15	21	25	20	12	7

求总体 X 的样本分布函数 $F_n(x)$（请同学自己动手画出直方图）.

【解】 $F(x) = \sum\limits_{x_i \leqslant x} \dfrac{n_i}{100}$

$$f_{100}(x) = \begin{cases} 0, & x < 1 \\[2mm] \dfrac{15}{100}, & 1 \leqslant x < 2 \\[2mm] \dfrac{1}{100}(15+21), & 2 \leqslant x < 3 \\[2mm] \dfrac{1}{100}(15+21+25), & 3 \leqslant x < 4 \\[2mm] \dfrac{1}{100}(15+21+25+20), & 4 \leqslant x < 5 \\[2mm] \dfrac{1}{100}(15+21+25+20+12), & 5 \leqslant x < 6 \\[2mm] \dfrac{1}{100}(15+21+25+20+12+7), & x \geqslant 6 \end{cases}$$

故

$$f_{100}(x) = \begin{cases} 0, & x < 1 \\ 0.15, & 1 \leqslant x < 2 \\ 0.36, & 2 \leqslant x < 3 \\ 0.61, & 3 \leqslant x < 4 \\ 0.81, & 4 \leqslant x < 5 \\ 0.93, & 5 \leqslant x < 6 \\ 1, & x \geqslant 6 \end{cases}$$

■ 样本函数与统计量

1 样本函数与统计量

设 $X_1, X_2, \cdots, X_n$ 是来自总体 X 的一个样本，$g(X_1, X_2, \cdots, X_n)$ 是样本 $X_1, X_2, \cdots, X_n$ 的函数，且不含未知参数，则称 $g(X_1, X_2, \cdots, X_n)$ 是一个统计量.

统计量是且只是样本的函数，因此统计量也是随机变量.

2 常用的统计量及观测值

(1) 样本均值：
$$\overline{X} = \frac{1}{n} \sum_{i=1}^{n} X_i$$

其观测值记为
$$\overline{x} = \frac{1}{n} \sum_{i=1}^{n} x_i$$

(2) 样本方差：
$$S^2 = \frac{1}{n-1} \sum_{i=1}^{n} (X_i - \overline{X})^2 = \frac{1}{n-1} \left(\sum_{i=1}^{n} X_i^2 - n\overline{X}^2 \right)$$

其观测值记为
$$s^2 = \frac{1}{n-1} \sum_{i=1}^{n} (x_i - \overline{x})^2 = \frac{1}{n-1} \left(\sum_{i=1}^{n} x_i^2 - n\overline{x}^2 \right).$$

(3) 样本标准差：
$$S = \sqrt{S^2} = \sqrt{\frac{1}{n-1} \sum_{i=1}^{n} (X_i - \overline{X})^2}$$

其观测值记为
$$s = \sqrt{s^2} = \sqrt{\frac{1}{n-1} \sum_{i=1}^{n} (x_i - \overline{x})^2}$$

(4) 样本 k 阶原点矩：
$$A_k = \frac{1}{n} \sum_{i=1}^{n} X_i^k, \; k = 1, 2, \cdots$$

其观测值记为
$$a_k = \frac{1}{n} \sum_{i=1}^{n} x_i^k, \; k = 1, 2, \cdots$$

(5) 样本 k 阶中心矩：
$$B_k = \frac{1}{n} \sum_{i=1}^{n} (X_i - \overline{X})^k, \; k = 1, 2, \cdots$$

其观测值记为
$$b_k = \frac{1}{n}\sum_{i=1}^{n}(x_i - \bar{x})^k, \ k = 1, 2, \cdots$$

例 2 设总体 $x \sim \pi(\lambda)$,其中 λ 未知,$X_1, X_2, \cdots, X_n$ 是来自总体 X 的一个样本,指出 $\overline{X} \max_{1 \leqslant j \leqslant n}\{X_j\}$ 和 $X_n + 2\lambda(X_n - X_1)^2$ 哪个是统计量? 哪个不是统计量?

【解】 $\overline{X} \max_{1 \leqslant i \leqslant n}\{X_i\}$ 是统计量,$X_n + 2\lambda(X_n - X_i)^2$ 因为含未知参数 λ,所以不是统计量.

抽样分布

1 χ^2 分布

设 $X_1, X_2, \cdots, X_n$ 是来自总体 $N(0,1)$ 的样本,则称统计量
$$\chi^2 = X_1^2 + X_2^2 + \cdots + X_n^2$$
服从自由度为 n 的 χ^2 分布,记为 $\chi^2 \sim \chi^2(n)$. 此处,自由度是指上式中右端包含的独立变量个数.

$\chi^2(n)$ 分布的概率密度为
$$f(y) = \begin{cases} \dfrac{1}{2^{n/2}\Gamma(n/2)}y^{n/2-1}\mathrm{e}^{-y/2}, & y > 0 \\ 0, & \text{其他} \end{cases}$$

$f(y)$ 的图形如图 6-1 所示.

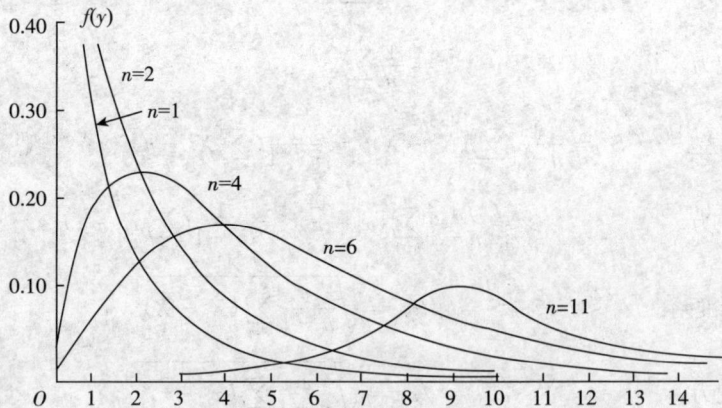

图 6-1　$f(y)$ 的图形

χ^2 分布的可加性:设 $\chi_1^2 \sim \chi^2(n_1)$,$\chi_2^2 \sim \chi^2(n_2)$,并且 χ_1^2, χ_2^2 独立,则
$$\chi_1^2 + \chi_2^2 \sim \chi^2(n_1 + n_2)$$
此结论可推广:设 $X_i \sim \chi^2(n_i)$ $(i = 1, 2, \cdots, k)$ 且相互独立,则

$$\sum_{i=1}^{k} X_i \sim \chi^2\left(\sum_{i=1}^{k} n_i\right)$$

χ^2 分布的数学期望和方差:若 $\chi^2 \sim \chi^2(n)$,则有

$$E(\chi^2) = n, D(\chi^2) = 2n$$

χ^2 分布的分位点:设有分布函数 $F(x)$,对给定的 $\alpha(0 < \alpha < 1)$,若有

$$P\{X > x_\alpha\} = \alpha$$

则称点 x_α 为 $F(x)$ 的上 α 分位点. 当 $F(x)$ 有概率密度 $f(x)$ 时,上式可写成

$$P\{X > x_\alpha\} = \int_{x_\alpha}^{+\infty} f(x)\mathrm{d}x = \alpha$$

称满足 $F(x_\alpha) = \alpha$ 的 x_α 为 F 的下 α 分位点.

由上述定义得 $\chi^2(n)$ 分布的上 α 分位点为

$$P\{\chi^2 > \chi^2_\alpha(n)\} = \int_{\chi^2_\alpha(n)}^{+\infty} f(y)\mathrm{d}y = \alpha$$

例 3 设 X_1, X_2, X_3, X_4 是来自总体 $X \sim N(0, 2^2)$ 的样本,$Y = a(X_1 - 2X_2)^2 + b(3X_3 - 4X_4)^2$. 问 a、b 为何值时,统计量 Y 服从自由度为多少的 X^2 分布?

【解】 由题意知,

$x_i \sim N(0, 2^2)(i = 1, 2, 3, 4)$ 且相互独立.

因此 $X_1 - 2X_2 \sim N(0, \sqrt{20}^2)$

$\qquad 3X_3 - 4X_4 \sim N(0, 10^2)$

从而 $\dfrac{X_1 - 2X_2}{\sqrt{20}} \sim N(0, 1), \dfrac{3X_3 - 4X_4}{10} \sim N(0, 1)$

且 $\dfrac{X_1 - 2X_2}{\sqrt{20}}$ 与 $\dfrac{3X_3 - 4X_4}{10}$ 相互独立.

根据 X^2 分布的定义有

$$Y = \frac{1}{20}(X_1 - 2X_2)^2 + \frac{1}{100}(3X_3 - 4X_4)^2 \sim X^2(2)$$

所以 $a = \dfrac{1}{20}, b = \dfrac{1}{100}$,自由度 $n = 2$.

2 t 分布

设 $X \sim N(0, 1), Y \sim \chi^2(n)$,且 X 和 Y 独立,则称随机变量

$$t = \frac{X}{\sqrt{Y/n}}$$

服从自由度为 n 的 t 分布. 记为 $t \sim t(n)$.

t 分布又称为学生氏（student）分布，$t(n)$ 分布的概率密度函数为

$$h(t) = \frac{\Gamma[(n+1)/2]}{\sqrt{\pi n}\Gamma(n/2)}\left(1+\frac{t^2}{n}\right)^{-(n+1)/2}, \ -\infty < t < \infty$$

$h(t)$ 的图形如图 6-2 所示.

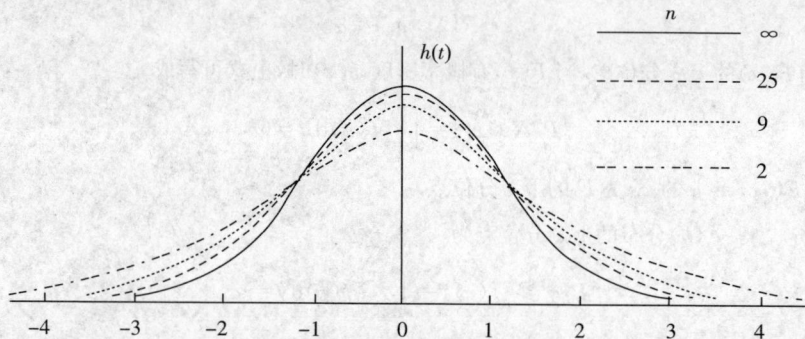

图 6-2 $h(t)$ 的图形

利用 Γ 函数的性质有 $\lim\limits_{n \to \infty} h(t) = \frac{1}{\sqrt{2\pi}}\mathrm{e}^{-t^2/2}$，所以当 n 足够大时，t 分布近似于 $N(0,1)$ 分布.

t 分布的分位点：对于给定的 α，$0 < \alpha < 1$，称满足条件

$$P\{t > t_\alpha(n)\} = \int_{t_\alpha(n)}^{\infty} h(t)\mathrm{d}t = \alpha$$

的点 $t_\alpha(n)$ 为 $t(n)$ 分布的上 α 分位点.

由 t 分布上 α 分位点的定义及 $h(t)$ 图形的对称性知

$$t_{1-\alpha}(n) = -t_\alpha(n)$$

在 $n > 45$ 时，对于常用的 α 的值，就用正态近似：$t_\alpha(n) \approx u_\alpha$.

例 4 设 $x_1, x_2, \cdots, x_9$ 和 $Y_1, Y_2, \cdots, Y_9$ 是分别来自总体 X 和 Y 的样本，总体 X 和 Y 相互独立且服

从正态分布 $N(0,3^2)$. 求统计量 $T = \dfrac{\sum\limits_{i=1}^{\infty} X_i}{\sqrt{\sum\limits_{i=1}^{9} Y_i^2}}$ 的概率分布.

【解】 因为

$$x_i \sim N(0,3^2), i = 1,2,\cdots,9$$

所以

$$\sum_{i=1}^{9} X_i \sim N(0,9^2)$$

则

$$\frac{1}{9}\sum_{i=1}^{9} X_i \sim N(0,1)$$

类似　因为　　　　　　　　$Y_i \sim N(0,3^2), i=1,2,\cdots,9$

有　　　　　　　　　　　$\dfrac{Y_i}{3} \sim N(0,1), i=1,2,\cdots,9$

则　$(\dfrac{Y_i}{3})^2 \sim x^2(1)$ 且相互独立

由 x^2 分布的可加性

$$\sum_{i=1}^{9}(\dfrac{Y_i}{3})^2 = \dfrac{1}{9}\sum_{i=1}^{9}Y_i^2 \sim x^2(9)$$

由独立性可知 $\dfrac{1}{9}\sum\limits_{i=1}^{9}X_i$ 与 $\dfrac{1}{9}\sum\limits_{i=1}^{9}Y_i$ 相互独立

根据 t 分布的定义有

$$T = \dfrac{\sum\limits_{i=1}^{9}X_i}{\sqrt{\sum\limits_{i=1}^{9}Y_i^2}} = \dfrac{\dfrac{1}{9}\sum\limits_{i=1}^{9}X_i}{\sqrt{(\dfrac{1}{9}\sum\limits_{i=1}^{9}Y_i^2)/9}} \sim t(9)$$

3 F 分布

设 $U \sim \chi^2(n_1)$，$V \sim \chi^2(n_2)$，且 U,V 独立，则称随机变量

$$F = \dfrac{U/n_1}{V/n_2}$$

服从自由度为 (n_1, n_2) 的 F 分布，记为 $F \sim F(n_1, n_2)$.

$F(n_1, n_2)$ 的概率密度为 $\varphi(y) = \begin{cases} \dfrac{\Gamma[n_1+n_2/2](n_1/n_2)^{n_1/2} y^{(n_1/2)-1}}{\Gamma(n_1/2)\Gamma(n_2/2)[1+(n_1 y/n_2)]^{[n_1+n_2]/2}}, & y>0 \\ 0, & \text{其他} \end{cases}$

$\varphi(y)$ 的图形如图 6-3 所示

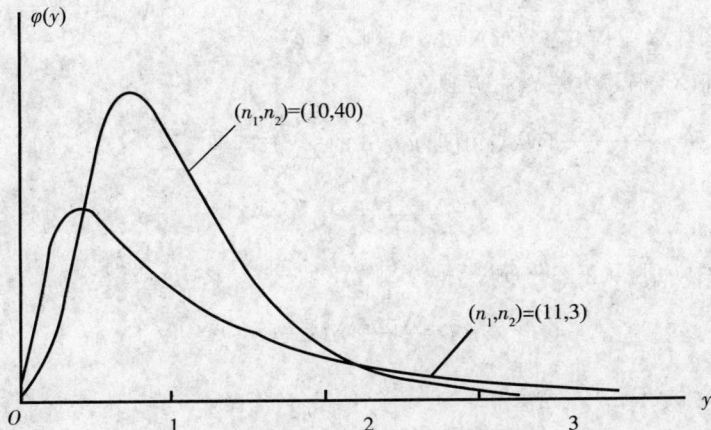

$(n_1, n_2) = (10, 40)$

$(n_1, n_2) = (11, 3)$

图 6-3　$\varphi(y)$ 的图形

由定义可知,若 $F \sim F(n_1, n_2)$,$\frac{1}{F} \sim F(n_2, n_1)$.

F 分布的分位点:对于给定的 α,$0 < \alpha < 1$,称满足条件

$$P\{F > F_\alpha(n_1, n_2)\} = \int_{F_\alpha(n_1, n_2)}^{+\infty} \varphi(y)\mathrm{d}y = \alpha$$

的点 $F_\alpha(n_1, n_2)$ 为 $F(n_1, n_2)$ 分布的上 α 分位点.

容易证明 $F_{1-\alpha}(n_1, n_2) = \frac{1}{F_\alpha(n_2, n_1)}$.

例 5 已知随机变量 $F \sim F(n_1, n_2)$,求 $F_{0.01}(10, 12)$ 和 $F_{0.99}(10, 12)$.

【解】 查 F 分布表,并利用 F 分布性质得

$$F_{0.01}(10, 12) = 4.30$$

$$F_{0.99}(10, 12) = \frac{1}{F_{0.01}(12, 10)} \approx 2.123$$

4 正态总体统计量的分布

一个正态总体的情况:

设 $X_1, X_2, \cdots, X_n$ 是来自正态总体 $N(\mu, \sigma^2)$ 的样本,即独立同分布且皆服从 $N(\mu, \sigma^2)$ 分布.其样本均值与样本方差分别为

$$\overline{X} = \frac{1}{n}\sum_{i=1}^n X_i, S^2 = \frac{1}{n-1}\sum_{i=1}^n (X_i - \overline{X})^2.$$

定理 1:设总体 X 服从正态分布 $N(\mu, \sigma^2)$,则 $\overline{X} \sim N(\mu, \frac{\sigma^2}{n})$,即

$$\frac{(\overline{X} - \mu)\sqrt{n}}{\sigma} \sim N(0, 1)$$

定理 2:设总体 X 服从正态分布 $N(\mu, \sigma^2)$,则

(1) 样本均值 $\overline{X}$ 与样本方差 S^2 相互独立;

(2) 统计量 $\chi^2 = \frac{(n-1)S^2}{\sigma^2}$ 服从自由度为 $n-1$ 的 χ^2 分布,即

$$\chi^2 = \frac{(n-1)S^2}{\sigma^2} \sim \chi^2(n-1)$$

定理 3:设总体 X 服从正态分布 $N(\mu, \sigma^2)$,则

$$T = \frac{\overline{X} - \mu}{S/\sqrt{n}} \sim t(n-1)$$

两个正态总体的情况:

若总体 $X \sim N(\mu_1, \sigma_1^2)$,$Y \sim N(\mu_2, \sigma_2^2)$ 且 X 与 Y 相互独立,则有

$(1) U = \dfrac{(\overline{X} - \overline{Y}) - (\mu_1 - \mu_2)}{\sqrt{\sigma_1^2/n_1 + \sigma_2^2/n_2}} \sim N(0, 1);$

(2) 当 $\sigma_1^2 = \sigma_2^2$ 时,

$T = \dfrac{(\overline{X} - \overline{Y}) - (\mu_1 - \mu_2)}{\sqrt{\left(\dfrac{1}{n_1} + \dfrac{1}{n_2}\right)\dfrac{(n_1-1)S_1^2 + (n_2-1)S_2^2}{n_1+n_2-2}}} \sim t(n_1 + n_2 - 2);$

$(3) F = \dfrac{S_1^2/\sigma_1^2}{S_2^2/\sigma_2^2} \sim F(n_1 - 1, n_2 - 1).$

例 6 在总体 $N(52, 6.3^2)$ 中随机抽一容量为 36 的样本,求样本均值 $\overline{X}$ 落在 50.8 到 53.8 之间的概率.

【解】 样本均值 $\overline{X}$ 服从正态分布 $N(52, \dfrac{6.3^2}{36})$,则有

$\dfrac{\overline{X} - 52}{6.3/6} \sim N(0, 1)$

所求概率为

$p\{50.8 < \overline{X} < 53.8\} = P\{\dfrac{50.8 - 52}{6.3/6} < \dfrac{\overline{X} - 52}{6.3/6} < \dfrac{53.8 - 52}{6.3/6}\}$

$= \Phi(1.714) - \Phi(-1.143)$

$= 0.9564 - (1 - 0.8729)$

$= 0.8293$

典型题型归类

■ 样本及抽样分布

例 7 设 $X_1, X_2, \cdots, X_{10}$ 为 $N(0, 0.3^2)$ 的一个样本,求 $P\{\sum_{i=1}^{10} X_i^2 > 1.44\}$.

【分析】 看到题设应想到利用 X^2 分布.

【解】 因为 $X_1, X_2, \cdots, X_{10}$ 相互独立,且 $X_i \sim N(0, 0.3^2)$

所以 $\dfrac{x_i}{0.3} \sim N(0, 1)$

因此有 $Y = \sum_{i=1}^{10} \left(\dfrac{x_i}{0.3}\right)^2$ 服从自由度为 10 的 χ^2 分布,记 $Y \sim \chi^2(10)$,则

$$P\{\sum_{i=1}^{10}X_i^2>1.44\}=P\{\sum_{i=1}^{10}(\frac{X_i}{0.3})^2>\frac{1.44}{0.09}\}$$

$$P\{\sum_{i=1}^{10}(\frac{X_i}{0.3})^2>16\}=0.1$$

根据自由度 10 和上侧分位点 16 查表得.

例 8 已知 $X\sim t(h)$,求证 $X^2\sim F(1,n)$.

【证明】 根据 t 分布及 F 分布定义,

设 $Y\sim N(0,1),Z\sim X^2(n)$,且 Y 与 Z 相互独立,则

$$X=\frac{Y}{\sqrt{Z/n}}$$

服从自由度为 n 的 t 分布,记 $X\sim t(n)$.

记 $F=X^2$,则

$$F=X^2=\frac{Y^2}{Z/n}$$

又分子 $Y^2\sim X^2(1)$,分母 $Z\sim X^2(n)$,且 Y^2 与 Z 相互独立,

则 $$F=X^2=\frac{Y^2}{Z/n}$$

服从自由度为 $(1,n)$ 的 F 分布,

故 $$X^2\sim F(1,n)$$

例 9 设总体 $X\sim N(\mu,\sigma^2)$,$X_1,X_2,\cdots,X_{10}$ 是来自 X 的样本.

(1)写出 $X_1,X_2,\cdots X_{10}$ 的联合概率密度;

(2)写出 $\overline{X}$ 的概率密度.

【解】 (1)总体 X 的概率密度为

$$f(x)=\frac{1}{\sqrt{2\pi}\sigma}e^{-\frac{(x-\mu)^2}{2\sigma^2}},(-\infty<x<+\infty)$$

由正态分布的定义易得,

样本 $X_1,X_2,\cdots,X_{10}$ 的联合概率密度为

$$f(x_1,x_2\cdots,x_{10})=\prod_{i=1}^{10}\frac{1}{\sqrt{2\pi}\sigma}e^{\frac{(x_i-\mu)^2}{2\sigma^2}}$$

$$=\frac{1}{(\sqrt{2\pi}^{10}\sigma^{10})}e^{\frac{\sum\limits_{i=1}^{10}(x_i-\mu)^2}{2\sigma^2}}$$

(2) 由 $\overline{X} \sim N(\mu, \frac{\sigma^2}{n})$，得 $\overline{X}$ 的概率密度为

$$f_{\overline{x}}(x) = \frac{1}{\sqrt{2\pi}\ \sqrt{\sigma^2/n}} e^{\frac{(x-\mu)^2}{2(\sigma^2/n)}} = \frac{\sqrt{n}}{\sqrt{2\pi}\sigma} e^{\frac{n(x-\mu)^2}{2\sigma^2}} \quad (-\infty < x < +\infty)$$

当 $n = 10$ 时，则

$$f_{\overline{x}} = \frac{\sqrt{5}}{\sqrt{\pi}\sigma} e^{\frac{5(x-\mu)^2}{\sigma^2}} \quad (-\infty < x < +\infty)$$

习题全解

■ 习题 6-1

1. **分析** 从总体中抽取 n 个样本的随机变量 $X_1, X_2, \cdots, X_n$ 相互独立且同分布

   解题过程 $X_1, X_2, \cdots, X_n$ 独立同分布，则样本 $(X_1, X_2, \cdots, X_n)$ 的分布律

   $$P\{X_1 = x_1, X_2 = x_2, \cdots, X_n = x_n\} = p_i^{\sum_{i=1}^{n} x_i} q^{n - \sum_{i=1}^{n} x_i} \quad (i = 1, 2, \cdots, n)$$

2. **解题过程** 由于是放回抽样，故 $X_1, X_2, \cdots, X_n$ 独立同分布．

   $$P\{X_i = 1\} = \frac{M}{N}, P\{X_i = 0\} = 1 - \frac{M}{N}$$

   因此，$X_1, X_2, \cdots, X_n$ 的联合分布为

   $$P\{X_1 = x_1, X_2 = x_2, \cdots, X_n = x_n\} = \prod_{i=1}^{n} P\{X_i = x_i\}$$

   $$= \left(\frac{M}{N}\right)^{\sum_{i=1}^{n} x_i} \left(1 - \frac{M}{N}\right)^{n - \sum_{i=1}^{n} x_i} \quad (i = 1, 2, \cdots, n)$$

3. **解题过程** 由题意可得 $P\{X = k\} = \frac{\lambda^k e^{-\lambda}}{k!}, k = 0, 1, 2, \cdots$

   随机样本 $X_1, X_2, \cdots, X_n$ 独立同分布，故

   $$P\{X_1 = x_1, X_2 = x_2, \cdots, X_n = x_n\} = \prod_{i=1}^{n} P\{X_i = x_i\}$$

   $$= \prod_{i=1}^{n} \frac{\lambda^{x_i} e^{-\lambda}}{x_i!}$$

   $$= \frac{\lambda^{\sum_{i=1}^{n} x_i}}{x_1! x_2! \cdots x_n!} e^{-n\lambda} \quad i = 1, 2, \cdots, n$$

4. 解题过程 由题意可得

$$f(x)=\begin{cases}\lambda e^{-\lambda x},x>0\\0,\qquad x\leqslant0\end{cases}$$

随机样本 $X_1,X_2,\cdots,X_n$ 独立同分布,故

$$f^*(x_1,x_2,\cdots,x_n)=f(x_1)f(x_2)\cdots f(x_n)$$

$$=\begin{cases}\lambda^n e^{-\lambda\sum\limits_{i=1}^{n}X_i},x_i>0(i=1,2,\cdots,n)\\0,\qquad 其他\end{cases}$$

5. 解题过程 由题意可得

$$f(x)=\begin{cases}\dfrac{1}{c},0<x<c\\[2mm]0,\ 其他\end{cases}$$

随机样本 $X_1,X_2,\cdots,X_n$ 独立同分布,故

$$f^*(x_1,x_2,\cdots,x_n)=f(x_1)f(x_2)\cdots f(x_n)$$

$$=\begin{cases}\dfrac{1}{c^n},0<x,x_2,\cdots,x_n<c\\[2mm]0,\ 其他\end{cases}$$

■ 习题 6-2

1. 解题过程 由题可得,经验分布函数为

$$F_{20}(x)=\begin{cases}0,&x<4\\0.1,&4\leqslant x<6\\0.3,&6\leqslant x<7\\0.75,&7\leqslant x<9\\0.9,&9\leqslant x<10\\1,&x\geqslant10\end{cases}$$

图形如题 11 图解所示.

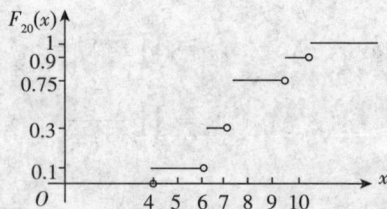

题 11 图解

2. 解题过程 由题可得

毛坯重量/g	频数 n_i	频率 f_i
183.5～192.5	3	0.15
192.5～201.5	2	0.1
201.5～210.5	8	0.14
210.5～219.5	6	0.3
219.5～228.5	1	0.05

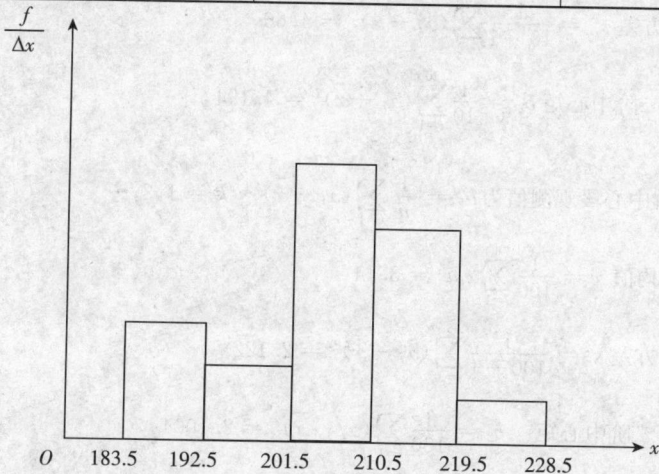

题 2 图解

习题 6-3

1. 分析 样本均值观测值为

$$\bar{x} = \sum_{i=1}^{n} x_i$$

样本方差观测值记为

$$s^2 = \frac{1}{n-1} \sum_{i=1}^{n} (x_i - \bar{x})^2$$

$$= \frac{1}{n-1} \left(\sum_{i=1}^{n} x_i^2 - n\bar{x}^2 \right)$$

解题过程 (1)总体为某工人生产的铆钉的直径.

样本为 X_1, X_2, X_3, X_4, X_5

样本值为 13.7、13.08、13.11、13.11、13.13

样本容量为 5

(2) 样本均值 $\bar{x} = \frac{1}{5} \sum_{i=1}^{5} x_i = 13.226$

样本方差 $s^2 = \frac{1}{5-1} \sum_{i=1}^{5} (x_i - \bar{x})^2 = 0.73$

2. 解题过程 样本均值 $\bar{x} = \frac{1}{10} \sum_{i=1}^{10} x_i = 40.5$

样本方差 $s^2 = \frac{1}{10-1} \sum_{i=1}^{n} (x_i - \bar{x})^2 = 4.66$

样本二阶中心矩 $b_2 = \frac{1}{10} \sum_{i=1}^{10} (x_i - \bar{x})^2 = 4.194$

3. 分析 样本 k 阶中心段观测值为 $b_k = \frac{1}{n} \sum_{i=1}^{n} (x_i - \bar{x})^k \quad k = 1, 2, \cdots$

解题过程 样本均值 $\bar{x} = \frac{1}{100} \sum_{i=1}^{6} x_i n_i = 3.14$

样本方差 $s^2 = \frac{1}{100-1} \sum_{i=1}^{6} (x_i - \bar{x})^2 = 2.122$

样本二阶中心矩 $b_2 = \frac{1}{100} \sum_{i=1}^{6} (x_i - \bar{x})^2 = 2.1004$

4. 解题过程 (1) $y_i = \frac{x_i - a}{c}$, 则 $x_i = a + c y_i$

$$\bar{x} = \frac{1}{n} \sum_{i=1}^{n} x_i = \frac{1}{n} \sum_{i=1}^{n} (a + c y_i) = a + \frac{1}{n} \sum_{i=1}^{n} y_i = a + c \bar{y}$$

得证.

(2) $s_x^2 = \frac{1}{n-1} \left(\sum_{i=1}^{n} x_i^2 - n \bar{x}^2 \right)$

$$= \frac{1}{n-1} \left[\sum_{i=1}^{n} (a^2 + c^2 y_i^2 + 2ac y_i) - n \cdot (a^2 + c^2 \bar{y}^2 + 2ac \bar{y}) \right]$$

$$= \frac{1}{n-1} \left(c^2 \sum_{i=1}^{n} y_i^2 + 2ac \sum_{i=1}^{n} y_i - nc^2 \bar{y}^2 - 2ac \cdot n \bar{y} \right)$$

又 $\quad \bar{y} = \frac{1}{n} \sum_{i=1}^{n} y_i$

则

$$s_x^2 = \frac{1}{n-1} \left(c^2 \sum_{i=1}^{n} y_i^2 - nc^2 \bar{y}^2 \right) = \frac{c^2}{n-1} \left(\sum_{i=1}^{n} y_i^2 - n \bar{y}^2 \right) = c^2 s_y^2$$

得证.

5. 解题过程 设两组样本为 $X_1, X_2, \cdots X_{n_1}, X_{n_1+1}, \cdots, X_{n_1+n_2}$.

且 $\overline{X}_1 = \dfrac{1}{n_1} \sum\limits_{i=1}^{n_1} X_i, \overline{X}_2 = \dfrac{1}{n_2} \sum\limits_{i=1}^{n_2} X_{n_1+i}$

$S_1^2 = \dfrac{1}{n_1-1} \sum\limits_{i=1}^{n_1} (X_i - \overline{X}_1)^2, S_2^2 = \dfrac{1}{n_2-1} \sum\limits_{i=1}^{n_2} (X_{n_1+i} - \overline{X}_2)^2$

(1) $\overline{X} = \dfrac{1}{n_1+n_2} \sum\limits_{i=1}^{n_1+n_2} X_i = \dfrac{1}{n_1+n_2} \left(\sum\limits_{i=1}^{n_1} X_i + \sum\limits_{i=1}^{n_2} X_{n_1+i} \right)$

$\qquad\qquad = \dfrac{n_1 \overline{X}_1 + n_2 \overline{X}_2}{n_1 + n_2}$

得证.

(2) $S^2 = \dfrac{1}{n_1+n_2-1} \left(\sum\limits_{i=1}^{n_1+n_2} X_i^2 - (n_1+n_2)\overline{X}^2 \right)$

$\sum\limits_{i=1}^{n_1+n_2} X_i^2 - (n_1+n_2)\overline{X}^2 = \sum\limits_{i=1}^{n_1} X_i^2 + \sum\limits_{i=1}^{n_2} X_i^2 - \dfrac{(n_1 \overline{X}_1 + n_2 \overline{X}_2)^2}{n_1 + n_2}$

$= \left(\sum\limits_{i=1}^{n_1} X_i^2 - n_1 \overline{X}_1^2 \right) + \left(\sum\limits_{i=1}^{n_2} X_i^2 - n_2 \overline{X}_2^2 \right) + n_1 \overline{X}_1^2 + n_2 \overline{X}_2^2 - \dfrac{(n_1 \overline{X}_1 + n_2 \overline{X}_2)^2}{n_1 + n_2}$

$= (n_1-1)S_1^2 + (n_2-1)S_2^2 + \dfrac{n_1^2 \overline{X}_1^2 + n_1 n_2 \overline{X}_1^2 + n_1 n_2 \overline{X}_2^2 + n_2^2 \overline{X}_2^2 - n_1^2 \overline{X}_1^2 - n_2^2 \overline{X}_2^2 - 2n_1 n_2 \overline{X}_1 \overline{X}_2}{n_1 + n_2}$

$= (n_1-1)S_1^2 + (n_2-1)S_2^2 + \dfrac{n_1 n_2 (\overline{X}_1 - \overline{X}_2)^2}{n_1 + n_2}$

故 $S^2 = \dfrac{1}{n_1+n_2-1} \left[(n_1-1)S_1^2 + (n_2-1)S_2^2 \right] + \dfrac{n_1 n_2 (\overline{X}_1 - \overline{X}_2)^2}{(n_1+n_2)(n_1+n_2-1)}$

6. 解题过程 $E(T) = E(\overline{X} - S^2) = E(\overline{X}) - E(S^2)$

$\qquad = np - np(1-p) = np^2$

■ 习题 6-4

1. 解题过程 由题意可知, $X_i \sim N(\mu, \sigma^2)$, 则

$$\frac{X_i - \mu}{\sigma} \sim N(0,1)$$

因此统计量 $\quad \chi^2 = \sum\limits_{i=1}^{n} \left(\dfrac{X_i - \mu}{\sigma} \right)^2 = \dfrac{1}{\sigma^2} \sum\limits_{i=1}^{n} (X_i - \mu)^2$ 服从自由度为 n 的 χ^2 分布.

2. 分析 设 $U \sim \chi^2(n_1)$ $\quad V \sim \chi^2(n_2)$

且 U 和 V 独立, 则 $F = \dfrac{U/n_1}{V/n_2} \sim F(n_1, n_2)$

解题过程 由题意知 $X_i \sim N(\mu_1,\sigma_1^2)$,则

$$\frac{X_i-\mu_1}{\sigma_1} \sim N(0,1)$$

$$\sum_{i=1}^{n_1}\left(\frac{X_i-\mu_1}{\sigma_1}\right)^2 = \frac{1}{\sigma_1^2}\sum_{i=1}^{n_1}(X_i-\mu_1)^2 \sim \chi^2(n_1)$$

同理 $\sum_{j=1}^{n_2}\left(\frac{Y_j-\mu_2}{\sigma_2}\right)^2 = \frac{1}{\sigma_2^2}\sum_{j=1}^{n_2}(Y_j-\mu_2)^2 \sim \chi^2(n_2)$

由于 X 与 Y 相互独立,故

$$\sum_{i=1}^{n_1}\left(\frac{X_i-\mu_1}{\sigma_1}\right)^2 \text{与} \sum_{j=1}^{n_2}\left(\frac{Y_j-\mu_2}{\sigma_2}\right)^2 \text{相互独立}.$$

故 $F=\dfrac{\frac{1}{n_1\sigma_1^2}\sum_{i=1}^{n_1}(X_i-\mu_1)^2}{\frac{1}{n_2\sigma_2^2}\sum_{j=1}^{n_2}(Y_j-\mu_2)^2}$ 服从自由度为(n_1,n_2)的 F 分布.

3. 解题过程 (1)$X \sim t(k)$. 令 $X=\dfrac{V}{\sqrt{\frac{U}{K}}}$,其中 $V \sim N(0,1)$,$U \sim \chi^2(K)$,则 $V^2 \sim \chi^2(1)$

且 U 与 V 相互独立,则 V^2 与 U 相互独立.

故 $X^2=\dfrac{V^2/1}{U/K} \sim F(1,K)$

即 X^2 服从 $F(1,K)$分布.

(2)与(1)方法相同,$X^{-2}=\dfrac{U/K}{V^2/1} \sim F(K,1)$

即 X^{-2} 服从 $F(K,1)$分布.

4. 解题过程 (1)$X_1 \sim N(0,1)$,$X_2 \sim N(0,1)$

则 $X_1^2+X_2^2 \sim \chi^2(2)$

故 $C=1$,$C(X_1^2+X_2^2)$ 服从自由度为 2 的 χ^2 分布

(2)$X_i \sim N(0,1)$ $i=1,2,3,4,5$,且独立同分布

故 $X_1+X_2 \sim N(0,2)$,$\dfrac{X_1+X_2}{\sqrt{2}} \sim N(0,1)$

$X_3^2+X_4^2+X_5^2=\chi^2(3)$

则 $\dfrac{\frac{X_1+X_2}{\sqrt{2}}}{\sqrt{\frac{X_3^2+X_4^2+X_5^2}{3}}} \sim t(3)$,即 $\dfrac{\sqrt{6}}{2}\cdot\dfrac{X_1+X_2}{\sqrt{X_3^2+X_4^2+X_5^2}} \sim t(3)$

$$d = \frac{\sqrt{6}}{2}, \text{自由度为 } 3$$

5. **解题过程** 查表可得到答案 $\chi^2_{0.99}(12) = 3.571, \chi^2_{0.01}(12) = 26.217$

$$t_{0.99}(12) = -t_{0.01}(12) = -2.6810, t_{0.01}(12) = 2.6810$$

$$F_{0.05}(24,28) = 1.91, F_{0.95}(12,9) = \frac{1}{F_{0.05}(9,12)} = \frac{1}{2.80} = 0.357$$

6. **解题过程** $t_{0.95}(10) = 1 - t_{0.05}(10) = -1.8125$

因此 $C = -1.8125$

7. **解题过程** 记 $\overline{X} = \frac{1}{10}\sum_{i=1}^{10} X_i, \overline{Y} = \frac{1}{15}\sum_{i=1}^{15} Y_i$

$$E(\overline{X} - \overline{Y}) = 0, D(\overline{X} - \overline{Y}) = 0.5$$

故 $\dfrac{\overline{X} - \overline{Y}}{\sqrt{0.5}} \sim N(0,1)$

$$P\{|\overline{X} - \overline{Y}| > 0.3\} = 1 - P\{|\overline{X} - \overline{Y}| \leqslant 0.3\}$$

$$= 1 - P\{-0.3 \leqslant \overline{X} - \overline{Y} \leqslant 0.3\}$$

$$= 1 - P\left\{\frac{-0.3}{\sqrt{0.5}} \leqslant \frac{\overline{X} - \overline{Y}}{\sqrt{0.5}} \leqslant \frac{0.3}{\sqrt{0.5}}\right\}$$

$$= 2 - 2\Phi\left(\frac{0.3}{\sqrt{0.5}}\right) = 0.6744$$

8. **解题过程** $\chi^2 = \frac{1}{\sigma^2}\sum_{i=1}^{10} X_i^2 \sim \chi^2(10)$

则 $P\left\{\sum_{i=1}^{10} X_i^2 > 1.44\right\} = P\left\{\frac{1}{\sigma^2}\sum_{i=1}^{10} X_i^2 \geqslant \frac{1.44}{0.3^2}\right\} = P\{\chi^2 \geqslant 16\} = 0.10$

9. **解题过程** (1) $\chi^2 = \frac{(n-1)S^2}{\sigma^2} = \frac{(16-1)S^2}{\sigma^2} = \frac{15S^2}{\sigma^2} \sim \chi^2(15)$

$$P\left\{\frac{S^2}{\sigma^2} \leqslant 2.041\right\} = P\left\{\frac{15S^2}{\sigma^2} \leqslant 2.041 \times 15\right\}$$

$$= P\{\chi^2 \leqslant 30.615\} = 1 - P\{\chi^2 \geqslant 30.615\} = 1 - 0.01 = 0.99$$

(2) $D(\chi^2) = 2 \times 15 = D\left(\frac{15S^2}{\sigma^2}\right) = \frac{15^2}{\sigma^4}D(S^2)$

故 $D(S^2) = \frac{2\sigma^4}{15}$

总习题

1. 解题过程 (1) $f^*(X_1, X_2, \cdots, X_6) = f(X_1)f(X_2)\cdots f(X_6)$

由题可知 $f(X) = \begin{cases} \dfrac{1}{\theta}, & 0 < X < \theta \\ 0, & \text{其他} \end{cases}$

故 $f^*(X_1, X_2, \cdots, X_6) = \begin{cases} \left(\dfrac{1}{\theta}\right)^6 = \theta^{-6}, & 0 < X_1, X_2, \cdots, X_6 < \theta \\ 0, & \text{其他}. \end{cases}$

(2) T_1 和 T_4 是统计量, T_2 和 T_3 不是. 因为 T_2 和 T_3 含有未知参数.

(3) 样本均值 $\overline{X} = \dfrac{1}{6} \sum\limits_{i=1}^{6} X_i = 0.8$

样本方差 $S^2 = \dfrac{1}{6-1} \sum\limits_{i=1}^{6} (X_i - \overline{X})^2 = 0.0433$

标准差 $S = 0.2082$

2. 解题过程 (1) $\overline{X}_{n+1} = \dfrac{1}{n+1} \sum\limits_{i=1}^{n+1} X_i = \dfrac{1}{n+1} \left(\sum\limits_{i=1}^{n} X_i + X_{n+1} \right) = \dfrac{1}{n+1}(n \cdot \overline{X}_n + X_{n+1})$

(2) $\sum\limits_{i=1}^{n+1} X_i^2 - (n+1)\overline{X}^2$

$= \sum\limits_{i=1}^{n} X_i^2 + X_{n+1}^2 - \dfrac{(n\overline{X}_n + X_{n+1})^2}{n+1}$

$= \left(\sum\limits_{i=1}^{n} X_i^2 - n\overline{X}_n^2 \right) + X_{n+1}^2 + n\overline{X}_n^2 - \dfrac{n(\overline{X}_n + X_{n+1})^2}{n+1}$

$= (n-1)S_n^2 - \dfrac{(n+1)X_{n+1}^2 + n(n+1)\overline{X}_n^2 - n^2\overline{X}_n^2 - X_{n+1}^2 - 2n\overline{X}_n X_{n+1}}{n+1}$

$= (n-1)S_n^2 - \dfrac{nX_{n+1}^2 + n \cdot \overline{X}_n^2 - 2n\overline{X}_n X_{n+1}}{n+1}$

$= (n-1)S_n^2 - \dfrac{n}{n+1}(\overline{X}_n - X_{n+1})^2$

$S_{n+1}^2 = \dfrac{1}{n+1-1} \left[\sum\limits_{i=1}^{n+1} X_i^2 - (n+1)\overline{X}^2 \right] = \dfrac{n-1}{n}S_n^2 - \dfrac{1}{n+1}(\overline{X}_n - X_{n+1})^2$

3. 解题过程 (1) $\mu = 0$, 则 $\chi^2 = \dfrac{1}{\sigma^2} \sum\limits_{i=1}^{10} X_i^2 \sim \chi^2(10)$

故 $P\left\{ \sum\limits_{i=1}^{10} X_i^2 \geqslant 4 \right\} = P\left\{ \dfrac{1}{\sigma^2} \sum\limits_{i=1}^{10} X_i^2 \geqslant \dfrac{4}{0.5^2} \right\} = P\{\chi^2 \geqslant 16\} = 0.10$

(2) $\chi^2 = \dfrac{1}{\sigma^2} \sum\limits_{i=1}^{10} (X_i - \overline{X})^2 \sim \chi^2(9)$

$$P\{\sum_{i=1}^{10}(X_i-\overline{X})^2<2.85\}=P\{\frac{1}{\sigma^2}\sum_{i=1}^{10}(X_i-\overline{X})^2<\frac{2.85}{0.5^2}\}=P\{\chi^2<11.4\}$$
$$=1-P\{\chi^2\geqslant11.4\}=1-0.25=0.75$$

4. 解题过程 (1) $\overline{X}=\frac{1}{10}\sum_{i=1}^{10}X_i,\overline{Y}=\frac{1}{8}\sum_{j=1}^{10}Y_j$

$$E(\overline{X}-\overline{Y})=50-46=4\quad D(\overline{X}-\overline{Y})=\frac{1}{100}\times10\times6^2+\frac{1}{64}\times8\times4^2=5.6$$

故 $\dfrac{\overline{X}-\overline{Y}-4}{\sqrt{5.6}}\sim N(0,1)$

$$P\{0<\overline{X}-\overline{Y}<8\}=P\left\{\frac{0-4}{\sqrt{5.6}}<\frac{\overline{X}-\overline{Y}-4}{\sqrt{5.6}}<\frac{8-4}{\sqrt{5.6}}\right\}=2\Phi\left(\frac{4}{\sqrt{5.6}}\right)-1=0.909$$

(2) $F=\dfrac{S_1^1/\sigma_1^2}{S_2^2/\sigma_1^2}=\dfrac{S_1^2/36}{S_2^2/16}=\dfrac{4}{9}\cdot\dfrac{S_1^2}{S_2^2}\sim F(9,7)$

所以 $P\left\{\dfrac{S_1^2}{S_2^2}<8.28\right\}=P\left\{\dfrac{4}{9}\cdot\dfrac{S_1^2}{S_1^2}<3.68\right\}=P\{F<3.68\}$

$$=1-P\{F>3.68\}=0.95$$

5. 解题过程 (1) $X_1,X_2,\cdots,X_n$ 独立同分布,且

$$P\{X=k\}=p^k(1-p)^{1-k}\qquad k=0,1$$

故 $P\{X_1=x_1,X_2=x_2,\cdots,X_n=x_n\}=\prod_{i=1}^n p\{X_i=x_i\}$

$$=\prod_{i=1}^n p^{x_i}(1-p)^{1-x_i}$$
$$=p^{\sum_{i=1}^n x_i}(1-p)^{n-\sum_{i=1}^n x_i}$$

(2) 由于 $X\sim b(1,p)$,故 $\sum_{i=1}^n X_i\sim b(n,p)$

$$P\{\sum_{i=1}^n X_i=k\}=C_n^k p^k(1-p)^{n-k}\qquad k=0,1,2,\cdots,n$$

(3) $E(X_i)=p,D(X_i)=p(1-p)$

$$E(\overline{X})=E\left(\frac{1}{n}\sum_{i=1}^n X_i\right)=\frac{1}{n}\cdot\sum_{i=1}^n E(X_i)=p$$

$$D(\overline{X})=D\left(\frac{1}{n}\sum_{i=1}^n X_i\right)=\frac{1}{n^2}\cdot\sum_{i=1}^n D(X_i)=\frac{p(1-p)}{n}$$

$$E(S^2)=E\left[\frac{1}{n-1}\left(\sum_{i=1}^n X_i-n\overline{X}\right)^2\right]=p(1-p)$$

6. 解题过程 (1) 由题意可得 $X\sim E(\lambda)$,则 $E(X_i)=\dfrac{1}{\lambda},D(X_i)=\dfrac{1}{\lambda^2}(i=1,2,\cdots,n)$

$$E(\overline{X})=E\left(\frac{1}{n}\sum_{i=1}^n X_i\right)=\frac{1}{n}\sum_{i=1}^n E(X_i)=\frac{1}{\lambda n}\cdot n=\frac{1}{\lambda}$$

$$D(\overline{X}) = D\left(\frac{1}{n}\sum_{i=1}^{n}X_i\right) = \frac{1}{n^2}\sum_{i=1}^{n}D(X_i) = \frac{1}{n^2\lambda^2}\cdot n = \frac{1}{n\lambda^2}$$

$$(2)\ E(S^2) = E\left[\frac{1}{n-1}\sum_{i=1}^{n}(X_i-\overline{X})^2\right]$$

$$= \frac{1}{n-1}E\left(\sum_{i=1}^{n}X_i^2 - n\overline{X}^2\right) = \frac{1}{n-1}\left[\sum_{i=1}^{n}E(X_i^2) - nE(\overline{X}^2)\right]$$

$$= \frac{1}{n-1}\left(\frac{2n}{\lambda^2} - \frac{1+n}{n\lambda^2}\cdot n\right) = \frac{1}{\lambda^2}$$

7. 解题过程 由题意可知：$X\sim\chi^2(n)$，则 $E(X_i)=n, D(X_i)=2n \qquad (i=1,2,\cdots,10)$

故 $E(\overline{X}) = E\left(\frac{1}{10}\sum_{i=1}^{10}X_i\right) = \frac{1}{10}\sum_{i=1}^{10}E(X_i) = n$

$$D(\overline{X}) = D\left(\frac{1}{10}\sum_{i=1}^{n}X_i\right) = \frac{1}{100}\sum_{i=1}^{10}D(X_i) = \frac{n}{5}$$

$$E(S^2) = E\left[\frac{1}{9}\left(\sum_{i=1}^{10}X_i^2 - 10\overline{X}^2\right)\right] = \frac{1}{9}\left[\sum_{i=1}^{10}E(X_i^2) - 10E(\overline{X}^2)\right]$$

$$= \frac{1}{9}\left[10(2n+n^2) - 10\left(\frac{n}{5}+n^2\right)\right] = 2n$$

8. 解题过程 由题可知 $X\sim N(\mu,\sigma^2)$，故 $\chi^2 = \frac{(n-1)S^2}{\sigma^2} \sim \chi^2(n-1)$

又 $X_1,X_2,\cdots,X_n$ 独立同分布，则 $X_{n+1}-\overline{X}$ 也服从正态分布.

$$E(X_{n+1}-\overline{X}) = E(X_{n+1}) - E\left(\frac{1}{n}\sum_{i=1}^{n}X_i\right) = \mu-\mu = 0$$

$$D(X_{n+1}-\overline{X}) = D(X_{n+1}) + D\left(\frac{1}{n}\sum_{i=1}^{n}X_i\right) = \sigma^2 + \frac{\sigma^2}{n} = \frac{n+1}{n}\cdot\sigma^2$$

因此 $$\frac{X_{n+1}-\overline{X}}{\sqrt{\frac{n+1}{n}\sigma^2}} \sim N(0,1)$$

$$\frac{X_{n+1}-\overline{X}}{\sqrt{\frac{n+1}{n}\sigma^2}}\Bigg/\sqrt{\frac{(n-1)S^2}{\sigma^2(n-1)}} \sim t(n-1)，即 \sqrt{\frac{n}{n+1}}\frac{X_{n+1}-\overline{X}}{S} \sim t(n-1)$$

9. 解题过程 $\overline{X}$ 与 S^2 相互独立，则

$$E[(\overline{X}S^2)^2] = E(\overline{X}^2)E(S^4) = [E^2(\overline{X})+D(\overline{X})][E^2(S^2)+D(S^2)]$$

由题可知，$X\sim N(\mu,\sigma^2)$，故 $\overline{X}\sim N\left(\mu,\frac{\sigma^2}{n}\right)$

又 $\frac{(n-1)S^2}{\sigma^2} \sim \chi^2(n-1)$

则 $D(\overline{X}) = \frac{1}{n}\sigma^2, E(\overline{X}) = \mu, D(S^2) = \frac{2\sigma^4}{n-1}, E(S^2) = \sigma^2$

因此 $E[(\overline{X}S^2)^2] = \left(\mu^2+\frac{1}{n}\sigma^2\right)\left(\sigma^4+\frac{2\sigma^4}{n-1}\right)$

10. 解题过程 令 $Z_1 = \dfrac{1}{n}\sum\limits_{i=1}^{n} X_i, Z_2 = \dfrac{1}{n}\sum\limits_{i=1}^{n} X_{n+i}, S_1^2 = \dfrac{1}{n-1}\sum\limits_{i=1}^{n}(X_i - \overline{Z}_1)^2,$

$$S_2^2 = \dfrac{1}{n-1}\sum_{i=1}^{n}(X_{n+i} - \overline{Z}_2)^2$$

故 $2\overline{X} = \dfrac{1}{n}\sum\limits_{i=1}^{2n} X_i = \dfrac{1}{n}\sum\limits_{i=1}^{n} X_i + \dfrac{1}{n}\sum\limits_{i=1}^{n} X_{n+i} = \overline{Z}_1 + \overline{Z}_2$

$$Y = \sum_{i=1}^{n}\left[(X_i - \overline{Z}_1) + (X_{n+i} - \overline{Z}_2)\right]^2$$

$$= \sum_{i=1}^{n}(X_i - \overline{Z}_1)^2 + \sum_{i=1}^{n}(X_{n+i} - \overline{Z}_2)^2 + 2\sum_{i=1}^{n}(X_i - \overline{Z}_1)(X_{n+i} - \overline{Z}_2)$$

$$= (n-1)S_1^2 + (n-1)S_2^2 + 2\sum_{i=1}^{n}(X_i - \overline{Z}_1)(X_{n+i} - \overline{Z}_2)$$

由题可知 $\dfrac{(n-1)S_1^2}{\sigma^2} \sim \chi^2(n-1), \dfrac{(n-1)S_2^2}{\sigma^2} \sim \chi^2(n-1),$

$E(S_1^2) = E(S_2^2) = \sigma^2, X_i - \overline{Z}_1$ 与 $X_{n+i} - \overline{Z}_2$ 相互独立

$E\left[(X_i - \overline{Z}_1)(X_{n+i} - \overline{Z}_2)\right] = 0$

故 $E(Y) = (n-1)\sigma^2 + (n-1)\sigma^2 + 0 = 2(n-1)\sigma^2$

11. 解题过程 由题可知 $X_1, X_2, \cdots, X_9 \sim N(0,1)$

则 $Y_1 \sim (0, \dfrac{1}{6}), Y_2 \sim (0, \dfrac{1}{3}), Y_1 - Y_2 \sim (0, \dfrac{1}{2})$ 故 $\sqrt{2}(Y_1 - Y_2) \sim N(0,1)$

且 $\sum\limits_{i=7}^{9}(X_i - Y_2)^2 \sim \chi^2(2)$

故 $Z \sim t(2)$

12. 解题过程 $F_{Z^2}(z) = P\{Z^2 \leqslant z\} \xlongequal{z>0} P(-\sqrt{z} \leqslant Z \leqslant \sqrt{z})$

$$= P\{Z \leqslant \sqrt{z}\} - P\{Z \leqslant -\sqrt{z}\}$$

$$= [1 - (1 - \Phi(\sqrt{z}))^2] - [1 - (1 - \Phi(-\sqrt{z}))^2]$$

$$= 2\Phi(\sqrt{z}) - 1$$

求导得 $F'_{Z^2}(z) = \dfrac{1}{\sqrt{z}}\varphi(\sqrt{z}) = \dfrac{1}{\sqrt{2\pi}} z^{-\frac{1}{2}} e^{-\frac{z}{2}}$

即 $f_{Z^2}(z) = \begin{cases} \dfrac{1}{\sqrt{2\pi}} z^{-\frac{1}{2}} e^{-\frac{z}{2}}, & z > 0 \\ 0, & \text{其他} \end{cases}$

因此得证 $Z^2 \sim \chi^2(1)$

第七章

参数估计

▶ 本章知识结构图

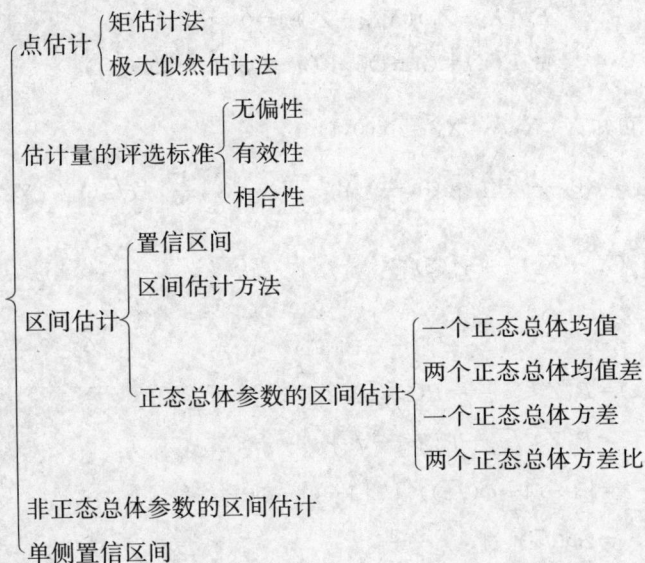

点估计 { 矩估计法
极大似然估计法

估计量的评选标准 { 无偏性
有效性
相合性

区间估计 { 置信区间
区间估计方法
正态总体参数的区间估计 { 一个正态总体均值
两个正态总体均值差
一个正态总体方差
两个正态总体方差比

非正态总体参数的区间估计

单侧置信区间

▶ 知识点归纳

■ 点估计

设 θ 为总体 X 的待估计参数,用样本 $X_1, X_2, \cdots, X_n$ 的一个统计量 $\bar{\theta} = \hat{\theta}(X_1, X_2, \cdots, X_n)$ 来估计

θ,则称 $\hat{\theta}(X_1, X_2, \cdots, X_n)$ 为 θ 的点估计量. 对应于样本观测值 $x_1, x_2, \cdots, x_n$, 称 $\hat{\theta}(x_1, x_2, \cdots, x_n)$ 为 θ 的点估计值.

1 矩估计法

用样本矩来估计对应的总体矩, 由此得到的参数估计称为矩法估计.

设总体 X 的分布函数为 $F(x; \theta_1, \cdots, \theta_k)$, 其中 $\theta_1, \cdots, \theta_k$ 为待估计的 k 个未知参数, 假设 X 的 $1 \sim k$ 阶原点矩都存在, 则有

$$\mu_i = E(X^i) = \mu_i(\theta_1, \cdots, \theta_k), i = 1, 2, \cdots, k$$

取样本的 i 阶原点矩 A_i 作为总体 i 阶原点矩 μ_i 的估计量, 即

$$\widehat{\mu_i} = A_i = \frac{1}{n}\sum_{j=1}^{n} X_j^i, i = 1, 2, \cdots, k$$

的方程组

$$\mu_i(\theta_1, \cdots, \theta_k) = \widehat{\mu_i}, i = 1, 2, \cdots, k$$

解得

$$\widehat{\theta_i} = \widehat{\theta_i}(X_1, X_2, \cdots, X_n), i = 1, 2, \cdots, k$$

称 $\widehat{\theta_i}$ 为 θ_i 的矩法估计量, 简称矩估计.

例 1 设总体 X 的分布律为 $P\{X = k\} = p \cdot (1-p)^{k-1}, k = 1, 2, \cdots, p$ 未知, $X_1, \cdots, X_n$ 为来自 X 的样本, 求 p 的矩估计量.

【解】 由于总体中仅有一个未知参数 p, 故只要求出一阶样本矩 A_1 及一阶总体矩 μ.

$$\begin{aligned}
\mu_1 = E(X) &= \sum_{k=1}^{\infty} kp(1-p)^{k-1} \\
&= p\sum_{k=1}^{\infty} k(1-p)^{k-1} \\
&= p \cdot \frac{1}{p^2} \\
&= \frac{1}{p}
\end{aligned}$$

$A_1 = \overline{X} = \frac{1}{n}\sum_{i=1}^{n} X_i$, 令 $\mu_1 = A_1$, 则有

$\frac{1}{p} = \overline{X}$, 所以 p 的矩估计量为 $\widehat{p} = \frac{1}{\overline{X}}$.

2 极大似然估计法

若在一次试验中, 某事件 A 发生了, 则有理由认为事件 A 比其他事件发生的概率大, 这就是所谓

的极大似然原理,极大似然估计法就是依据这一原理得到的一种参数估计方法.

似然函数:设总体 X 的分布律为 $P\{X=x\}=P(x;\theta_1,\theta_2,\cdots,\theta_k)$(若 X 为连续型,则用概率密度 $f(x;\theta_1,\theta_2,\cdots,\theta_k)$ 代之),$\theta_1,\theta_2,\cdots,\theta_k\in\Theta$.$\theta_1,\theta_2,\cdots,\theta_k$ 为待估参数,Θ 是 $\theta_1,\theta_2,\cdots,\theta_k$ 的所有可能取值的范围,$x_1,x_2,\cdots,x_n$ 为样本 $X_1,X_2,\cdots,X_n$ 的观测值,称

$$L(\theta_1,\theta_2,\cdots,\theta_k)=\prod_{i=1}^{n}P(x_i;\theta_1,\theta_2,\cdots,\theta_k)$$

或

$$L(\theta_1,\theta_2,\cdots,\theta_k)=\prod_{i=1}^{n}f(x_i;\theta_1,\theta_2,\cdots,\theta_k)$$

为似然函数.

极大似然估计量:如果样本似然函数 $L(\theta_1,\theta_2,\cdots,\theta_k)$ 在 $\overline{\theta}_i(x_1,x_2,\cdots,x_n)(i=1,2,\cdots,k)$ 处达到最大值,则称 $\overline{\theta}_i(x_1,x_2,\cdots,x_n)(i=1,2,\cdots,k)$ 为参数 θ_i 的极大似然估计值,称 $\overline{\theta}_i(X_1,X_2,\cdots,X_n)(i=1,2,\cdots,k)$ 为参数 θ_i 的极大似然估计量.

极大似然估计的性质:设函数 $u=u(\theta)$ 具有单值反函数,$\overline{\theta}$ 是 θ 的极大似然估计,则参数 u 的极大似然估计为 $\overline{u}=u(\overline{\theta})$.

极大似然方程组:由定义可知,求参数的极大似然估计问题就是求似然函数的最大值点问题.又由于 $\ln L$ 和 L 有相同的最大值点,故只需求 $\ln L$ 的最大值点即可.在一般情况下,$\ln L$ 在最大值点的一阶偏导数为零,此时只需解极大似然方程组

$$\frac{\partial}{\partial\theta_i}\ln L=0\quad(i=1,2,\cdots,k)$$

即可得参数的极大似然估计.

例 2 设总体 X 服从参数为 λ 的泊松分布,分布律为 $P\{X=k\}=\dfrac{\lambda^k e^{-\lambda}}{k!}(k=0,1,\cdots)$,$\lambda>0$ 且未知,求参数 λ 的极大似然估计.

【解】 设样本 $X_1,\cdots,X_n$ 的观测值为 $x_1,\cdots,x_n$,似然函数为

$$L(\lambda)=\prod_{i=1}^{n}\frac{\lambda^{x_i}e^{-\lambda}}{x_i!}=e^{-n\lambda}\prod_{i=1}^{n}\frac{\lambda^{x_i}}{x_i!},\text{两边取对数得}$$

$$\ln L(\lambda)=n\lambda+\sum_{i=1}^{n}\ln\frac{\lambda^{x_i}}{x_i!}$$

$$=-n\lambda+\sum_{i=1}^{n}x_i\ln\lambda-\sum_{i=1}^{n}\ln(x_i!)$$

依然方程为

$$\frac{d\ln L(\lambda)}{d\lambda}=-n+\frac{1}{\lambda}\sum_{i=1}^{n}x_i=0$$

解得 λ 的极大似然估计值

$$\hat{\lambda} = \frac{1}{n} \sum_{i=1}^{n} x_i = \bar{x}$$

λ 的极大似然估计量

$$\hat{\lambda} = \frac{1}{n} \sum_{i=1}^{n} x_i = \bar{X}$$

■ 估计量的评选标准 ■

1 无偏性

设 $\hat{\theta} = \theta(X_1, X_2, \cdots, X_n)$ 为未知参数 θ 的估计量,若对任意 $\theta \in \Theta$ 有 $E(\hat{\theta}) = \theta$,则称 $\hat{\theta}(X_1, X_2, \cdots, X_n)$ 是 θ 的无偏估计量,并称 $E(\hat{\theta}) - \theta$ 为估计量 $\hat{\theta}(X_1, X_2, \cdots, X_n)$ 的系统误差.有系统误差的估计称为有偏估计.

例 3 设 $X_1, \cdots, X_n$ 为总体 X 的样本,$a_i > 0, i = 1, \cdots, n$,且 $\sum_{i=1}^{n} a_i = 1$,试证 $\sum_{i=1}^{n} a_i X_i$ 是 $E(X)$ 的无偏估计.

【证明】 由于 $E(\sum_{i=1}^{n} a_i X_i) = \sum_{i=1}^{n} a_i E(X_i) = E(X)$,得证 $\sum_{i=1}^{n} a_i X_i$ 是 $E(X)$ 的无偏估计.

2 有效性

设 $\hat{\theta}_1$ 和 $\hat{\theta}_2$ 是参数 θ 的两个无偏估计量,若对于任意 $\theta \in \Theta$ 有

$$D(\hat{\theta}_1) \leqslant D(\hat{\theta}_2),$$

且至少存在某一个 $\theta \in \Theta$,使得上式成为严格的不等式,则称 $\hat{\theta}_1$ 较 $\hat{\theta}_2$ 有效.

例 4 设 x_1, x_2, x_3, x_4 是来自均值为 θ 的指数分布总体的样本,其中 θ 未知.设 $T_1 = (x_1 + x_2)/6 + (x_3 + x_4)/3$ 与 $T_2 = (x_1 + x_2 + x_3 + x_4)/4$

为 θ 的两个无偏估计量,请指出哪一个较为有效.

【解】 $D(T_1) = D[(x_1 + x_2)/6 + (x_3 + x_4)/3] = \dfrac{D(x_1 + x_2)}{36} + \dfrac{D(x_3 + x_4)}{9}$

$$\frac{D(x_1) + D(x_2)}{36} + \frac{D(x_3) + D(x_4)}{9} = \frac{2\theta^2}{36} + \frac{2\theta^2}{9} = \frac{5}{18}\theta^2$$

而 $D(T_2) = \dfrac{D(x_1 + x_2 + x_3 + x_4)}{4}$

$$= \frac{1}{16} \sum_{i=1}^{4} D(x_i) = \frac{1}{4}\theta^2 < D(T_1)$$

故统计量 T_2 较 T_1 有效.

3 相合性

无偏性和有效性都是对无偏估计而言. 实际中,有些无偏估计的其他性质往往不太好,因此有时也使用有偏估计. 对有偏估计提出的一个直观要求:随着样本容量的增加,有偏估计量的偏差会越来越小,此即相合性准则.

相合估计量:设 $\hat{\theta}$ 是参数 θ 的一个估计量,若对任意 $\theta \in \Theta$,当 $n \to \infty$ 时 $\hat{\theta}$ 依概率收敛于 θ,则称 $\hat{\theta}$ 是 θ 的相合估计量. 即若对于任意 $\theta \in \Theta$ 都满足:对于任意 $\varepsilon > 0$,有 $\lim\limits_{n \to \infty} P\{|\hat{\theta} - \theta| < \varepsilon\} = 1$,则称 $\hat{\theta}$ 是 θ 的相合估计量.

■ 区间估计

1 置信区间

设总体 X 的分布中含有未知参数 θ,$\bar{\theta}(X_1, X_2, \cdots, X_n)$ 和 $\underline{\theta}(X_1, X_2, \cdots, X_n)$ 是由样本 $X_1, X_2, \cdots, X_n$ 确定的两个统计量. 对给定的数 $\alpha(0 < \alpha < 1)$,如果对参数 θ 的任何值,都有

$$P\{\underline{\theta} < \theta < \bar{\theta}\} \geqslant 1 - \alpha,$$

则称随机区间 $(\underline{\theta}, \bar{\theta})$ 为参数 θ 的置信水平为 $1 - \alpha$ 的置信区间,$\underline{\theta}$ 和 $\bar{\theta}$ 分别称为 θ 的双侧置信区间的置信下限和置信上限,$1 - \alpha$ 称为置信水平或置信度.

注意:当 X 是连续型随机变量时,对于给定的 α,我们总按要求 $P\{\underline{\theta} < \theta < \bar{\theta}\} \geqslant 1 - \alpha$ 求出置信区间. 而当 X 是离散型随机变量时,对于给定的 α,常常找不到区间 $(\underline{\theta}, \bar{\theta})$ 使得 $P\{\underline{\theta} < \theta < \bar{\theta}\}$ 恰为 $1 - \alpha$. 此时我们应找区间 $(\underline{\theta}, \bar{\theta})$ 使得 $P\{\underline{\theta} < \theta < \bar{\theta}\}$ 至少为 $1 - \alpha$,且尽可能地接近 $1 - \alpha$.

2 求未知参数 θ 的置信区间步骤

(1) 利用 θ 的无偏估计量 $\hat{\theta}(X_1, X_2, \cdots, X_n)$ 构造一个样本 $X_1, X_2, \cdots, X_n$ 的函数:$G(X_1, X_2, \cdots, X_n, \theta)$. 在此函数中,包含待估参数 θ,而不含其他未知参数,并且 G 的分布已知且不依赖于任何未知参数;

(2) 对给定的置信水平 $1 - \alpha$,选取两个常数 a 和 b,使对一切 θ,有

$$P\{a < G(X_1, X_2, \cdots, X_n, \theta) < b\} = 1 - \alpha;$$

(3) 将

$$a < G(X_1, X_2, \cdots, X_n, \theta) < b$$

变形为

$$\underline{\theta}(X_1, X_2, \cdots, X_n) < \theta < \bar{\theta}(X_1, X_2, \cdots, X_n)$$

$(\underline{\theta}, \bar{\theta})$ 即是 θ 的置信水平为 $1 - \alpha$ 的置信区间.

正态总体参数的区间估计

1 一个正态总体均值的区间估计

已知 $X \sim N(\mu, \sigma^2)$，$\overline{X}$ 和 S^2 为样本 $X_1, X_2, \cdots, X_n$ 的样本均值和样本方差，给定置信水平为 $1-\alpha$ $(0 < \alpha < 1)$.

σ^2 已知时，μ 的区间估计：

样本的函数 $U = \dfrac{\overline{X} - \mu}{\sigma / \sqrt{n}} \sim N(0,1)$，$\mu$ 的双侧置信区间为

$$\left(\overline{X} - \frac{\sigma}{\sqrt{n}} u_{\alpha/2}, \overline{X} + \frac{\sigma}{\sqrt{n}} u_{\alpha/2} \right)$$

σ^2 未知时，μ 的区间估计：

样本的函数 $T = \dfrac{\overline{X} - \mu}{S / \sqrt{n}} \sim t(n-1)$，$\mu$ 的双侧置信区间为

$$\left(\overline{X} - t_{\alpha/2}(n-1) \frac{S}{\sqrt{n}}, \overline{X} + t_{\alpha/2}(n-1) \frac{S}{\sqrt{n}} \right)$$

例 5 设总体 $X \sim N(\mu, 0.9^2)$，容量 $n=9$ 的样本均值 $\overline{x} = 5$，μ 未知，求 μ 的置信度为 0.95 的置信区间.

【解】 $\sigma = 0.9^2$ 已知，样本函数 $U = \dfrac{\overline{x} - \mu}{\sigma / \sqrt{n}} \sim N(0,1)$.

由 $P\{-u_{\alpha/2} < u < u_{\alpha/2}\} = 1 - \alpha = 0.95$

查标准正态分布表得 $u_{\alpha/2} = u_{0.025} = 1.96$

则有 $\qquad\qquad -u_{\alpha/2} < \dfrac{\overline{x} - \mu}{\sigma \sqrt{n}} < -u_{\alpha/2}$

将 $\overline{x} = 5, \alpha = 0.9, n = 9, -u_{\alpha/2} = 1.96$ 代入

得 μ 在置信度为 0.95 的置信区间为 $(1.412, 5.588)$.

2 两个正态总体均值差的区间估计

设 $X_1, X_2, \cdots, X_n$ 与 $Y_1, Y_2, \cdots, Y_n$ 是分别来自两个相互独立的正态总体 $N(\mu_1, \sigma_1^2)$ 和 $N(\mu_2, \sigma_2^2)$ 的样本，$\overline{X}, \overline{Y}, S_1^2, S_2^2$ 分别是两样本的均值与方差，给定置信水平为 $1 - \alpha (0 < \alpha < 1)$.

σ_1^2 和 σ_2^2 均已知，$\mu_1 - \mu_2$ 的区间估计：

由于 $\overline{X} \sim N(\mu_1, \sigma_1^2/n_1)$，$\overline{Y} \sim N(\mu_2, \sigma_2^2/n_2)$，而两个独立的正态随机变量之差也是正态随机变量，故

$$\overline{X} - \overline{Y} \sim N\left(\mu_1 - \mu_2, \frac{\sigma_1^2}{n_1} + \frac{\sigma_2^2}{n_2}\right)$$

$$\frac{(\overline{X} - \overline{Y}) - (\mu_1 - \mu_2)}{\sqrt{\frac{\sigma_1^2}{n_1} + \frac{\sigma_2^2}{n_2}}} \sim N(0,1)$$

于是 $\mu_1 - \mu_2$ 的双侧置信区间为

$$\left(\overline{X} - \overline{Y} - u_{\alpha/2}\sqrt{\frac{\sigma_1^2}{n_1} + \frac{\sigma_2^2}{n_2}}, \overline{X} - \overline{Y} + u_{\alpha/2}\sqrt{\frac{\sigma_1^2}{n_1} + \frac{\sigma_2^2}{n_2}}\right)$$

$\sigma_1^2 = \sigma_2^2 = \sigma^2$ 未知,$\mu_1 - \mu_2$ 的区间估计:

样本的函数 $\dfrac{\overline{X} - \overline{Y} - (\mu_1 - \mu_2)}{S_\omega\sqrt{\dfrac{1}{n_1} + \dfrac{1}{n_2}}} \sim t(n_1 + n_2 - 2)$

其中 $S_\omega^2 = \dfrac{(n_1 - 1)S_1^2 + (n_2 - 1)S_2^2}{n_1 + n_2 - 2}$,则 $\mu_1 - \mu_2$ 的双侧置信区间为

$$\left(\overline{X} - \overline{Y} - t_{\alpha/2}(n_1 + n_2 - 2)S_\omega\sqrt{\frac{1}{n_1} + \frac{1}{n_2}}, \overline{X} - \overline{Y} + t_{\alpha/2}(n_1 + n_2 - 2)S_\omega\sqrt{\frac{1}{n_1} + \frac{1}{n_2}}\right)$$

σ_1^2 和 σ_2^2 均未知,$\mu_1 - \mu_2$ 的区间估计:

当 n_1 和 n_2 都很大时,$\mu_1 - \mu_2$ 的近似双侧置信区间为

$$\left(\overline{X} - \overline{Y} - u_{\alpha/2}\sqrt{\frac{S_1^2}{n_1} + \frac{S_2^2}{n_2}}, \overline{X} - \overline{Y} + u_{\alpha/2}\sqrt{\frac{S_1^2}{n_1} + \frac{S_2^2}{n_2}}\right)$$

例 6 研究两种固体燃料火箭推进器的燃烧率.设两者都服从正态分布,并已知燃烧率的标准差均近似地为 0.05cm/s,取样本容量为 $n_1 = n_2 = 20$.得燃烧率的样本均值分别为 $\overline{x_1} = 18\text{cm/s}$,$\overline{x_2} = 24\text{cm/s}$,设两样本独立.求两燃烧率总体均值差 $\mu_1 - \mu_2$ 的置信水平为 0.99 的置信区间.

【解】 已知两正态总体标准差均为 $\sigma = 0.05$,有

$$Z = \frac{\overline{X_1} - \overline{X_2} - (\mu_1 - \mu_2)}{\sqrt{\frac{\sigma^2}{n_1} + \frac{\sigma^2}{n_2}}} \sim N(0,1)$$

给定置信水平 $1 - \alpha = 0.99$,使

$$P\left\{\frac{\overline{X_1} - \overline{X_2} - (\mu_1 - \mu_2)}{\sqrt{\frac{\sigma^2}{n_1} + \frac{\sigma^2}{n_2}}} < u_{0.005}\right\} = 0.99$$

查标准正态分布表得 $u_{0.005} = 2.57$

于是 $\mu_1 - \mu_2$ 的置信水平为 0.99 的置信区间为

$$\left(\overline{X_1} - \overline{X_2} \pm \sqrt{\frac{\sigma^2}{n_1} + \frac{\sigma^2}{n_2}} \times 2.57\right)$$

将 $\overline{X_1}=18,\overline{X_1}=24,\sigma=0.05,n_1=n_2=20$ 代入,得

$\mu_1-\mu_2$ 的置信水平为 0.99 的置信区间为

$$\left(18-24\pm\sqrt{2\times\frac{0.05^2}{20}}\times2.57\right)=(-6.04,-5.96)$$

3 一个正态总体方差的区间估计

已知 $X\sim N(\mu,\sigma^2)$,$\overline{X}$ 和 S^2 为样本 $X_1,X_2,\cdots,X_n$ 的样本均值和样本方差,给定置信水平为 $1-\alpha$ $(0<\alpha<1)$.

μ 已知时,σ^2 的区间估计:

样本的函数 $\chi^2=\sum\limits_{i=1}^{n}\frac{(X_i-\mu)^2}{\sigma^2}\sim\chi^2(n)$,$\sigma^2$ 的双侧置信区间为

$$\left(\frac{\sum\limits_{i=1}^{n}(X_i-\mu)^2}{\chi_{\alpha/2}^2(n)},\frac{\sum\limits_{i=1}^{n}(X_i-\mu)^2}{\chi_{1-\alpha/2}^2(n)}\right)$$

μ 未知时,σ^2 的区间估计:

样本的函数 $\chi^2=\frac{(n-1)S^2}{S^2}\sim\chi^2(n-1)$,$\sigma^2$ 的双侧置信区间为

$$\left(\frac{(n-1)S^2}{\chi_{\alpha/2}^2(n-1)},\frac{(n-1)S^2}{\chi_{1-\alpha/2}^2(n-1)}\right)$$

例 7 为估计产品使用寿命 X 的方差,测试了 10 次产品,得 $S^2=20^2$,若已知 $X\sim N(\mu,\sigma^2)$,μ 未知,求 σ^2 在置信水平为 0.95 下的置信区间.

【解】 因为 μ 未知,选取仅含待估参数 σ^2 的样本函数

$$X^2=\frac{(n-1)S^2}{\sigma^2}\sim X^2(n-1)$$

由 $P\{X_{1-\alpha/2}^2(n-1)<X^2<X_{\alpha/2}^2(n-1)\}=1-\alpha=0.95$

查 X^2 分布表,得

$$X_{1-\alpha/2}^2(n-1)=X_{0.975}^2(9)=2.7$$
$$X_{\alpha/2}^2(n-1)=X_{0.025}^2(9)=19.203$$

解不等式 $X_{1-\alpha/2}^2(n-1)<X^2<X_{\alpha/2}^2(n-1)$

即 $X_{1-\alpha/2}^2(n-1)<\frac{(n-1)S^2}{\sigma^2}<X_{\alpha/2}^2(n-1)$

得随机区间 $\left(\frac{(n-1)S^2}{X_{\alpha/2}^2(n-1)},\frac{(n-1)S^2}{X_{1-\alpha/2}^2(n-1)}\right)$

将 $n=10,S=20,X_{\alpha/2}^2(n-1)=19.023,X_{1-\alpha/2}^2(n-1)=2.7$ 代入,得 α^2 在 0.95 下的置信区间

为(189.25,1333.33).

4 两个正态总体方差比的区间估计

设 $X_1, X_2, \cdots, X_n$ 与 $Y_1, Y_2, \cdots, Y_n$ 是分别来自两个相互独立的正态总体 $N(\mu_1, \sigma_1^2)$ 和 $N(\mu_2, \sigma_2^2)$ 的样本,$\bar{X}, \bar{Y}, S_1^2, S_2^2$ 分别是两样本的均值与方差,给定置信水平为 $1-\alpha(0 < \alpha < 1)$.

μ_1 和 μ_2 均未知,$\dfrac{\sigma_1^2}{\sigma_2^2}$ 的区间估计:

样本的函数 $F = \dfrac{S_1^2/S_2^2}{\sigma_1^2/\sigma_2^2} \sim F(n_1-1, n_2-1)$,$\dfrac{\sigma_1^2}{\sigma_2^2}$ 的双侧置信区间为

$$\left(\frac{S_1^2}{S_2^2} \cdot \frac{1}{F_{\alpha/2}(n_1-1, n_2-1)}, \frac{S_1^2}{S_2^2} \cdot \frac{1}{F_{1-\alpha/2}(n_1-1, n_2-1)} \right)$$

例8 设总体 $X \sim N(\mu_1, \sigma_1^2)$,$Y \sim N(\mu_2, \sigma_2^2)$,$\mu_1$、$\mu_2$、$\sigma_1^2$、$\sigma_2^2$ 未知,且 X 和 Y 相互独立,现从两总体中抽取样本 $X_1, \cdots, X_{25}$ 和 $Y_{12}, \cdots, Y_{16}$,测得样本方差分别为 $S_1^2 = 2, S_2^2 = 4.29$,问 σ_1^2/σ_2^2 的置信度为 0.9 的置信区间.

【解】 因 μ_1 和 μ_2 未知,选取样本函数

$$F = \frac{S_1^2 \sigma_1^2}{S_2^2 \sigma_2^2} \sim F(n_1-1, n_2-1)$$

由于 $n_1 = 25, n_2 = 16$,且

$$F_{1-\alpha/2}(n_1-1, n_2-1) = F_{0.95}(24, 15) = \frac{1}{F_{0.05}(15, 24)} = \frac{1}{2.11}$$

$$F_{\alpha/2}(n_1-1, n_2-1) = F_{0.05}(24, 15) = 2.29$$

解不等式

$$\frac{1}{2.11} < \frac{S_1^2/\sigma_1^2}{S_2^2/\sigma_2^2} < 2.29$$

已知 $S_1^2 = 2, S_2^2 = 4.29$

解得

$$\frac{1}{1.145} < \frac{\sigma_1^2}{\sigma_2^2} < 4.22$$

即

$$0.873 < \frac{\sigma_1^2}{\sigma_1^2} < 4.22$$

故 $\dfrac{\sigma_2^2}{\sigma_1^2}$ 的置信区间为 $(0.873, 4.22)$.

■ 非正态总体参数的区间估计 ━━━━━

对于非正态总体,通常在样本容量 n 充分大时,利用中心极限定理来对未知参数进行区间估计. 即当 n(一般要求 $n \geqslant 50$)充分大时,样本函数

$$\frac{\overline{X}-\mu(\theta)}{\sigma(\theta)/\sqrt{n}}$$

近似地服从标准正态分布 $N(0,1)$. 所以对于给定的置信水平 $1-\alpha$, 有

$$P\left\{\frac{|\overline{X}-\mu(\theta)|}{\sigma(\theta)/\sqrt{n}}<u_{\alpha/2}\right\}\approx 1-\alpha$$

设已知样本观测值为 $x_1,x_2,\cdots,x_n$, 若能由不等式

$$\frac{|\overline{X}-\mu(\theta)|}{\sigma(\theta)/\sqrt{n}}<u_{\alpha/2}$$

解得参数 θ 应满足的不等式, 则可近似地求得参数 θ 的置信区间.

■ 单侧置信区间

对于给定值 $\alpha(0<\alpha<1)$, 若由样本 $X_1,X_2,\cdots,X_n$ 确定的统计量

$$\underline{\theta}=\underline{\theta}(X_1,X_2,\cdots,X_n)$$

对于任意 $\theta\in\Theta$ 满足

$$P\{\theta>\underline{\theta}\}\geqslant 1-\alpha$$

则称随机区间 $(\underline{\theta},\infty)$ 是 θ 的置信水平为 $1-\alpha$ 的单侧置信区间, $\underline{\theta}$ 称为 θ 的置信水平为 $1-\alpha$ 的单侧置信下限.

又若统计量 $\overline{\theta}=\overline{\theta}(X_1,X_2,\cdots,X_n)$, 对于任意 $\theta\in\Theta$ 满足

$$P\{\theta<\overline{\theta}\}\geqslant 1-\alpha$$

则称随机区间 $(-\infty,\overline{\theta})$ 是 θ 的置信水平为 $1-\alpha$ 的单侧置信区间, $\overline{\theta}$ 称为 θ 的置信水平为 $1-\alpha$ 的单侧置信上限.

例 9 从一批灯泡中随机取 5 只, 测得其寿命(以 h 计)为

1050、1100、1120、1280、1250, 设灯泡寿命 $X\sim N(\mu,\sigma^2)$, σ^2 未知, 求 X 的均值 μ 在置信度为 0.95 下的单侧置信下限.

【解】 因为 σ^2 未知, 选取仅含待估参数 μ 的样本函数

$$T=\frac{\overline{X}-\mu}{S/\sqrt{n}}\sim t(n-1)$$

由 $P\{T<t_\alpha(n-1)\}=1-\alpha=0.95$, 查 t 分布表, 得分位数 $t_\alpha(n-1)=t_{0.05}(4)=2.1318$, 解不等式 $T<t_\alpha(n-1)$, 即

$$\frac{\overline{X}-\mu}{S/\sqrt{n}}<t_\alpha(n-1)$$

得 $\mu>\overline{X}-\dfrac{S}{\sqrt{n}}t_\alpha(n-1)$

将 $n=5, \alpha=0.05, t_\alpha(n-1)=t_{0.05}(4)=2.1318$

$\overline{X}=\dfrac{1}{5}(1050+110+1120+1280+1250)=1160$

$S^2=\dfrac{1}{4}\left[(1050-1160)^2+(110-1160)^2+(1120-1160)^2+(1280-1160)^2+(1250-1160)^2\right]$

$=9950$

代入得 μ 在置信水平为 0.95 下的单侧置信下限为 1065.

附表:

表 7-1 正态总体均值、方差的置信区间与单侧置信限(置信水平为 $1-\alpha$)

	待估参数	其他参数	概轴量 W 的分布	置信区间	单侧置信限
一个正态总体	μ	σ^2 已知	$Z=\dfrac{\overline{X}-\mu}{\sigma/\sqrt{n}}\sim N(0,1)$	$\left(\overline{X}\pm\dfrac{\sigma}{\sqrt{n}}z_{\alpha/2}\right)$	$\overline{\mu}=\overline{X}+\dfrac{\sigma}{\sqrt{n}}z_\alpha$ $\underline{\mu}=\overline{X}-\dfrac{\sigma}{\sqrt{n}}z_\alpha$
	μ	σ^2 未知	$t=\dfrac{\overline{X}-\mu}{S/\sqrt{n}}\sim t(n-1)$	$\left(\overline{X}\pm\dfrac{S}{\sqrt{n}}t_{\alpha/2}(n-1)\right)$	$\overline{\mu}=\overline{X}+\dfrac{S}{\sqrt{n}}t_\alpha(n-1)$ $\underline{\mu}=\overline{X}-\dfrac{S}{\sqrt{n}}t_\alpha(n-1)$
	σ^2	μ 未知	$\chi^2=\dfrac{(n-1)S^2}{\sigma^2}\sim\chi^2(n-1)$	$\left(\dfrac{(n-1)S^2}{\chi^2_{\alpha/2}(n-1)},\right.$ $\left.\dfrac{(n-1)S^2}{\chi^2_{1-\alpha/2}(n-1)}\right)$	$\overline{\sigma^2}=\dfrac{(n-1)S^2}{\chi^2_{1-\alpha}(n-1)}$ $\underline{\sigma^2}=\dfrac{(n-1)S^2}{\chi^2_\alpha(n-1)}$
两个正态总体	$\mu_1-\mu_2$	σ_1^2,σ_2^2 已知	$Z=\dfrac{\overline{X}-\overline{Y}-(\mu_1-\mu_2)}{\sqrt{\dfrac{\sigma_1^2}{n_1}+\dfrac{\sigma_2^2}{n_2}}}$ $\sim N(0,1)$	$\left(\overline{X}-\overline{Y}\pm z_{\alpha/2}\sqrt{\dfrac{\sigma_1^2}{n_1}+\dfrac{\sigma_2^2}{n_2}}\right)$	$\overline{\mu_1-\mu_2}=\overline{X}-\overline{Y}+z_\alpha\sqrt{\dfrac{\sigma_1^2}{n_1}+\dfrac{\sigma_2^2}{n_2}}$ $\underline{\mu_1-\mu_2}=\overline{X}-\overline{Y}-z_\alpha\sqrt{\dfrac{\sigma_1^2}{n_1}+\dfrac{\sigma_2^2}{n_2}}$
	$\mu_1-\mu_2$	$\sigma_1^2=\sigma_2^2$ $=\sigma^2$ 未知	$t=\dfrac{(\overline{X}-\overline{Y})-(\mu_1-\mu_2)}{S_\omega\sqrt{\dfrac{1}{n_1}+\dfrac{1}{n_2}}}$ $\sim t(n_1+n_2-2)$ $S_\omega^2=\dfrac{(n_1-1)S_1^2+(n_2-1)S_2^2}{n_1+n_2-2}$	$\left(\overline{X}-\overline{Y}\pm t_{\alpha/2}(n_1+n_2-2)\right.$ $\left. S_\omega\sqrt{\dfrac{1}{n_1}+\dfrac{1}{n_2}}\right)$	$\overline{\mu_1-\mu_2}=\overline{X}-\overline{Y}+$ $t_\alpha(n_1+n_2-2)S_\omega\sqrt{\dfrac{1}{n_1}+\dfrac{1}{n_2}}$ $\underline{\mu_1-\mu_2}=\overline{X}-\overline{Y}-$ $t_\alpha(n_1+n_2-2)S_\omega\sqrt{\dfrac{1}{n_1}+\dfrac{1}{n_2}}$
	$\dfrac{\sigma_1^2}{\sigma_2^2}$	μ_1,μ_2 未知	$F=\dfrac{S_1^2/S_2^2}{\sigma_1^2/\sigma_2^2}$ $\sim F(n_1-1,n_2-1)$	$\left(\dfrac{S_1^2}{S_2^2}\dfrac{1}{F_{\alpha/2}(n_1-1,n_2-1)},\right.$ $\left.\dfrac{S_1^2}{S_2^2}\dfrac{1}{F_{1-\alpha/2}(n_1-1,n_2-1)}\right)$	$\overline{\dfrac{\sigma_1^2}{\sigma_2^2}}=\dfrac{S_1^2}{S_2^2}\dfrac{1}{F_{1-\alpha}(n_1-1,n_2-1)}$ $\underline{\dfrac{\sigma_1^2}{\sigma_2^2}}=\dfrac{S_1^2}{S_2^2}\dfrac{1}{F_\alpha(n_1-1,n_2-1)}$

典型题型归类

■ 求参数点估计的方法和估计量评选的标准

例 10 试证明均匀分布

$$f(X) = \begin{cases} \dfrac{1}{\theta}, & 0 < X \leqslant \theta \\ 0, & \text{其他} \end{cases}$$ 中未知参数 θ 的最大似然估计量不是无偏的.

【分析】 此题首先应求 θ 的最大似然估计量.

【证明】 似然函数为

$$L(\theta) = \begin{cases} \dfrac{1}{\theta^n}, & 0 < X_i \leqslant \theta \quad (i=1,2,\cdots,n) \\ 0, & \text{其他} \end{cases}$$

由 $0 < X_i \leqslant \theta$, 得

$$0 < X_{(n)} = \max(X_1, X_2, \cdots, X_n) \leqslant \theta$$

则 $\hat{\theta} = X_{(n)}$ 为 θ 的最大似然估计值.

$L(\theta)$ 为 θ 的单调减函数, θ 越小, $L(\theta)$ 越大, 但 θ 不能任意小.

$\hat{\theta} = X_{(n)} = \max(X_1, X_2, \cdots, X_n)$ 为 θ 的最大似然估计量.

$$E(\hat{\theta}) = E(X_{(n)}) = \int_0^\theta x f_n(x) \mathrm{d}x$$

而总体 X 的分布函数为

$$F(x) = \begin{cases} 0, & x < 0 \\ \dfrac{x}{\theta}, & 0 < x < \theta \\ 1, & x \geqslant \theta \end{cases}$$

所以

$$f_n(x) = \begin{cases} n\left(\dfrac{x}{\theta}\right)^{n-1} \dfrac{1}{\theta} = \dfrac{nx^{n-1}}{\theta^n}, & 0 < x \leqslant \theta \\ 0, & \text{其他} \end{cases}$$

于是有

$$E(\hat{\theta}) = E(X_{(n)}) = \int_0^\theta x \frac{nx^{n-1}}{\theta^n} \mathrm{d}x = \frac{n}{\theta^n} \int_0^\theta x^n dx = \frac{n}{n+1}\theta$$

因此　$E(\max(X_1,X_2,\cdots,X_n))\neq\theta$.

故 θ 的最大似然估计量不是 θ 的无偏估计量.

■ 求一个正态总体参数的置信区间

例 11 随机地取某种炮弹 9 发做试验,得炮口速度的样本标准差 $S=11\text{m/s}$. 设炮口速度服从正态分布,求该种炮弹炮口速度 σ 的置信水平为 0.95 的置信区间.

【分析】 求标准差的置信区间时,首先求方差的置信区间.

【解】 选取样本函数为

$$X^2=\frac{(n-1)S^2}{\sigma^2}\sim X^2_{(n-1)}$$

有 $P\{X^2_{0.95}(8)<\dfrac{(n-1)S^2}{\sigma^2}<X^2_{0.025}(8)\}=0.95$

查 X^2 分布表得　$X^2_{0.975}(8)=2.180$

$$X^2_{0.025}(8)=17.535$$

解不等式

$$\frac{(n-1)S^2}{17.535}<\sigma^2<\frac{(n-1)S^2}{2.180}$$

得 Δ^2 的置信水平为 0.95 的置信区间为

$$\left(\frac{(n-1)S^2}{17.535},\frac{(n-1)S^2}{2.180}\right)$$

将 $n=9,S=11$ 代入,得

σ 的置信水平为 0.95 的置信区间为

$$(\sqrt{55.2},\sqrt{444.0})=(7.43,21.07)$$

■ 求两个正态总体的 $\mu_1-\mu_2$ 和 σ_1^2/σ_2^2 的置信区间

例 12 设两位化验员 A、B 独立地对某种聚合物含氯量用相同的方法各作 10 次测定,其测定值的样本方差依次为 $S_A^2=0.5419,S_B^2=0.6065$,设 Δ_A^2、Δ_B^2 分别为 A、B 所测定的测定值总体的方差,设总体均为正态的,且两样本独立,求方差比 Δ_A^2/Δ_B^2 的置信水平为 0.95 的置信区间.

【解】 选取样本函数服从 F 分布,即

$$F=\frac{S_A^2/\Delta_A^2}{S_B^2/\Delta_B^2}\sim F(n_1-1,n_2-1)$$

给定置信水平 $1-a=0.95$,使

$$P\left\{F_{0.975}(9,9)<\frac{S_A^2/\Delta_A^2}{S_B^2/\Delta_B^2}<F_{0.025}(9,9)\right\}=0.95$$

查 F 分布表得 $\quad F_{0.025}(9,9)=4.03$

$$F_{0.975}(9,9)=\frac{1}{F_{0.025}(9,9)}=\frac{1}{4.03}$$

有 $P\left\{\dfrac{S_A^2}{S_B^2 F_{0.025(9,9)}}<\dfrac{\Delta_A^3}{\Delta_B^2}<\dfrac{S_A^2}{S_B^2 F_{0.975}(9,9)}\right\}=0.95$

则 $\dfrac{\Delta_A^2}{\Delta_B^2}$ 的置信水平为 0.95 的置信区间为

$$\left(\frac{S_A^2}{4.03\times S_B^2},\frac{S_A^2\times4.03}{S_B^2}\right)$$

将 $S_A^2=0.5419, S_B^2=0.6065$ 代入,则

$\dfrac{\Delta_A^2}{\Delta_B^2}$ 的置信水平为 0.95 的置信区间为 $(0.2217,3.6008)$

■ 求正态总体参数的单侧置信区间 ■■■■■■■■

例 13　求例 12 中方差比 Δ_A^2/Δ_B^2 的置信水平 0.95 的单侧置信上限.

【解】　选取样本函数为

$$F=\frac{S_A^2/\Delta_A^2}{S_B^2/\Delta_B^2}\sim F(n_1-1,n_2-1)$$

给定置信水平 $1-\alpha$,使

$$P\left\{\frac{S_A^2/\Delta_A^2}{S_B^2/\Delta_B^2}>F_{1-\alpha}(n_1-1,n_2-1)\right\}=1-\alpha$$

等价于

$$P\left\{\frac{\Delta_A^2}{\Delta_B^2}<\frac{S_A^2}{S_B^2 F_{1-\alpha}(n_1-1,n_2-1)}\right\}=1-\alpha$$

则 $\dfrac{\Delta_A^2}{\Delta_B^2}$ 的置信水平为 0.95 的单侧置信区间为

$$\left(0,\frac{S_A^2}{S_B^2 F_{0.95}(n_1-1,n_2-1)}\right)$$

查 F 分布表,得 $\quad F_{0.05}(9,9)=3.18$,则

$$F_{0.95}(9,9)=\frac{1}{3.18}$$

将 $S_A^2=0.5419, S_B^2=0.6065$ 代入,得 $\dfrac{\Delta_A^2}{\Delta_B^2}$ 的置信水平为 0.95 的单侧置信区间为

$(0,\dfrac{0.5419\times3.18}{0.6065})=(0,2.84)$

其单侧置信上限 $\bar{\mu} = 2.84$.

习题全解

■ 习题 7-1

1. 分析 离散型随机变量的似然函数为分布律之积.

解题过程 总体 X 为离散型随机变量

似然函数为 $L(p_1,\cdots,p_k) = p^{\sum\limits_{i=1}^{n}X_i}(1-p)^{n-\sum\limits_{i=1}^{n}X_i}$

取对数 $\quad \ln L(p) = \ln p^{\sum\limits_{i=1}^{n}X_i}(1-p)^{n-\sum\limits_{i=1}^{n}X_i} = \ln p^{\sum\limits_{i=1}^{n}X_i} + \ln(1-p)^{n-\sum\limits_{i=1}^{n}X_i}$

$$\frac{d\ln L(p)}{dp} = \frac{\sum\limits_{i=1}^{n}X_i}{p} - \frac{n-\sum\limits_{i=1}^{n}X_i}{1-p}$$

$$令 \quad \frac{\sum\limits_{i=1}^{n}X_i}{p} - \frac{n-\sum\limits_{i=1}^{n}X_i}{1-p} = 0 \quad 得 \quad \hat{p} = \frac{\sum\limits_{i=1}^{n}X_i}{n} = \overline{X}.$$

2. 解题过程 $\hat{\mu} = \frac{1}{n}\sum\limits_{i=1}^{n}X_i = 5323.4$

$$\hat{\sigma}^2 = \frac{1}{n}\sum\limits_{i=1}^{n}X_i^2 - \left(\frac{1}{n}\sum\limits_{i=1}^{n}X_i\right)^2 = 28338943.4 - 5323.4^2 = 355.84$$

3. 分析 似然函数为样本分布律乘积.

解题过程 矩估计：$E(X) = \theta^2 + 4\theta(1-\theta) + 3(1-\theta)^2 = 3 - 2\theta$

令 $E(X) = \overline{X}$，得 $\overline{X} = 3 - 2\theta$

$\therefore$ 得矩估计 $\hat{\theta} = \dfrac{3-\overline{X}}{2}$

$\overline{X} = \dfrac{1+2+1}{3} = \dfrac{4}{3}$，得 $\hat{\theta} = \dfrac{3-\dfrac{4}{3}}{2} = \dfrac{5}{6}$

极大似然估计：

似然函数 $L(\theta) = 2\theta^5(1-\theta)$

取对数 $\ln L(\theta) = \ln 2 + 5\ln\theta + \ln(1-\theta)$

求导 $\dfrac{\mathrm{d}\ln L(\theta)}{\mathrm{d}\theta} = 5 \cdot \dfrac{1}{\theta} - \dfrac{1}{1-\theta} = 0$

$$5 - 6\theta = 0$$

$$\Rightarrow \hat{\theta} = \dfrac{5}{6}$$

4. 分析 泊松分布 $P\{X=k\} = \dfrac{\lambda^k e^{-\lambda}}{k!}, k = 0, 1, 2, \cdots$

解题 过程 似然函数为

$$L(\lambda) = \left(\dfrac{\lambda^0 e^{-\lambda}}{0!}\right)^7 \left(\dfrac{\lambda e^{-\lambda}}{1!}\right)^{10} \left(\dfrac{\lambda^2 e^{-\lambda}}{2!}\right)^{12} \left(\dfrac{\lambda^3 e^{-\lambda}}{3!}\right)^8 \left(\dfrac{\lambda^4 e^{-\lambda}}{4!}\right)^3 \left(\dfrac{\lambda^5 e^{-\lambda}}{5!}\right)^2$$

取对数得

$$\ln L(\lambda) = 80\ln\lambda - 42\lambda - \ln(2^{12} \cdot 6^8 \cdot 24^3 \cdot 120^2)$$

求导得

$$\dfrac{\mathrm{d}\ln L(\lambda)}{\mathrm{d}\lambda} = \dfrac{80}{\lambda} - 42 = 0 \Rightarrow \hat{\lambda} = \dfrac{40}{21}$$

5. 解题 过程 (1) $E(X) = \displaystyle\int_{-\infty}^{+\infty} x f(x)\,\mathrm{d}x = \int_0^1 \theta x^\theta\,\mathrm{d}x = \dfrac{\theta}{\theta+1}$

令 $E(X) = \overline{X}$，即 $\dfrac{\theta}{\theta+1} = \overline{X} \Rightarrow \hat{\theta} = \dfrac{\overline{X}}{1-\overline{X}}$

(2) 似然函数 $L(\theta) = \theta^n (x_1 x_2 \cdots x_i)^{\theta-1}$ $0 < x_1, \cdots, x_n < 1$

取对数 $\ln L(\theta) = n\ln\theta + (\theta-1)(\ln x_1 + \ln x_2 + \cdots + \ln x_n)$

求导 $\dfrac{\mathrm{d}\ln L(\theta)}{d\theta} = \dfrac{n}{\theta} + \displaystyle\sum_{i=1}^{n} \ln x_i = 0$

$$\Rightarrow \hat{\theta} = -\dfrac{n}{\displaystyle\sum_{i=1}^{n} \ln x_i}$$

6. 解题 过程 (1) μ 已知时，似然函数为 $L(\sigma) = \dfrac{1}{\sigma^n} e^{-\frac{1}{\sigma} \sum\limits_{i=1}^{n}(x_i - \mu)}$ $x_1, x_2, \cdots, x_n \geqslant \mu$

取对数得 $\ln L(\sigma) = -n\ln\sigma - \dfrac{1}{\sigma} \displaystyle\sum_{i=1}^{n}(x_1 - \mu)$

求导得 $\dfrac{\mathrm{d}}{\mathrm{d}\sigma}\ln L(\sigma) = -\dfrac{n}{\sigma} + \dfrac{1}{\sigma^2} \displaystyle\sum_{i=1}^{n}(x_i - \mu) = 0$

$$\Rightarrow \hat{\sigma} = \dfrac{1}{n} \sum_{i=1}^{n}(x_i - \mu)$$

(2) σ 已知时，似然函数为 $L(\mu) = \dfrac{1}{\sigma^n} e^{-\frac{1}{\sigma} \sum\limits_{i=1}^{n}(x_i - \mu)}$ $x_1, x_2, \cdots x_n \geqslant \mu$

取对数得 $\ln L(\mu) = -n\ln\sigma - \dfrac{1}{\sigma}\sum\limits_{i=1}^{n}(x_i - \mu)$

求导得 $\dfrac{\mathrm{d}\ln L(\mu)}{\mathrm{d}\mu} = \dfrac{n}{\sigma}$

又 $\because L(\mu)$ 最大值点等价于 μ 的最小极值点

$\therefore \hat{\mu} = \min(X_1, X_2, \cdots, X_n)$

(3) μ, σ 均未知时

似然函数为 $L(\mu, \sigma) = \dfrac{1}{\sigma^n} \mathrm{e}^{-\frac{1}{\sigma}\sum\limits_{i=1}^{n}(x_i - \mu)}$

取对数得 $\ln L(\mu, \sigma) = -n\ln\sigma - \dfrac{1}{\sigma}\sum\limits_{i=1}^{n}(x_i - \mu)$

求偏导得 $\dfrac{\partial}{\partial \mu}\ln L(\mu, \sigma) = \dfrac{n}{\sigma} = 0$

$\dfrac{\partial}{\partial \sigma}\ln L(\mu, \sigma) = -\dfrac{n}{\sigma} + \dfrac{1}{\sigma^2}\sum\limits_{i=1}^{n}(x_i - \mu) = 0$

$\Rightarrow \hat{\sigma} = \dfrac{1}{n}\sum\limits_{i=1}^{n}(x_i - \hat{\mu}), \hat{\mu} = \min(X_1, X_2, \cdots, X_n)$

7. 分析 离散型分布似然函数为样本分布律之积.

解题过程 似然函数为

$$L(\lambda) = \prod_{i=1}^{n} P\{X = x_i\} = \prod_{i=1}^{n}\left(\dfrac{\lambda^{x_i}\mathrm{e}^{-\lambda}}{x_i}\right) = \dfrac{\lambda^{\sum\limits_{i=1}^{n} x_i}}{\prod\limits_{i=1}^{n}(x_i!)}\mathrm{e}^{-n\lambda}$$

取对数得

$\ln L(\lambda) = -n\lambda + (\sum\limits_{i=1}^{n} x_i)\ln\lambda - \sum\limits_{i=1}^{n}\ln(x_i!)$

求导得

$\dfrac{\mathrm{d}\ln L(\lambda)}{\mathrm{d}\lambda} = -n + \dfrac{1}{\lambda}\sum\limits_{i=1}^{n} x_i = 0 \Rightarrow \hat{\lambda} = \dfrac{1}{n}\sum\limits_{i=1}^{n} x_i = \bar{x}$

$\therefore P\{X = 0\}$ 的极大似然估计为 $\hat{\lambda} = \dfrac{\hat{\lambda}^0 \mathrm{e}^{-\hat{\lambda}}}{0!} = \mathrm{e}^{-\bar{X}}$

8. 解题过程 样本的似然函数为

$$L(\sigma) = \prod_{i=1}^{n} f(x_i, \sigma) = \dfrac{1}{(2\sigma)^n}\mathrm{e}^{-\sum\limits_{i=1}^{n}\frac{|x_i|}{\sigma}}$$

取对数得

$$\ln L(\sigma) = -n\ln(2\sigma) - \frac{1}{\sigma}\sum_{i=1}^{n}|x_i|$$

求导得

$$\frac{\mathrm{d}\ln L(\sigma)}{\mathrm{d}\sigma} = -\frac{n}{\sigma} + \frac{1}{\sigma^2}\sum_{i=1}^{n}|x_i| = 0 \Rightarrow \sigma = \frac{1}{n}\sum_{i=1}^{n}|x_i|$$

$\therefore$ 极大似然估计为 $\hat{\sigma} = \dfrac{1}{n}\sum_{i=1}^{n}|x_i|$

■ **习题 7-2** ━━━━━━━━━━━━━━

1. **分析** $D(\hat{\theta}_1) \leqslant D(\hat{\theta}_2)$，则 $\hat{\theta}_1$ 较 $\hat{\theta}_2$ 有效.

   解题过程 $D(\hat{\mu}_1) = \left(\dfrac{1}{36} + \dfrac{4}{36} + \dfrac{9}{36}\right)D(X) = \dfrac{14}{36}D(X)$

   $D(\hat{\mu}_2) = \left(\dfrac{4}{25} + \dfrac{1}{25} + \dfrac{4}{25}\right)D(X) = \dfrac{9}{25}D(X)$

   $\because D(\hat{\mu}_2) < D(\hat{\mu}_1)$

   $\therefore \hat{\mu}_2$ 更有效

2. **证明** $E(\hat{\sigma}^2) = \dfrac{1}{n}E\left[\sum_{i=1}^{n}(X_i-\mu)^2\right] = \dfrac{1}{n}\sum_{i=1}^{n}E(X_i-\mu)^2 = \dfrac{1}{n}\sum_{i=1}^{n}\{D(X_i-\mu) + [E(X_i-\mu)]^2\}$

   $\because E(X) = \mu$

   $\therefore E(\hat{\sigma}^2) = \dfrac{1}{n} \cdot nD(X) = \sigma^2$

   $\therefore \hat{\sigma}^2$ 为 σ^2 的无偏估计

3. **分析** 利用 $E(X^2) = D(X) + [E(X)]^2$

   证明 $E(\hat{\theta}^2) = D(\hat{\theta}) + [E(\hat{\theta})]^2$

   $\because \hat{\theta}$ 为 θ 的无偏估计

   $\therefore E(\hat{\theta}) = \theta$

   $\therefore E(\hat{\theta}^2) = D(\hat{\theta}) + \theta^2 > \theta^2$

   $\therefore \hat{\theta}^2$ 不是 θ^2 的无偏估计.

4. **解题过程** $(1) E(\overline{X}) = E\left(\dfrac{1}{n_1}\sum_{i=1}^{n_1}X_i\right) = \dfrac{1}{n_1}n_1\mu_1 = \mu_1$

   $E(\overline{Y}) = E\left(\dfrac{1}{n_2}\sum_{i=1}^{n_2}Y_i\right) = \dfrac{1}{n_2} \cdot n_2\mu_2 = \mu_2$

$$E(\overline{X}-\overline{Y})=E(\overline{X})-E(\overline{Y})=\mu_1-\mu_2$$

$\therefore \overline{X}-\overline{Y}$ 为 $\mu_1-\mu_2$ 的一个无偏估计.

(2)证明:$\sum\limits_{i=1}^{n_1}(X_i-\overline{X})^2=(n_1-1)S_1^2$

$\sum\limits_{i=1}^{n_2}(Y_i-\overline{Y})^2=(n_2-1)S_2^2$

S_1^2、S_2^2 分别为 $X_1,X_2,\cdots X_{n1}$ 和 $Y_1,Y_2,\cdots Y_{n2}$的样本方差

又$\because E[\sum\limits_{i=1}^{n_1}(X_i-\overline{X})^2]=(n_1-1)\sigma^2,E[\sum\limits_{i=1}^{n_2}(Y_i-\overline{Y})^2]=(n_2-1)\sigma^2$

$\therefore E[\sum\limits_{i=1}^{n_1}(X_i-\overline{X})^2+\sum\limits_{i=1}^{n_2}(Y_i-\overline{Y})^2]=(n_1+n_2-2)\sigma^2$

$\therefore E(S_\omega^2)=\dfrac{1}{n_1+n_2-2}\cdot(n_1+n_2-2)\sigma^2=\sigma^2$

$\therefore S_\omega^2$ 为 σ^2 的无偏估计.

5. 分析 $E(\hat{\theta})=\theta$ 则 $\hat{\theta}(X_1,\cdots,X_n)$ 为 θ 的无偏估计量.

证明 (1)$E(\overline{X}^2)=D(\overline{X})+[E(\overline{X})]^2$

$E(\overline{X})=\dfrac{1}{n}\sum\limits_{i=1}^{n}E(X_i)$

$E(X_i)=E(X)=\lambda^{-1}$

$\therefore E(\overline{X})=\lambda^{-1}$

又$\because D(\overline{X}_i)=D(X)=\lambda^{-2}$

$D(\overline{X})=\dfrac{1}{n^2}\sum\limits_{i=1}^{n}D(X_i)=\dfrac{1}{n}\lambda^{-2}$

$\therefore E(\overline{X}^2)=\dfrac{1}{n}\lambda^{-2}+\lambda^{-2}\neq\lambda^{-2}$

$\therefore \overline{X}$ 是 λ^{-1}的无偏估计,$\overline{X}^2$ 不是 λ^{-2}的无偏估计.

(2)$E\left(\dfrac{n}{n+1}\overline{X}^2\right)=\dfrac{n}{n+1}E(\overline{X}^2)=\dfrac{n}{n+1}\cdot\dfrac{n+1}{n}\lambda^{-2}=\lambda^{-2}$

$\therefore \dfrac{n}{n+1}\overline{X}^2$ 是 λ^{-2}的无偏估计量

6. 分析 $E(X_i)=E(X)=\mu$

$D(X_i)=D(X)=\sigma^2$

解题过程 (1)$C\cdot E[\sum\limits_{i=1}^{n-1}(X_{i+1}-X_i)^2]=C\cdot E[\sum\limits_{i=1}^{n-1}(X_{i+1}-\mu+\mu-X_i)^2]$

$=C\cdot E\{\sum\limits_{i=1}^{n-1}[(X_{i+1}-\mu)^2+(X_i-\mu)^2+2(X_{i+1}-\mu)(\mu-X_i)]\}$

$$=C \cdot \sum_{i=1}^{n-1}[E(X_{i+1}-\mu)^2+E(X_i-\mu)^2]$$

$$=C \cdot \sum_{i=1}^{n-1}[D(X_{i+1})+D(X_i)]$$

$$=C \cdot 2(n-1)\sigma^2$$

由题意得 $C \cdot 2(n-1)\sigma^2=\sigma^2$

$$\therefore C=\frac{1}{2(n-1)}$$

$(2)E(\overline{X}^2-CS^2)=E(\overline{X}^2)-C \cdot E(S^2)=D(\overline{X})+[E(\overline{X})]^2-C\sigma^2=\mu^2+\frac{1}{n}\sigma^2-C\sigma^2$

由题意得 $\frac{1}{n}-c=0 \Rightarrow C=\frac{1}{n}$

7. 解题过程 $E(\hat{\theta})=C_1E(\hat{\theta}_1)+C_2E(\hat{\theta}_2)=(C_1+C_2)\theta=\theta$

$$\therefore C_1+C_2=1$$

$$D(\hat{\theta})=C_1^2D(\hat{\theta}_1)+C_2^2D(\hat{\theta}_2)$$

$$\because D(\hat{\theta}_1)=2D(\hat{\theta}_2)$$

$$\therefore D(\hat{\theta})=(2C_1^2+C_2^2)D(\hat{\theta}_2)$$

$2C_1^2+C_2^2$ 最小时 $D(\hat{\theta})$ 最小

$$2C_1^2+(1-C_1)^2=3(C_1-\frac{1}{3})^2+\frac{2}{3}$$

$\therefore$ 当 $C_1=\frac{1}{3}$, $C_2=\frac{2}{3}$ 时, $D(\hat{\theta})$ 达最小

8. 证明 $D(\hat{\sigma}^2)=D\left(\frac{1}{n}\sum_{i=1}^{n}X_i^2\right)=\frac{1}{n^2}D(\sum_{i=1}^{n}X_i^2)=\frac{1}{n^2}\sum_{i=1}^{n}[E(X_i^4)-E^2(X_i^2)]$

$$=\frac{1}{n^2}(3\sigma^4-\sigma^4)=\frac{2}{n^2}\sigma^4$$

又 $\because E(\hat{\sigma}^2)=\sigma^2$

由切比雪夫不等式得

$$\lim_{n \to \infty}P\{|\hat{\sigma}^2-\sigma^2| \geq \varepsilon\} \leq \lim_{n \to \infty}\frac{D(\hat{\sigma}^2)}{\varepsilon^2} \leq \lim_{n \to \infty}\frac{2}{n^2\varepsilon^2}\sigma^4=0$$

$$\therefore P\{|\hat{\sigma}^2-\sigma^2|<\varepsilon\}=1$$

$\therefore \hat{\sigma}^2$ 是 σ^2 的相合估计量.

経済数学——概率论与数理统计(第三版)同步辅导及习题全解

1. 分析 标准差 $s = \left(\dfrac{1}{n-1} \sum\limits_{i=1}^{n} (x_i - \bar{x})^2 \right)^{\frac{1}{2}}$

    解题过程 (1) $n = 9, \sigma = 0.6, x = 0.05, \bar{x} = 6$

    查表得 $u_{0.025} = 1.96$

    $\bar{x} - u_{\frac{\alpha}{2}} \dfrac{\sigma}{\sqrt{n}} = 6 - 1.96 \times \dfrac{0.6}{3} = 5.608$

    $\bar{x} + u_{\frac{\alpha}{2}} \dfrac{\sigma}{\sqrt{n}} = 6 + 1.96 \times \dfrac{0.6}{3} = 6.392$

    ∴ 置信区间为 $(5.608, 6.392)$

    (2) σ 未知, $s = 0.574, t_{0.025}(8) = 2.306$

    $\bar{x} - t_{\frac{\alpha}{2}} \dfrac{s}{\sqrt{n}} = 6 - 2.306 \times \dfrac{0.574}{3} = 5.558$

    $\bar{x} + t_{\frac{\alpha}{2}} \dfrac{s}{\sqrt{n}} = 6 + 2.306 \times \dfrac{0.574}{3} = 6.442$

    ∴ 置信区间为 $(5.558, 6.442)$

2. 解题过程 (1) σ^2 未知, 用 $T = \dfrac{\bar{X} - \mu}{S / \sqrt{n}} \sim t(n-1)$ 为统计量.

    $n = 10, \quad \bar{x} = 1500, s = 14, \alpha = 0.01$

    查表得 $\quad t_{0.05}(9) = 3.2498$

    ∴ μ 置信水平为 99% 的置信区间为

    $\left(1500 - 3.2498 \times \dfrac{14}{\sqrt{10}}, 1500 + 3.2498 \times \dfrac{14}{\sqrt{10}} \right) = (1485.6, 1514.4)$

    (2) $P\{ | \mu - \bar{x} | \leqslant 10 \} = P\left\{ \left| \dfrac{\bar{x} - \mu}{s / \sqrt{n}} \right| \leqslant \dfrac{10}{s / \sqrt{n}} \right\} = P\{ | T | \leqslant \dfrac{10}{s / \sqrt{n}} \}$

    $= 1 - 2 \times 0.025 = 0.95$

3. 解题过程 σ 已知故置信区间长度为

    $\bar{x} + \dfrac{\sigma}{\sqrt{n}} u_{\frac{\alpha}{2}} - \bar{x} + \dfrac{\sigma}{\sqrt{n}} u_{\frac{\alpha}{2}} = \dfrac{2\sigma}{\sqrt{n}} u_{\frac{\alpha}{2}} \leqslant l$

    $\sigma = \sigma_0$

    ∴ $\sqrt{n} \geqslant \dfrac{2\sigma_0 u_{\frac{\alpha}{2}}}{l}$

$$\therefore n \geqslant \frac{4\sigma_0^2 u_{\frac{\alpha}{2}}^2}{l^2}$$

4. 解题过程 (1) σ^2 未知，用 $T = \dfrac{\overline{X} - \mu}{S/\sqrt{n}} \sim t(n-1)$ 作估计量

$n = 11, \alpha = 0.05, \overline{x} = 43.4, s = 0.723$

查表得 $t_{0.025}(10) = 2.2281$

$\therefore$ 置信区间为

$$\left(43.4 - 2.2281 \times \frac{0.723}{\sqrt{11}}, 43.4 + 2.2281 \times \frac{0.723}{\sqrt{11}}\right) = (42.91, 43.89)$$

(2) μ 未知用 $\chi^2 = \dfrac{n-1}{\sigma^2}s^2 \sim \chi^2(n-1)$ 作估计量

$n = 11, \alpha = 0.05, s = 0.723$

查表得 $\chi_{0.05}^2(10) = 18.307, \chi_{0.95}^2(10) = 3.940$

$\therefore$ 置信区间为 $\left[\left(\dfrac{(11-1)0.723^2}{18.307}\right)^{\frac{1}{2}}, \left(\dfrac{(11-1)0.723^2}{3.940}\right)^{\frac{1}{2}}\right] = (0.53, 1.15)$

5. 解题过程 (1) σ^2 未知，$n = 6, \overline{x} = 6.678, s = 0.00387, \alpha = 0.1$

查表得 $t_{0.05}(5) = 2.015$

$\therefore \mu$ 置信水平为 0.9 的置信区间为

$$\left(6.678 - 2.015 \times \frac{0.00387}{\sqrt{6}}, 6.678 + 2.015 \times \frac{0.00387}{\sqrt{6}}\right) = (6.675, 6.681)$$

μ 未知，查表得 $\chi_{0.05}^2(5) = 11.071, \chi_{0.95}^2(5) = 1.145$

$\therefore \sigma^2$ 的置信水平为 0.9 的置信区间为

$$\left(\frac{(6-1) \times 0.00387^2}{11.071}, \frac{(6-1) \times 0.00387^2}{1.145}\right) = (6.8 \times 10^{-6}, 6.5 \times 10^{-5})$$

(2) σ^2 未知 $n = 5, \overline{x} = 6.664, s = 0.003, \alpha = 0.1$

查表得 $t_{0.05}(4) = 2.1318$

$\therefore \mu$ 置信水平为 0.9 的置信区间为

$$\left(6.664 - 2.1318 \times \frac{0.003}{\sqrt{5}}, 6.664 + 2.1318 \times \frac{0.003}{\sqrt{5}}\right) = (6.661, 6.667)$$

μ 未知查表得 $\chi_{0.05}^2(4) = 9.488, \chi_{0.95}^2(4) = 0.711$

$\therefore \sigma^2$ 的置信水平为 0.9 的置信区间为

$$\left(\frac{(5-1) \times 0.003^2}{9.488}, \frac{(5-1) \times 0.003^2}{0.711}\right) = (3.8 \times 10^{-6}, 5.06 \times 10^{-5})$$

6. 分析 $S_w^2 = \dfrac{(n_1-1)S_1^2 + (n_2-1)S_2^2}{n_1 + n_2 - 2}$

解题过程 σ_1 和 σ_2 未知,用 $\dfrac{\overline{X} - \overline{Y} - (\mu_1 - \mu_2)}{S_w\sqrt{\dfrac{1}{n_1} + \dfrac{1}{n_2}}} \sim t(n_1 + n_2 - 2)$ 作统计量

$n_1 = 10, n_2 = 12, \bar{x} = 20, \bar{y} = 24, s_1 = 5, s_2 = 6$,查表得 $t_{0.025}(20) = 2.086$

$\therefore \mu_1 - \mu_2$ 的置信水平为 0.95 的置信区间为

$$\left((20-24) - 2.086 \times S_w \cdot \sqrt{\dfrac{1}{10} + \dfrac{1}{12}},\ (20-24) - 2.086 \times S_w \cdot \sqrt{\dfrac{1}{10} + \dfrac{1}{12}}\right)$$

$= (-8.98, 0.98)$

7. 解题过程 μ_1 和 μ_2 均未知 $n_1 = 10, n_2 = 11, s_1^2 = 0.5419, s_2^2 = 0.6065, \alpha = 0.1$

查表得 $F_{0.05}(9,10) = 3.02, F_{0.95}(9,10) = 1/3.14$

$\therefore \dfrac{\sigma_1^2}{\sigma_2^2}$ 的置信水平为 0.9 的置信区间为

$$\left(\dfrac{s_1^2}{s_2^2}\dfrac{1}{F_{0.05}(9,10)},\ \dfrac{s_1^2}{s_2^2}\dfrac{1}{F_{0.95}(9,10)}\right) = (0.296, 2.806)$$

习题 7-5

1. 解题过程 X 的分布律为 $f(x,p) = p^x(1-p)^{1-x}$

$E(X) = p, D(X) = p(1-p)$,由中心极限定理得

$$\dfrac{\sum\limits_{i=1}^{n} X_i - np}{\sqrt{np(1-p)}} = \dfrac{n\overline{X} - np}{\sqrt{np(1-p)}} \sim N(0,1)$$

$$P\left\{-u_{\frac{\alpha}{2}} < \dfrac{n\overline{X} - np}{\sqrt{np(1-p)}} < u_{\frac{\alpha}{2}}\right\} \approx 1 - \alpha \Rightarrow P\{p_1 < p < p_2\} = 1 - \alpha$$

其中 $p_1 = \dfrac{1}{2a}(-b - \sqrt{b^2 - 4ac}), p_2 = \dfrac{1}{2a}(-b + \sqrt{b^2 - 4ac})$

$a = n + u_{\frac{\alpha}{2}}^2, b = -(2n\overline{X} + u_{\frac{\alpha}{2}}^2), c = n\overline{X}^2$

$n = 100, \overline{X} = 0.04, \alpha = 0.05, \mu_{0.025} = 1.96$

可得 $a = 103.84, b = -11.84, c = 0.16.$

$\therefore p_1 = 0.016, p_2 = 0.098$

$\therefore$ 置信区间为 $(0.016, 0.098)$

2. 解题 过程 p 为 A 发生的概率　　$x=0,1$

$x=0$ 时，A 不发生

$x=1$ 时，A 发生

$p(x,p)=p^x(1-p)^{1-x}$

由题意得

$n=60,\alpha=0.05$ 查表得 $u_{0.025}=1.96,n$ 中有 15 个 $x=1,45$ 个 $x=0,\bar{x}=\dfrac{15}{60}=0.25$

$a=n+u_{\alpha/2}^2=60+1.96^2=63.8416$

$b=-(2n\bar{x}+u_{\alpha/2}^2)=-(2\times60\times0.25+1.96^2)=-33.8416$

$c=n\bar{x}^2=60\times0.25^2=3.75$

$\therefore$ 得　　$p_1=\dfrac{33.8416-\sqrt{33.8416^2-4\times63.8416\times3.75}}{2\times63.8416}=0.1404$

$p_2=\dfrac{33.8416+\sqrt{33.8416^2-4\times63.8416\times3.75}}{2\times63.8416}=0.3596$

$\therefore$ 置信区间为 $(0.1404,0.3596)$

3. 分析 此类题关键确定出 $\bar{x}$，进而利用公式计算.

解题 过程 $n=100,\bar{x}=\dfrac{60}{100}=0.6,\alpha=0.05,u_{0.025}=1.96$

由公式得　　$a=103.84,b=-123.84,c=36$

$\therefore p_1=0.5,p_2=0.69$

故得一级品率的置信水平为 0.95 的置信区间为 $(0.5,0.69)$

4. 解题 过程 $n=347,\bar{x}=\dfrac{201}{347}=0.579,\alpha=0.1,u_{0.05}=1.65$

由公式计算得　　$a=349.72,b=-404.548,c=116.33$

$\therefore p_1=0.535,p_2=0.622$

故得 p 的置信水平为 90% 的置信区间 $(0.535,0.622)$

5. 解题 过程 $E(X)=D(X)=\lambda$

设 $X_1,X_2,\cdots,X_n$ 是一个样本，由中心极限定理得

$$\dfrac{\sum\limits_{i=1}^n X_i-n\lambda}{\sqrt{n\lambda}}=\dfrac{n\bar{X}-n\lambda}{\sqrt{n\lambda}}\sim N(0,1)$$

$$\therefore P\left\{-u_{\frac{\alpha}{2}} < \frac{n\overline{X} - n\lambda}{\sqrt{n\lambda}} < u_{\frac{\alpha}{2}}\right\} \approx 1-\alpha$$

$$\therefore 得\quad n\lambda^2 - (2n\overline{X} + u_{\frac{\alpha}{2}}^2)\lambda + n\overline{X}^2 < 0$$

$$P\{\lambda_1 < \lambda < \lambda_2\} = 1-\alpha,其中\ \lambda_1 = \frac{-b-\sqrt{b^2-4ac}}{2a},\lambda_2 = \frac{-b+\sqrt{b^2-4ac}}{2a}$$

$$a = n,b = -(2n\overline{X} + u_{\frac{\alpha}{2}}^2),c = n\overline{X}^2$$

$\therefore \lambda$ 的一个置信水平为 $1-a$ 的近似置信区间为 (λ_1,λ_2)

由题意得 $\quad n = 100,\overline{x} = 4,\alpha = 0.02,\dfrac{\alpha}{2} = 0.01,u_{0.01} = 2.33$

$\therefore$ 计算得 $a = 100,b = -805.4289,c = 1600$

$\therefore \lambda_1 = 3.56,\lambda_2 = 4.49$

故总体均值 λ 的置信水平为 98% 的置信区间为 $(3.56,4.49)$.

6. 解题过程 $E(X) = \dfrac{1}{\lambda},D(\lambda) = \dfrac{1}{\lambda^2}$

设 $X_1,X_2,\cdots,X_n$ 是一个样本,由中心极限定理得

$$\frac{\overline{X} - \dfrac{1}{\lambda}}{1/(\lambda\sqrt{n})} \sim N(0,1)$$

$$\therefore \quad P\{-u_{\frac{\alpha}{2}} < \frac{\lambda\overline{X} - 1}{1/\sqrt{n}} < u_{\frac{\alpha}{2}}\} = 1-\alpha$$

$\therefore \lambda$ 的置信水平为 $1-a$ 的置信区间为 $\left(\dfrac{\sqrt{n} - u_{\frac{\alpha}{2}}}{\overline{x}\sqrt{n}},\dfrac{\sqrt{n} + u_{\frac{\alpha}{2}}}{\overline{x}\sqrt{n}}\right)$

由题意得 $\quad n = 100,\overline{x} = 2000,1-\alpha = 0.95,\alpha = 0.05,u_{0.025} = 1.96$

计算可得 λ 的置信水平为 0.95 的置信区间为 $(4.02\times10^{-4},5.98\times10^{-4})$

习题 7-6

1. 解题过程 (1) $\dfrac{\overline{X} - \mu}{S/\sqrt{n}} \sim t_a(n-1)$, μ 的置信水平为 $1-\alpha$ 的单侧置信下限为 $\overline{x} - \dfrac{s}{\sqrt{n}}t_a(n-1)$

$n = 10,\overline{x} = 41220,s = 1424.8353,\alpha = 0.05,t_{0.05}(9) = 1.8331$

$\therefore \mu$ 的置信水平为 95% 的单侧置信下限为

$$41220 - \frac{1424.8353}{\sqrt{10}}\times1.8331 = 40394$$

(2) $\chi^2 = \dfrac{(n-1)s^2}{\sigma^2} \sim \chi^2(n-1)$, σ 的置信水平为 $1-\alpha$ 的单侧置信上限为 $\sqrt{\dfrac{(n-1)s^2}{\chi^2_{1-\alpha}(n-1)}}$

$$n = 10, s^2 = 1424.8353^2, \chi^2_{0.95}(9) = 3.325$$

$\therefore \sigma$ 的置信水平为 95% 的单侧置信上限为

$$\sqrt{\frac{(10-1) \times 1424.8353^2}{3.325}} = 2342$$

2. 解题过程 σ_1^2, σ_2^2 未知，用 $T = \dfrac{(\overline{X}_1 - \overline{X}_2) - (\mu_1 - \mu_2)}{S_\omega \sqrt{\frac{1}{n_1} + \frac{1}{n_2}}} \sim t(n_1 + n_2 - 2)$ 作统计量

$\mu_1 - \mu_2$ 的置信水平为 $1-a$ 的单侧置信下限为 $\overline{X}_1 - \overline{X}_2 - t_a(n_1 + n_2 - 2)S_\omega \sqrt{\frac{1}{n_1} + \frac{1}{n_2}}$

由题意得 $\overline{x}_A - \overline{x}_B = 0.002, n_1 = 4, n_2 = 5, S_\omega = 0.00255, \alpha = 0.05$

$\therefore \mu_1 - \mu_2$ 的置信水平为 0.95 的单侧置信下限为

$$\overline{x}_A - \overline{x}_B - t_a(n_1 + n_2 - 2)S_\omega \sqrt{\frac{1}{n_1} + \frac{1}{n_2}} = -0.00124$$

3. 解题过程 $\dfrac{S_A^2}{S_B^2} = \dfrac{0.5419}{0.6065}, n_A = n_B = 10, \alpha = 0.05$

$\therefore \dfrac{S_A^2/S_B^2}{\sigma_A^2/\sigma_B^2} > F_{0.95}(9,9)$ 有 $P\left\{\dfrac{S_A^2/S_B^2}{\sigma_A^2/\sigma_B^2} > F_{0.95}(9,9)\right\} = 0.95$

$\therefore \sigma_A^2/\sigma_B^2$ 的置信水平为 0.95 的单侧置信上限为

$\dfrac{S_A^2/S_B^2}{F_{0.95}(9,9)} = 2.84$

总习题

1. 解题过程 $(1)E(X) = \sum\limits_{k=1}^{\infty} k \cdot (1-p)^{k-1} \cdot p = \dfrac{1}{p} \quad (0 < p < 1)$

$E(X) = \overline{x} \quad \therefore$ 矩估计 $\hat{p} = \dfrac{1}{x}$

(2)似然函数为

$$L(p) = \prod_{i=1}^{n}(1-p)^{x_i-1}p = p^n(1-p)^{\sum\limits_{i=1}^{n}x_i-n}$$

取对数得

$$\ln L(p) = n\ln p + (\sum_{i=1}^{n}x_i - n)\ln(1-p)$$

求导得

$$\frac{\mathrm{d}\ln L(p)}{\mathrm{d}p} = \frac{n}{p} + \frac{n - \sum\limits_{i=1}^{n} x_i}{1-p} = 0$$

得极大似然估计 $\hat{p} = \dfrac{1}{x}$

2. 解题过程 $E(X) = 3 \times (1-2\theta) + 2\theta^2 + 1 \times 2\theta(1-\theta) = 3 - 4\theta$

$$\bar{x} = \frac{12 + 2 + 2 + 0}{8} = 2$$

令 $E(x) = \bar{x}$，得 $3 - 4\theta = 2 \Rightarrow$ 矩估计 $\hat{\theta} = \dfrac{1}{4}$

似然函数为 $L(\theta) = 4\theta^6 (1-\theta)^2 (1-2\theta)^4$

取对数 $\ln L(\theta) = \ln 4 + 6\ln\theta + 2\ln(1-\theta) + 4\ln(1-2\theta)$

求导得 $\dfrac{\mathrm{d}}{\mathrm{d}\theta}\ln L(\theta) = \dfrac{6}{\theta} - \dfrac{2}{1-\theta} - \dfrac{8}{1-2\theta} = 0$

得 $\theta = \dfrac{7 \pm \sqrt{13}}{12}$，又 $\because 0 < \theta < \dfrac{1}{2}$

$\therefore$ 极大似然估计为 $\hat{\theta} = \dfrac{7 - \sqrt{13}}{12}$

3. 解题过程 似然函数为 $L(\lambda) = \prod\limits_{i=1}^{n} f(x_i, \lambda) = \lambda^n a^n (x_1 x_2 \cdots x_n)^{a-1} \mathrm{e}^{-\lambda \sum\limits_{i=1}^{n} x_i^a}$ $\quad x_i > 0$

取对数得 $\ln L(\lambda) = n\ln\lambda + n\ln a + (a-1)\sum\limits_{i=1}^{n} \ln x_i - \lambda \sum\limits_{i=1}^{n} x_i^a$

求导得 $\dfrac{\mathrm{d}\ln L(\lambda)}{\mathrm{d}\lambda} = \dfrac{n}{\lambda} - \sum\limits_{i=1}^{n} x_i^a = 0$

故可得 λ 的极大似然估计量为 $\dfrac{n}{\sum\limits_{i=1}^{n} x_i^a}$

4. 解题过程 似然函数为

$$L(\theta) = \prod\limits_{i=1}^{n} f(x_i, \theta) = 2^n \mathrm{e}^{-2(\sum\limits_{i=1}^{n} x_i - n\theta)}, x_i > \theta$$

取对数得 $\ln L(\theta) = n\ln 2 - 2(\sum\limits_{i=1}^{n} x_i - n\theta)$

求导得 $\dfrac{\mathrm{d}\ln L(\theta)}{\mathrm{d}\theta} = 2n > 0$，即 $\ln L(\theta)$ 单调递增.

$\therefore L(\theta)$ 取最大值等价于 θ 取最大值，且 $x_i > \theta$

$\therefore \hat{\theta} = \min\{x_1, x_2, \cdots, x_n\}$

5. 证明 $\dfrac{n-1}{\sigma^2}S^2 \sim \chi^2(n-1)$

$$\therefore D\left(\dfrac{n-1}{\sigma^2}S^2\right) = \dfrac{(n-1)^2}{\sigma^4}D(S^2) = D[\chi^2(n-1)] = 2(n-1)$$

$$\therefore D(S^2) = \dfrac{2\sigma^4}{n-1}$$

由切比雪夫不等式得

$$P\{|S^2 - \sigma^2| < \varepsilon\} \geqslant \lim_{n \to \infty}\left(1 - \dfrac{2\sigma^4}{(n-1)\varepsilon^2}\right) = 1, 且概率不大于 1$$

$$\therefore 得 \ p\{|S^2 - \sigma^2| < \varepsilon\} = 1$$

$\therefore S^2$ 是 σ^2 的相合估计量

6. 证明 $E(S_1^2) = E(S_2^2) = \sigma^2$

$\therefore \dfrac{n_1-1}{\sigma^2}S_1^2 \sim \chi^2(n-1), \dfrac{n_2-1}{\sigma^2}S_2^2 \sim \chi^2(n_2-1)$ 且相互独立

$\therefore 得 D(S_1^2) = \dfrac{2\sigma^4}{n_1-1}, D(S_2^2) = \dfrac{2\sigma^4}{n_2-1}$

$\therefore E(Z) = aE(S_1^2) + bE(S_2^2) = (a+b)\sigma^2 = \sigma^2$

$\therefore$ 对于任意 a、b、Z 都是 σ^2 的无偏估计

$$D(Z) = D(aS_1^2 + bS_2^2) = a^2D(S_1^2) + b^2D(S_2^2) = 2\left(\dfrac{a^2}{n_1-1} + \dfrac{b^2}{n_2-1}\right)\sigma^4$$

将 $b = 1-a$ 代入

得 $D(Z) = 2\left[\dfrac{a^2}{n_1-1} + \dfrac{(1-a)^2}{n_2-1}\right]\sigma^4$

求导得 $\quad \dfrac{\mathrm{d}D(Z)}{\mathrm{d}a} = 0$, 解得 $\quad a = \dfrac{n_1-1}{n_1+n_2-2}, b = 1-a = \dfrac{n_2-1}{n_1+n_2-2}$

此时 $\quad \dfrac{\mathrm{d}^2}{\mathrm{d}a^2}D(Z) = 2\left(\dfrac{2}{n_1-1} + \dfrac{2}{n_2-1}\right)\sigma^4 > 0$

$D(Z)$ 达到最小。

7. 解题过程 $E(\hat{\theta}) = (a_1 + a_2 + \cdots a_k)\theta = \theta$

$\therefore a_1 + a_2 + \cdots + a_k = 1$

$$D(\hat{\theta}) = D\left(\sum_{i=1}^k a_i X_i\right) = \sum_{i=1}^k D(a_i X_i) = \sum_{i=1}^k a_i^2 D(X_i) = a_1^2\sigma_1^2 + a_2^2\sigma_2^2 + \cdots + a_k^2\sigma_k^2$$

作函数 $g(a_1, a_2, \cdots a_k, \lambda) = a_1^2\sigma_1^2 + a_2^2\sigma_2^2 + \cdots + a_k^2\sigma_k^2 + \lambda(a_1 + a_2 + \cdots + a_{k-1})$

依据拉格朗日乘数法求解

$$\frac{\partial g}{\partial a_1} = 2a_1\sigma_1^2 + \lambda = 0, \frac{\partial g}{\partial a_2} = 2a_2\sigma_2^2 + \lambda = 0, \cdots, \frac{\partial g}{\partial a_k} = 2a_k\sigma_k^2 + \lambda = 0$$

$$\frac{\partial g}{\partial \lambda} = \sum_{i=1}^{k} a_i - 1 = 0$$

解得

$$a_1 = -\frac{\lambda}{2\sigma_1^2}, a_2 = -\frac{\lambda}{2\sigma_2^2}, \cdots, a_k = -\frac{\lambda}{2\sigma_k^2}, \sum_{i=1}^{k} a_i = 1$$

即 $-\dfrac{\lambda}{2} \sum_{i=1}^{k} \dfrac{1}{\sigma_i^2} = 1$

又 $\because \sum_{i=1}^{k} \dfrac{1}{\sigma_i^2} = \dfrac{1}{\sigma_0^2}$ $\quad \therefore -\dfrac{\lambda}{2} \cdot \dfrac{1}{\sigma_0^2} = 1$, 即 $-\dfrac{\lambda}{2} = \sigma_0^2$

$\therefore a_1 = \dfrac{\sigma_0^2}{\sigma_1^2}, a_2 = \dfrac{\sigma_0^2}{\sigma_2^2}, \cdots, a_k = \dfrac{\sigma_0^2}{\sigma_k^2}$

故 $a_1, a_2, \cdots, a_k$ 应取为 $\quad a_i = \dfrac{\sigma_0^2}{\sigma_i^2} \quad (i = 1, 2, \cdots, k)$

8. 证明 $f_X(x) = \begin{cases} \dfrac{1}{\theta}, & 0 < x < \theta \\ 0, & \text{其他} \end{cases}$

分布函数 $F_X(x) = \begin{cases} 0, & x < 0 \\ \dfrac{x}{\theta}, & 0 < x \leqslant \theta \\ 1, & x > \theta \end{cases}$

$X_1, X_2, \cdots, X_n$ 相互独立.

令 $Z_1 = \min(X_1, \cdots, X_n), Z_2 = \max(X_1, \cdots, X_n)$

则 $F_{Z_1}(x) = P\{Z_1 \leqslant x\} = 1 - P\{\min(X_1, \cdots, X_n) > x\} = 1 - P\{x_1 > x, \cdots, x_n > x\}$

$$= 1 - p\{x_1 > x\} P\{x_2 > x\} \cdots P\{x_n > x\} = 1 - \prod_{i=1}^{n} (1 - P\{x_i < x\})$$

$$= 1 - (1 - F_X(x))^n$$

$\therefore f_{z_1}(x) = F'_{Z_1}(x) = n(1 - F_X(x))^{n-1} \cdot F'_X(x) = \begin{cases} \dfrac{n}{\theta}\left(1 - \dfrac{x}{\theta}\right)^{n-1}, & 0 < x \leqslant \theta \\ 0, & \text{其他} \end{cases}$

$\therefore E(\hat{\theta}_1) = (n+1) \int_0^\theta \dfrac{n}{\theta}\left(1 - \dfrac{x}{\theta}\right)^{n-1} \cdot x \mathrm{d}x = \theta$

$$D(\hat{\theta}_1) = (n+1)^2 \int_0^\theta \frac{n}{\theta}\left(1 - \frac{x}{\theta}\right)^{n-1} (x - \theta)^2 \mathrm{d}x = \frac{n\theta^2}{n+2}$$

同理可得 $f_{z_2}(x)=F'_{z_2}(x)=\begin{cases}\dfrac{nx^{n-1}}{\theta^n}, & 0<\theta\leqslant 1\\[2mm] 0, & 其他\end{cases}$

$\therefore E(\hat\theta_2)=\dfrac{n+1}{n}\int_0^\theta \dfrac{nx^{n-1}}{\theta^n}x\mathrm{d}x=\theta$

$D(\hat\theta_2)=\left(\dfrac{n+1}{n}\right)^2\int_0^\theta\dfrac{nx^{n-1}}{\theta^n}(x-\theta)^2\mathrm{d}x=\dfrac{\theta^2}{n(n+2)}$

可得 $D(\hat\theta_2)<D(\hat\theta_1)$

$\therefore\hat\theta_1$ 和 $\hat\theta_2$ 均为 θ 的无偏估计量,$\hat\theta_2$ 比 $\hat\theta_1$ 有效.

9. **解题**过程 (1) σ 已知,用 $U=\dfrac{\overline X-\mu}{\sigma/\sqrt n}$ 作统计量

由题意得 $n=5,\overline x=7.64,\alpha=0.05,\dfrac{\alpha}{2}=0.025$

查表得 $u_{0.025}=1.96$

$\therefore\mu$ 置信水平为 95% 的置信区间为 $(\overline x-\dfrac{\sigma}{\sqrt n}u_{\frac{\alpha}{2}},\overline x+\dfrac{\sigma}{\sqrt n}u_{\frac{\alpha}{2}})=(6.588,8.692)$

(2) σ 未知,用 $T=\dfrac{\overline X-\mu}{S/\sqrt n}\sim t(n-1)$ 作统计量.

由题意得 $n=5,\overline x=7.64,s^2=1.003,\alpha=0.05,\dfrac{\alpha}{2}=0.025$

查表得 $t_{0.025}(4)=2.7764$

$\therefore\mu$ 的置信水平为 95% 的置信区间为

$$(\overline x-\dfrac{s}{\sqrt n}t_{\frac{\alpha}{2}}(n-1),\overline x+\dfrac{s}{\sqrt n}t_{\frac{\alpha}{2}}(n-1))=(6.396,8.884)$$

10. **解题**过程 μ 未知,用 $\chi^2=\dfrac{(n-1)s^2}{\sigma^2}\sim\chi^2(n-1)$ 作统计量

由题意得 $n=10,s^2=111.141,\alpha=0.1,\dfrac{\alpha}{2}=0.05,1-\dfrac{\alpha}{2}=0.95$

查表可得 $\chi^2_{0.05}(9)=16.919,\quad\chi^2_{0.95}(9)=3.325$

$\therefore\sigma$ 的置信水平为 90% 的置信区间为 $\left(\sqrt{\dfrac{(n-1)s^2}{\chi^2_{\frac{\alpha}{2}}(n-1)}},\sqrt{\dfrac{(n-1)s^2}{\chi^2_{1-\frac{\alpha}{2}}(n-1)}}\right)=(7.69,17.34)$

11. **解题**过程 (1) μ_1 和 μ_2 均未知,用 $F\sim F(n_1-1,n_2-1)$ 作统计量

$n_1=8,n_2=10,\alpha=0.05,\dfrac{\alpha}{2}=0.025,1-\dfrac{\alpha}{2}=0.975$

$$\bar{x} = 140.5, \bar{y} = 139.9, s_1^2 = 6.571, s_2^2 = 4.767$$

查表得 $F_{0.025}(7,9) = 4.20, F_{0.975}(7,9) = \dfrac{1}{F_{0.025}(9,7)} = \dfrac{1}{4.82} = 0.2075$

$\therefore \dfrac{\sigma_1^2}{\sigma_2^2}$ 的置信水平为 95% 的置信区间为

$$\left(\dfrac{s_1^2}{s_2^2} \dfrac{1}{F_{\frac{\alpha}{2}}(n_1-1, n_2-1)}, \dfrac{s_1^2}{s_2^2} \dfrac{1}{F_{1-\frac{\alpha}{2}}(n_1-1, n_2-1)} \right) = (0.328, 6.644)$$

(2) σ_1^2, σ_2^2 均未知，用 $T \sim t(n_1 + n_2 - 2)$ 作统计量

$$n_1 = 8, n_2 = 10, \bar{x} = 140.5, \bar{y} = 139.9, s_1^2 = 6.571, s_2^2 = 4.767, \alpha = 0.05, \dfrac{\alpha}{2}$$

$$= 0.025$$

$$S_\omega = \sqrt{\dfrac{(n-1)s_1^2 + (n_2-1)s_2^2}{16}} = 2.357, 查表得 t_{0.025}(18) = 2.1199$$

$\therefore \mu_1 - \mu_2$ 的置信水平为 95% 的置信区间为

$$\left(\bar{x} - \bar{y} - t_{\frac{\alpha}{2}}(n_1+n_2-2)S_\omega\sqrt{\dfrac{1}{n_1}+\dfrac{1}{n_2}}, \bar{x} - \bar{y} + t_{\frac{\alpha}{2}}(n_1+n_2-2)S_\omega\sqrt{\dfrac{1}{n_1}+\dfrac{1}{n_2}} \right)$$

$$= (-1.768, 2.968)$$

12. 解题过程 (1) $f(y) = \dfrac{1}{\sqrt{2\pi}} e^{-\frac{(y-\mu)^2}{2}}$ $\quad (-\infty < y < +\infty)$

由 $Y = \ln X$ 得 $X = e^Y$

$$\therefore E(X) = E(e^Y) = \int_{-\infty}^{+\infty} e^y \cdot \dfrac{1}{\sqrt{2\pi}} e^{-\frac{(y-\mu)^2}{2}} dy = e^{\mu+\frac{1}{2}}$$

(2) $\alpha = 0.05, \dfrac{\alpha}{2} = 0.025, \mu_{0.025} = 1.96$

$$n = 4, \bar{y} = \dfrac{1}{4}(\ln 0.50 + \ln 1.25 + \ln 0.80 + \ln 2.00) = 0$$

$\therefore \mu$ 的置信水平为 0.95 的置信区间为 $\left(\bar{y} - \dfrac{\sigma}{\sqrt{n}}u_{\frac{\alpha}{2}}, \bar{y} + \dfrac{\sigma}{\sqrt{n}}u_{\frac{\alpha}{2}} \right) = (-0.98, 0.98)$

(3) e^x 为单调函数，故 b 的置信水平为 0.95 的置信区间为

$$(e^{-0.98+\frac{1}{2}}, e^{0.98+\frac{1}{2}}) = (e^{-0.48}, e^{1.48})$$

13. 解题过程 (1) $\dfrac{2X_i}{\theta}$ 的概率密度 $f_1(x) = \begin{cases} \dfrac{1}{2}e^{-\frac{x}{2}}, & x > 0 \\ 0, & 其他 \end{cases}$

$$\therefore \dfrac{2X_i}{\theta} \sim \chi^2(2)$$

由 χ^2 分布的可加性可得 $\quad \dfrac{2n\overline{X}}{\theta} \sim \chi^2(2n)$

(2) 由(1)问可得

$$P\left\{\dfrac{2n\overline{X}}{\theta} < \chi_\alpha^2(2n)\right\} = 1-\alpha$$

故 $\quad \theta > \dfrac{2n\overline{x}}{\chi_\alpha^2(2n)}$

$\therefore \theta$ 的置信水平为 $1-\alpha$ 的单侧置信下限为 $\dfrac{2n\overline{X}}{\chi_\alpha^2(2n)}$

(3) θ 表示元件的平均寿命，$\overline{X} = 5010, x_{0.1}^2(32) = 42.585, n = 16$

θ 的置信水平为 0.9 的单侧置信下限为 $\dfrac{2n\overline{X}}{x_\alpha^2(2n)} = \dfrac{2 \times 16 \times 5010}{x_{0.1}^2(32)} = 3764$

14. 解题过程 $n = 12, \overline{x} = 35.25, s = 7.23, \alpha = 0.05$

$t_{0.05}(11) = 1.7959$

$\therefore$ 发现者当时的平均年龄 μ 的置信水平 95% 的单侧置信上限为

$$\overline{\mu} = \overline{x} + \dfrac{s}{\sqrt{n}}t_\alpha(n-1) = 35.25 + \dfrac{7.23}{\sqrt{12}} \times 1.7959 = 38.998 \approx 39$$

第八章

假设检验

本章知识结构图

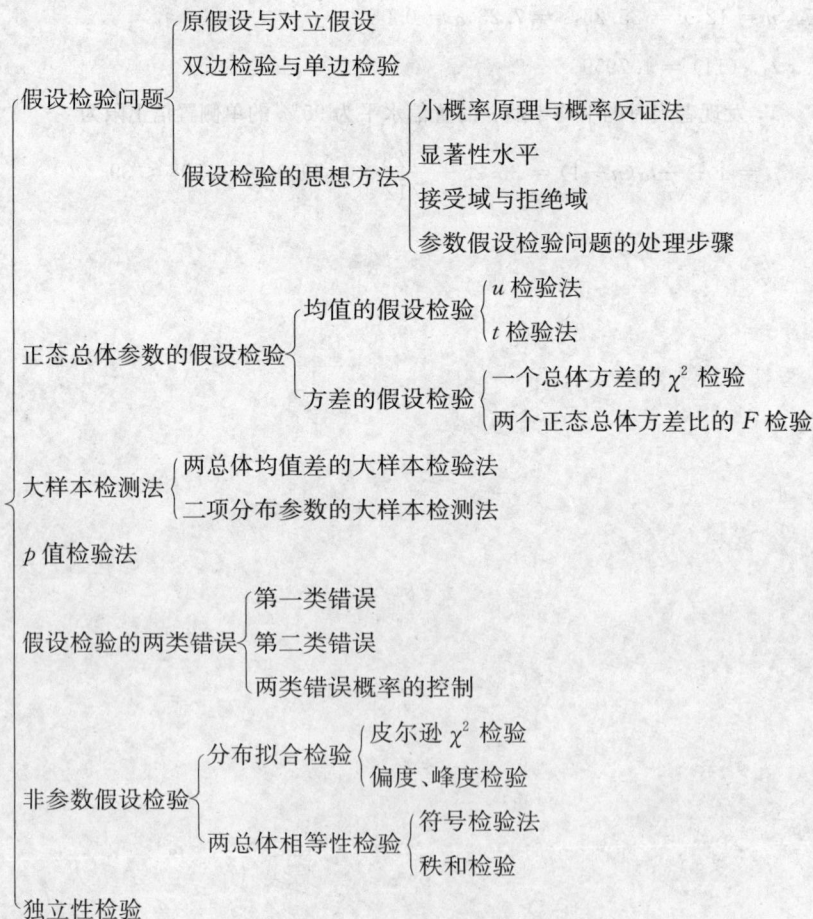

```
                    ┌─ 原假设与对立假设
                    │
                    ├─ 双边检验与单边检验
                    │
        假设检验问题 ┤                      ┌─ 小概率原理与概率反证法
                    │                      │
                    │                      ├─ 显著性水平
                    └─ 假设检验的思想方法 ┤
                                           ├─ 接受域与拒绝域
                                           │
                                           └─ 参数假设检验问题的处理步骤

                                            ┌─ u 检验法
                         ┌─ 均值的假设检验 ┤
                         │                  └─ t 检验法
        正态总体参数的假设检验 ┤
                         │                  ┌─ 一个总体方差的 χ² 检验
                         └─ 方差的假设检验 ┤
                                            └─ 两个正态总体方差比的 F 检验

                     ┌─ 两总体均值差的大样本检验法
        大样本检测法 ┤
                     └─ 二项分布参数的大样本检测法

        p 值检验法

                          ┌─ 第一类错误
                          │
        假设检验的两类错误 ┤ 第二类错误
                          │
                          └─ 两类错误概率的控制

                                        ┌─ 皮尔逊 χ² 检验
                       ┌─ 分布拟合检验 ┤
                       │                └─ 偏度、峰度检验
        非参数假设检验 ┤
                       │                    ┌─ 符号检验法
                       └─ 两总体相等性检验 ┤
                                            └─ 秩和检验

        独立性检验
```

知识点归纳

■ 假设检验问题

1 统计假设

在很多实际问题中,我们常常需要对关于总体的分布形式或分布中的未知参数的某个陈述或命题进行判断,数理统计学中将这些有待验证的陈述或命题称为统计假设,简称假设.利用样本对假设的真假进行判断称为假设检验.

原假设与对立假设:在假设检验问题中,常把一个被检验的假设称为原假设或零假设,而其对立面就称为对立假设.对立假设的形式可能有多个,如 $H_0:\theta=\theta_0$. 其对立形式有 $H_1:\theta\neq\theta_0$,$H_2:\theta>\theta_0$,$H_3:\theta<\theta_0$.选择哪一种需根据实际问题确定,因而对立假设往往也称为备选假设.

在假设检验问题中,必须同时给出原假设和对立假设.

双边检验与单边检验:称假设检验问题 $H_0:\theta=\theta_0$,$H_1:\theta\neq\theta_0$ 为双边检验问题;称假设检验问题 $H_0:\theta\leq\theta_0$,$H_1:\theta>\theta_0$ 为右边检验问题;称假设检验问题 $H_0:\theta\geq\theta_0$,$H_1:\theta<\theta_0$ 为左边检验问题.左边检验和右边检验统称为单边检验.

2 假设检验的思想方法

小概率原理:概率很小的事件在一次试验中不会发生.如果小概率事件在一次试验中发生,则事属反常,定有导致反常的特别原因,有理由怀疑试验的原定条件不成立.

概率反证法:欲判断假设 H_0 的真假,先假定 H_0 真,在此前提下构造一个能说明问题的小概率事件 A.试验取样,由样本信息确定 A 是否发生,若 A 发生,这与小概率原理相违背,说明试验的前提条件 H_0 不成立,拒绝 H_0,接受 H_1;若小概率事件 A 没有发生,没有理由拒绝 H_0,只好接受 H_0.

显著性水平:在假设检验中,若小概率事件的概率不超过 α,则称 α 为检验水平或显著性水平.

接受域与拒绝域:检验中所用的统计量称为检验统计量,当检验统计量取某个区域 C 中的值时,我们拒绝原假设 H_0,则称区域 C 为拒绝域或否定域,称其补集为 H_0 的接受域.拒绝域的边界点称为临界点.

处理参数假设检验问题的步骤:

(1)提出假设:根据问题的要求,提出原假设 H_0 与对立假设 H_1,给定显著性水平 α 及样本容量 n;

（2）确定拒绝域：用参数 θ 的一个好的估计量 $\bar{\theta}$（通常取为 θ 的无偏估计）来代替 θ，分析拒绝域 D 的形式，构造检验统计量 $g(\bar{\theta})$，在 H_0 成立的前提下确定 $g(\bar{\theta})$ 的概率分布，通过等式 $P\{(X_1,\cdots,X_n)\in D\}=\alpha$ 确定 D；

（3）执行统计判决：求统计量的值，并查表求出有关数据，判断小概率事件是否发生，由此作出判决.

■ 正态总体均值的假设检验

1 正态总体均值、方差的检验法

设 $X_1,X_2,\cdots,X_n$ 与 $Y_1,Y_2,\cdots,Y_n$ 是分别来自两个相互独立的正态总体 $N(\mu_1,\sigma_1^2)$ 和 $N(\mu_2,\sigma_2^2)$ 的样本，$\bar{X},\bar{Y},S_1^2,S_2^2$ 分别是两样本的均值与方差，给定显著性水平为 $\alpha(0<\alpha<1)$.

	原假设 H_0	检验统计量	备择假设 H_1	拒绝域
1	$\mu\leqslant\mu_0$ $\mu\geqslant\mu_0$ $\mu=\mu_0$ （σ^2 已知）	$U=\dfrac{\bar{X}-\mu_0}{\sigma/\sqrt{n}}$	$\mu>\mu_0$ $\mu<\mu_0$ $\mu\neq\mu_0$	$u\geqslant u_\alpha$ $u\leqslant-u_\alpha$ $\lvert u\rvert\geqslant u_{\alpha/2}$
2	$\mu\leqslant\mu_0$ $\mu\geqslant\mu_0$ $\mu=\mu_0$ （σ^2 未知）	$T=\dfrac{\bar{X}-\mu_0}{S/\sqrt{n}}$	$\mu>\mu_0$ $\mu<\mu_0$ $\mu\neq\mu_0$	$t\geqslant t_\alpha(n-1)$ $t\leqslant-t_\alpha(n-1)$ $\lvert t\rvert\geqslant t_{\alpha/2}(n-1)$
3	$\mu_1-\mu_2\leqslant\delta$ $\mu_1-\mu_2\geqslant\delta$ $\mu_1-\mu_2=\delta$ （σ_1^2,σ_2^2 已知）	$U=\dfrac{\bar{X}-\bar{Y}-\delta}{\sqrt{\dfrac{\sigma_1^2}{n_1}+\dfrac{\sigma_2^2}{n_2}}}$	$\mu_1-\mu_2>\delta$ $\mu_1-\mu_2<\delta$ $\mu_1-\mu_2\neq\delta$	$u\geqslant u_\alpha$ $u\leqslant-u_\alpha$ $\lvert u\rvert\geqslant u_{\alpha/2}$
4	$\mu_1-\mu_2\leqslant\delta$ $\mu_1-\mu_2\geqslant\delta$ $\mu_1-\mu_2=\delta$ （$\sigma_1^2=\sigma_2^2=\sigma^2$ 未知）	$T=\dfrac{\bar{X}-\bar{Y}-\delta}{S_\omega\sqrt{\dfrac{1}{n_1}+\dfrac{1}{n_2}}}$ $S_\omega^2=\dfrac{(n_1-1)S_1^2+(n_2-1)S_2^2}{n_1+n_2-2}$	$\mu_1-\mu_2>\delta$ $\mu_1-\mu_2<\delta$ $\mu_1-\mu_2\neq\delta$	$t\geqslant t_\alpha(n_1+n_2-2)$ $t\leqslant-t_\alpha(n_1+n_2-2)$ $\lvert t\rvert\geqslant t_{\alpha/2}(n_1+n_2-2)$
5	$\sigma^2\leqslant\sigma_0^2$ $\sigma^2\geqslant\sigma_0^2$ $\sigma^2=\sigma_0^2$	$\chi^2=\dfrac{(n-1)S^2}{\sigma_0^2}$	$\sigma^2>\sigma_0^2$ $\sigma^2<\sigma_0^2$ $\sigma^2\neq\sigma_0^2$	$\chi^2\geqslant\chi_\alpha^2(n-1)$ $\chi^2\leqslant\chi_{1-\alpha}^2(n-1)$ $\chi^2\geqslant\chi_{\alpha/2}^2(n-1)$ 或 $\chi^2\leqslant\chi_{1-\alpha/2}^2(n-1)$
6	$\sigma_1^2\leqslant\sigma_2^2$ $\sigma_1^2\geqslant\sigma_2^2$ $\sigma_1^2=\sigma_2^2$	$F=\dfrac{S_1^2}{S_2^2}$	$\sigma_1^2>\sigma_2^2$ $\sigma_1^2<\sigma_2^2$ $\sigma_1^2\neq\sigma_2^2$	$F\geqslant F_\alpha(n_1-1,n_2-1)$ $F\leqslant F_{1-\alpha}(n_1-1,n_2-1)$ $F\geqslant F_{\alpha/2}(n_1-1,n_2-1)$ 或 $F\leqslant F_{1-\alpha/2}(n_1-1,n_2-1)$

■ 大样本检验法 ━━━━

当未知检验统计量的分布时,若抽取大量样本(大样本),并用检验统计量的极限分布来近似作为其分布,由此得到的检验方法称为大样本检验法.

1 两总体均值差的大样本检验法

设有两个独立总体 X 和 Y,其均值和方差分别为 μ_1、μ_2 和 σ_1^2、σ_2^2,先从每一总体中各取一样本,其样本容量、样本均值、样本方差分别记为 n_1、$\overline{X}$、S_1^2 和 n_2、$\overline{Y}$、S_2^2,并且 n_1 和 n_2 很大.给定显著性水平 α,检验假设

$$H_0:\mu_1=\mu_2, \quad H_1:\mu_1\neq\mu_2$$

当 n_1,n_2 很大时,由中心极限定理知,

$$\frac{\overline{X}-\mu_1}{\sigma_1/\sqrt{n}}\overset{近似}{\sim}N(0,1), \frac{\overline{Y}-\mu_2}{\sigma_2/\sqrt{n}}\overset{近似}{\sim}N(0,1)$$

即

$$\overline{X}\overset{近似}{\sim}N(\mu_1,\frac{\sigma_1^2}{n_1}),\overline{Y}\overset{近似}{\sim}N(\mu_2,\frac{\sigma_2^2}{n_2})$$

由于 $\overline{X}$ 和 $\overline{Y}$ 独立,所以

$$\frac{(\overline{X}-\overline{Y})-(\mu_1-\mu_2)}{\sqrt{\sigma_1^2/n_1+\sigma_2^2/n_2}}\overset{近似}{\sim}N(0,1)$$

S_1^2 和 S_2^2 分别是 σ_1^2 和 σ_2^2 的很好近似值,用 S_1^2 代替 σ_1^2,S_2^2 代替 σ_2^2,仍有

$$U=\frac{(\overline{X}-\overline{Y})-(\mu_1-\mu_2)}{\sqrt{S_1^2/n_1+S_2^2/n_2}}\overset{近似}{\sim}N(0,1)$$

由此可得拒绝域为

$$|u|=\frac{|\overline{x}-\overline{y}|}{\sqrt{s_1^2/n_1+s_2^2/n_2}}\geq u_{\alpha/2}\ (n_1,n_2\ 很大)$$

2 二项分布参数的大样本检验法

设 $P(A)=p$,在 n 次独立试验中事件 A 发生的次数为 X,则 $X\sim b(n,p)$.给定显著性水平 α,检验假设

$$H_0:p=p_0, H_1:p>p_0(0<p_0<1,p_0\ 已知)$$

设

$$X_i=\begin{cases}1, & 第\ i\ 次试验中\ A\ 发生\\0, & 否则\end{cases}$$

则 $X_1, X_2, \cdots, X_n$ 独立,且都服从参数为 p 的 $(0-1)$ 分布,

$$X = X_1 + X_2 + \cdots + X_n$$

由中心极限定理,当 $n \to \infty$ 时,

$$\frac{\overline{X} - E(X)}{\sqrt{DX}} = \frac{\overline{X} - np}{\sqrt{np(1-p)}} \sim N(0,1)$$

当 H_0 真且 n 很大时,

$$U = \frac{\overline{X} - np_0}{\sqrt{np_0(1-p_0)}} \overset{近似}{\sim} N(0,1)$$

由此可得拒绝域为

$$u = \frac{\overline{x} - np_0}{\sqrt{np_0(1-p_0)}} \geq u_\alpha$$

■ p 值检验法 ■

一般在一个假设检验问题中,利用观测值能够做出的拒绝原假设的最小显著性水平称为该检验的 p 值. 按 p 值的定义,对于任意指定的显著性水平 α,有以下结论:

(1) 若 $\alpha < p$,则在显著性水平 α 下接受 H_0;

(2) 若 $\alpha \geq p$,则在显著性水平 α 下拒绝 H_0.

有了这两条结论就能方便地确定 H_0 的拒绝域. 这种利用 p 值来检验假设的方法称为 p 值检验法.

一般地,若 $p \leq 0.01$,称拒绝 H_0 的依据很强或称检验是高度显著的;若 $0.01 < p \leq 0.05$,称拒绝 H_0 的依据是强的或称检验是显著的;若 $0.05 < p \leq 0.1$,称拒绝 H_0 的依据是弱的或称检验是不显著的;若 $p > 0.1$,一般来说,没有理由拒绝 H_0.

■ 假设检验的两类错误 ■

1 第 I 类错误(弃真)

当原假设 H_0 真时,抽样结果表明小概率事件发生了,按检验法将拒绝 H_0,这样就犯了所谓"弃真"的错误,弃真概率为

$$P\{拒绝\ H_0 \mid H_0\ 真\}$$

给定显著性水平 α,由于

$$P\{拒绝\ H_0 \mid H_0\ 真\} = P\{小概率事件\} \leq \alpha$$

所以弃真概率不超过显著性水平 α.

2 第Ⅱ类错误(取伪)

当原假设 H_0 假时,抽样结果表明小概率事件没有发生,按检验法将接受 H_0,这样就犯了所谓"取伪"的错误,取伪概率为

$$P\{\text{接受 } H_0 \mid H_0 \text{ 假}\}$$

3 两类错误概率的控制

若 φ 是参数 θ 的某检验问题的一个检验法,

$$h(\theta) = P_\theta\{\text{拒绝 } H_0\}$$

称 $h(\theta)$ 为检验法 φ 的功效函数.

当 H_0 真时,$h(\theta)$ 表示弃真的概率;当 H_0 假时,$\beta(\theta) = 1 - h(\theta)$ 表示取伪的概率. 一个优良的检验法 φ 应使 $h(\theta)$ 在 H_0 真时尽可能小,在 H_0 假时尽可能大,但这两方面的要求是矛盾的.

选择一种优良检验的策略应先保证弃真的概率不超过指定值 α,再设法控制取伪概率.

非参数假设检验*

若总体分布未知,对总体分布或有关参数所作的检验称为非参数假设检验.

1 分布拟合检验

在实际问题中,有时不能预先知道总体所服从的分布,而需要根据样本值 $(x_1, x_2, \cdots, x_n)$ 来判断总体 ξ 是否服从某种指定的分布. 这个问题的一般提法为,在给定的显著性水平 α 下,对假设

$$H_0: F_\xi(x) = F_0(x); \quad H_1: F_\xi(x) \neq F_0(x)$$

作显著性检验. 其中 $F_0(x)$ 为已知的具有明确表达式的分布函数. 这种假设检验通常称为分布的拟合优度检验,简称为分布拟合检验.

(1) 皮尔逊 χ^2 检验:

设总体 X 为连续型,下面利用样本数值来拟合总体分布概率密度函数 $f(x)$. 根据样本值的情况将其分为 l 组,各组范围为

$$[a_0, a_1), [a_1, a_2), \cdots, [a_{l-1}, a_l)$$

其中 $\quad a_0 < a_1 < a_2 < \cdots < a_l$

记

$$A_i = \{X \in [a_{i-1}, a_i)\}, \quad i = 1, 2, \cdots, l$$

并记 m_i 为落在 $[a_{i-1}, a_i)$ 内的样本数,则事件 A_i 发生的频率为

$$f_i = \frac{m_i}{n}$$

在 H_0 为真的前提下,事件 A_i 发生的概率为

$$p_i = F_0(a_i, \overline{\theta_1}, \cdots, \overline{\theta_k}) - F_0(a_{i-1}, \overline{\theta_1}, \cdots, \overline{\theta_k})$$

显然,可采用统计量 $\qquad \chi^2 = \sum_{i=1}^{l} \frac{(m_i - np_i)^2}{np_i}$

来衡量样本与 H_0 中所假设的分布的吻合程度. 于是 H_0 的拒绝域形式为

$$\chi^2 \geqslant G \ (G \ 待定)$$

定理:若 n 很大($n \geqslant 50$),则当 H_0 成立时,$\chi^2 \overset{近似}{\sim} \chi^2(l-k-1)$,于是得到 H_0 的拒绝域为 $\chi^2 \geqslant \chi_\alpha^2(l-k-1)$.

在使用皮尔逊 χ^2 检验法时,必须注意 n 要足够大,且每个 $np_i \geqslant 5$.

(2) 偏度、峰度检验:

设随机变量 X 的 k 阶中心矩为 μ_k,分别称

$$\gamma_1 = \frac{\mu_3}{\mu_2^{3/2}}, \gamma_2 = \frac{\mu_4}{\mu_2^2}$$

为 X 的偏度和峰度. 从总体 X 中取一样本,记 B_k 为样本的 k 阶中心矩,则 γ_1 和 γ_2 的矩法估计量分别为

$$g_1 = \frac{B_3}{B_2^{3/2}}, g_2 = \frac{B_4}{B_2^2}$$

并分别称 g_1 和 g_2 为样本偏度和样本峰度.

若总体 X 服从正态分布,则 $\gamma_1 = 0, \gamma_2 = 3$,且当样本容量 n 充分大时,近似地有

$$g_1 \sim N\left(0, \frac{6(n-2)}{(n+1)(n+3)}\right), g_2 \sim N\left(3 - \frac{6}{n+1}, \frac{24n(n-2)(n-3)}{(n+1)^2(n+3)(n+5)}\right)$$

因此,当 n 充分大时,g_1 与 $\gamma_1 = 0$ 的偏离不应太大,而 g_2 与 $\gamma_2 = 3$ 的偏离不应太大,故假设 H_0:X 服从正态分布的拒绝域形式应为

$$|g_1| \geqslant k_1 \ 或 \ \left|g_2 - 3 + \frac{6}{n+1}\right| \geqslant k_2$$

其中 k_1、k_2 由下面两式确定

$$P\{|g_1| \geqslant k_1\} = \frac{\alpha}{2}, P\left\{\left|g_2 - 3 + \frac{6}{n+1}\right| \geqslant k_2\right\} = \frac{\alpha}{2}$$

当 n 充分大时

$$k_1 \approx u_{\alpha/4}\sqrt{\frac{6(n-2)}{(n+1)(n+3)}}, k_2 \approx u_{\alpha/4}\sqrt{\frac{24(n-2)(n-3)}{(n+1)^2(n+3)(n+5)}}$$

由此得到 H_0 的显著性水平为 α 的拒绝域.

2 两总体相等性检验

(1) 符号检验法:

从总体 X、Y 中分别取容量均为 N 的样本 $X_1, X_2, \cdots, X_N$ 和 $Y_1, Y_2, \cdots, Y_N$. 检验假设

$$H_0 : F_1(x) = F_2(y), \quad H_1 : F_1(x) \neq F_2(y)$$

将数据配对排好,列成表. 当 $x_i > y_i$ 时,取"+"号;当 $x_i < y_i$ 时,取"－"号;当 $x_i = y_i$ 时,取"0",并用 n_+ 和 n_- 分别表示"+"号与"－"号的个数.

若 H_0 成立,两总体分布相同,n_+ 和 n_- 应相差不大. 由于试验误差,它们会有一定的差异,但差异不宜过大. 如若过大,就认为不仅仅有试验误差,而且 $F_1(x)$ 与 $F_2(y)$ 有差异. 记 $n = n_+ + n_-$,选统计量

$$S = \min(n_+, n_-)$$

对于 n 和给定的 α,查符号检验表可得相应的 $S_\alpha(n)$. 当 $S \leqslant S_\alpha(n)$ 时,则拒绝 H_0,认为两总体分布有显著差异.

（2）秩和检验：

从两总体 X、Y 中分别取容量为 n_1, n_2 的样本,检验假设

$$H_0 : F_1(x) = F_2(y), \quad H_1 : F_1(x) \neq F_2(y)$$

将两总体的 $n_1 + n_2$ 个观测值放在一起,按从小到大的顺序排列. 若 H_0 成立,则总体 X、Y 同分布,两总体的观测值应较均匀地分布在此排列中;若分布不均与,则认为 H_0 不成立.

每个观测值在此排列中的序号称为这个观测值的秩. 若有几个观测值相同,则每个观测值的秩取这几个数的序号的平均值. 求出每个观测值的秩,将属于总体 X 的样本观测值的秩相加,其和记为 R_1,称为总体 X 的样本秩和. 同理,将其余观测值的秩相加得总体 Y 的样本秩和 R_2. 显然,R_1、R_2 为离散型随机变量,且有

$$R_1 + R_2 = \frac{1}{2}(n_1 + n_2)(n_1 + n_2 + 1)$$

设 $n_1 \leqslant n_2$,取 $T = R_1$（或 R_2）为统计量. 若 H_0 成立,秩和 R_1 一般来说不应取太靠近上述不等式两端的值. 因而,当 R_1 的观测值过大或过小时,我们就拒绝 H_0.

拒绝域为

$$T \leqslant T_1 \text{ 或 } T \geqslant T_2$$

其中 T_1, T_2 可由秩和检验表查得.

3 独立性检验

设有两个总体 X、Y,给定显著性水平 α,检验非参数假设

$$H_0 : X, Y \text{ 相互独立}$$

将 X 的所有可能取值分为 r 个不同组 $A_1, A_2, \cdots, A_r$;将 Y 的所有可能取值分为 s 个不同组 $B_1, B_2, \cdots, B_s$. 对 (X, Y) 进行 n 次独立观测,分别记录事件 $(X \in A_i, Y \in B_j)$ 出现的频数 m_{ij} $(i = 1, \cdots, r; j = 1, \cdots, s)$,将所得结果列成表,记

$$p_{ij} = P\{X \in A_i, Y \in B_j\}, p_i. = \sum_{j=1}^{s} p_{ij} = P\{X \in A_i\}$$

$$p._j = \sum_{i=1}^{r} p_{ij} = P\{Y \in B_j\}, i = 1, \cdots, r, j = 1, \cdots, s.$$

表中 $\widehat{p}_i.$ 和 $\widehat{p}._j$ 分别为 $p_i.$ 和 $p._j$ 的估计值.

m_{ij} $\diagdown$ Y X	B_1	B_2	$\cdots$	B_s	$m_i. = \sum_{j=1}^{s} m_{ij}$	$p_i. = \dfrac{m_i.}{n}$
A_1	m_{11}	m_{12}	$\cdots$	m_{1s}	$m_1.$	$\hat{p}_1.$
A_2	m_{21}	m_{22}	$\cdots$	m_{2s}	$m_2.$	$\hat{p}_2.$
$\vdots$	$\vdots$	$\vdots$	$\cdots$	$\vdots$	$\vdots$	$\vdots$
A_r	m_{rs}	m_{rs}	$\cdots$	m_{rs}	$m_r.$	$\hat{p}_r.$
$m._j = \sum_{i=1}^{r} m_{ij}$	$m._1$	$m._2$	$\cdots$	$m._s$	n	
$\hat{p}._j = \dfrac{m._j}{n}$	$\hat{p}._1$	$\hat{p}._2$	$\cdots$	$\hat{p}._s$		1

若 H_0 成立,则

$$p_{ij} = p_i. \cdot p._j = \widehat{p}_i. \cdot \widehat{p}._j$$

事件 $(X \in A_i, Y \in B_j)$ 的理论频数为

$$M_{ij} = n p_{ij} = n \widehat{p}_i. \cdot \widehat{p}._j, i = 1, \cdots, r, j = 1, \cdots, s$$

取统计量

$$\chi^2 = \sum_{i=1}^{r} \sum_{j=1}^{s} \frac{(m_{ij} - M_{ij})^2}{M_{ij}} = n \left(\sum_{i=1}^{r} \sum_{j=1}^{s} \frac{m_{ij}^2}{m_i. \, m._j} - 1 \right)$$

当 H_0 成立且 n 很大时,

$$\chi^2 \overset{\text{近似}}{\sim} \chi^2(\upsilon), \upsilon = (r-1)(s-1)$$

由此可得 H_0 的拒绝域为

$$\chi^2 = n \left(\sum_{i=1}^{r} \sum_{j=1}^{s} \frac{m_{ij}^2}{m_i. \, m._j} - 1 \right) \geqslant \chi_\alpha^2((r-1)(s-1))$$

典型题型归类

■ 正态总体均值的假设检验 ────────

例 1 要求一种元件平均使用寿命不得低于 1000 小时,生产者从一批这种元件中随机抽取 25 件,测得其寿命的平均值为 950 小时.已知该种元件寿命服从标准差为 $\sigma=100$ 小时的正态分布.试在显著性水平 $\alpha=0.05$ 下确定这批元件是否合格? 设总体均值为 M 且未知.即需检验假设

$$H_0:\mu \geqslant 1000, H_1:\mu < 1000$$

【分析】 元件寿命 $X \sim N(\mu,100^2)$,总体方差 σ^2 已知,关于总体均值 μ 的假设检验用正态检验法.

【解】 ①检验假设.

$H_0:\mu \geqslant 1000, H_1:\mu < 1000$

②选取检验统计量.

当原假设为真时,检验统计量为

$$Z=\frac{\overline{X}-1000}{\sigma/\sqrt{n}} \sim N(0,1)$$

因为总体方差 σ^2 已知,故选服从标准正态分布的检验统计量.

③确定拒绝域.

显然,$Z=\dfrac{\overline{X}-1000}{\sigma/\sqrt{n}}$ 偏小到一定程度有可能拒绝原假设,给定显著性水平 $\alpha=0.05$,

使 $\qquad\qquad P\{Z \leqslant -\mu_{0.05}\}=0.05, (\mu_{0.05}>0)$

查标准正态分布表得 $\quad \mu_{0.05}=1.645$

则拒绝域为 $(-\infty,-1.645)$

④计算检验统计量的观察值.

$$Z=\frac{950-1000}{100/\sqrt{25}}=\frac{5\times(-50)}{100}=-2.5$$

⑤作推断.

由于 Z 的值落在拒绝域中,所以拒绝原假设,可以认为这批元件不合格.

■ 正态总体方差的假设检验 ━━━━━━━━━

例 2 测定某种溶液中的水份,它的 10 个测定值给出 $s=0.037\%$,设测定值总体为正态分布,Δ^2 为总体方差,Δ^2 未知. 试在水平 $a=0.05$ 下检验假设

$H_0:\Delta\geqslant0.04\%$,$H_1:\Delta<0.04\%$

【分析】 此题是单边假设检验问题,并与检验假设

$H_0:\Delta\geqslant0.04\%$,$H_1:\Delta<0.04\%$ 类似. 用 x^2 检验法.

【解】 ①检验假设.

$H_0:\Delta\geqslant\Delta_0=0.04\%$,$H_1:\Delta<\Delta_0=0.04\%$

②选取检验统计量.

当原假设为真时,检验统计量为

$$x^2=\frac{(n-1)s^2}{\Delta_0^2}\sim\chi^2(n-1)$$

③确定拒绝域.

给定显著性水平 $a=0.05$,使

$$P\{X^2\leqslant\chi^2_{0.95}(9)\}=0.05$$

查 X^2 分布表得 $\chi^2_{0.95}(9)=3.325$

则拒绝为$(0,3.325)$.

④计算检验统计量的观测值.

根据 $s=0.037\%$,$n=10$,则 χ^2 的观测值为

$$\chi^2=\frac{9\times(0.037\%)^2}{(0.04\%)^2}=7.701$$

⑤作推断.

由于 $x^2=7.701$ 未落在拒绝域中,所以接受原假设,

可以认为 $\sigma\geqslant0.04\%$.

■ 确定样本容量,非参数假设检验 ━━━━━━━━━

例 3 检查了一本书的 100 页,记录各页中印刷错误的个数,其结果为

错误个数 f_i	0	1	2	3	4	5	6	7
含 f_i 个错误的页数	36	40	19	2	0	2	1	0

问能否认为一页的印刷错误个数服从泊松分布(取 $a=0.05$)

【分析】 关于总体分布的假设检验.利用皮尔逊 χ^2 检验.

【解】 设一页的印刷错误个数为 X,检验假设 $H_0: X$ 服从泊松分布,$H_1: H_0$ 不真

即 $H_0: X$ 的分布律为 $P\{X=k\}=\dfrac{\lambda^k e^{-\lambda}}{k!}(k=0,1,2,\cdots)$

因为参数 λ 未知,应在 H_0 下先求出 λ 的最大似然估计值

据样本观测值得

$$\hat{\lambda}=\bar{x}=\frac{1}{100}(0\times36+1\times40+2\times19+3\times2+4\times0+5\times2+6\times1+7\times0)=1$$

则得 $P\{X=k\}$ 的估计式为

$$\hat{P}\{X=k\}=\frac{(\hat{\lambda})^k e^{-\lambda}}{k!}=\frac{e^{-1}}{k!}(k=0,1,2,\cdots)$$

当原假设为真时,X 所有可能取值组成的集合为

$W=\{0,1,2,\cdots\}$,将 W 分成 8 个互不相交的子集:$\{X=0\},\{X=1\},\cdots,\{X\geqslant7\}$

计算 $\hat{P}\{X=k\}$ 如下:

$$\hat{P}_0=\hat{P}\{X=0\}=0.3679$$

$$\hat{P}_1=\hat{P}\{X=1\}=0.3679$$

$$\hat{P}_2=\hat{P}\{X=2\}=0.1839$$

$$\hat{P}_3=\hat{P}\{X=3\}=0.0613$$

$$\hat{P}_4=\hat{P}\{X=4\}=0.0153$$

$$\hat{P}_5=\hat{P}\{X=5\}=0.0031$$

$$\hat{P}_6=\hat{P}\{X=6\}=0.0005$$

$$\hat{P}_7=1-\sum_{i=0}^{6}\hat{P}_i=1-0.9999=0.0001$$

等价于检验假设

$H_0: P_0=0.3679, P_1=0.3679,\cdots, P_7=0.0001$

计算表如下:

(n=100) 子集	n_i	$\hat{P}_i$	$n\hat{P}_i$	$n_i^2/(n\hat{P}_i)$
$\{X=0\}$	36	0.3679	36.79	35.2270
$\{X=1\}$	40	0.3679	36.79	43.4901
$\{X=2\}$	19	0.1839	18.39	19.6302
$\{X=3\}$	2⎫	0.0613	6.13⎫	
$\{X=4\}$	0⎪	0.0153	1.53⎪	
$\{X=5\}$	2⎬5	0.0031	0.31⎬8.03	3.1133
$\{X=6\}$	1⎪	0.0005	0.05⎪	
$\{X=7\}$	0⎭	0.0001	0.01⎭	
$\overline{Z}$				101.4606

后五个子集的 $n\hat{P}_i$ 小于 5,因此合并.

当原假设为真时,选取检验统计量

$$X^2 = \sum_{i=0}^{3} \frac{(n_i - n\hat{P}_i)^2}{n\hat{P}_i} = \sum_{i=0}^{3} \frac{n_i^2}{n\hat{P}_i} - n$$

因泊松分布中参数 λ 用最大似然估计代入,故

χ^2 服从自由度为 4−2=2 的 χ^2 分布.

给定显著性水平 $a=0.05$,使 $P\{\chi^2 \geqslant \chi^2_{0.05}(2)\} = 0.05$

查 χ^2 分布表得 $\chi^2_{0.05}(2) = 5.991$

则拒绝域为 $[5.991, +\infty)$

检验统计量 χ^2 的观测值为 $\chi^2 = 101.4606 - 100 = 1.4606$

由于 $\chi^2 = 1.4606 < 5.991$,所以接受原假设,可以认为样本来自泊松分布的总体.

习题全解

■ 习题 8-1

1. 解题过程 在很多实际问题中,常常需要对关于总体的分布形式或分布中的未知参数的某个陈述或命题进行判断,数理统计学中将这些有待验证的陈述或命题称为统计假设.

2. **解题**过程 异：概率反证法依据"小概率原理"，需要构造一个能说明问题的小概率事件. 普通反证法是由假设推导出一个与常理相违背的结论，没有具体的依据.

   同：都是先给出假设，依据假设进行推理，推理出与已知条件或常理（定理、公式、原理）相违背的结论.

3. **解题**过程 步骤如下：

   ①提出假设：根据问题的要求提出原假设 H_0 与对立假设 H_1，给定显著性水平 α 及样本容量 n.

   ②确定拒绝域：用参数 θ 的一个好的估计量 $\hat{\theta}$（通常为 θ 的无偏估计）来代替 θ，分析拒绝域 D 的形式，构造检验统计量 $g(\hat{\theta})$，在 H_0 成立的前提下确定 $g(\hat{\theta})$ 的概率分布，通过等式 $P\{(X_1,\cdots,X_n)\in D\}=\alpha$ 确定 D.

   ③执行统计判决：求统计量的值，并查表求出有关数据，判断小概率事件是否发生，由此作出判决.

4. **解题**过程 $X\sim N(\mu,9),\overline{X}\sim N\left(\mu,\dfrac{\sigma^2}{n}\right)\Rightarrow\dfrac{\overline{X}-\mu}{\frac{\sigma}{\sqrt{n}}}\sim N(0,1)$

   H_0 成立时，$\dfrac{\overline{X}-\mu_0}{\frac{\sigma}{\sqrt{n}}}\sim N(0,1)$

   $|\overline{X}-\mu_0|\geqslant c$，故 $\left|\dfrac{\overline{X}-\mu_0}{\frac{\sigma}{\sqrt{n}}}\right|\geqslant\dfrac{c}{\sigma/\sqrt{n}}$

   $\therefore\alpha=0.05=P\{|\overline{X}-\mu_0|\geqslant c\}=P\left\{\left|\dfrac{\overline{X}-\mu_0}{\frac{\sigma}{\sqrt{n}}}\right|\geqslant\dfrac{c}{\sigma/\sqrt{n}}\right\}=2P\left\{\dfrac{\overline{X}-\mu_0}{\frac{\sigma}{\sqrt{n}}}\geqslant\dfrac{c}{\sigma/\sqrt{n}}\right\}$

   $\therefore P\left\{\dfrac{\overline{X}-\mu_0}{\sigma/\sqrt{n}}>\dfrac{c}{\sigma/\sqrt{n}}\right\}=\dfrac{\alpha}{2}$

   $\sigma=\sqrt{9}=3,n=25$

   $\therefore c=\dfrac{\sigma}{\sqrt{n}}\cdot u_{\frac{\alpha}{2}}=\dfrac{3}{5}\cdot1.96=1.176$

习题 8-2

1. **解题**过程 $H_0:\mu\neq\mu_0=4.55,H_1:\mu\neq\mu_0$

   令 $U=\dfrac{\overline{X}-\mu_0}{\sigma/\sqrt{n}}\sim N(0,1),\sigma=10.8,\overline{X}=4.364$

得拒绝域　$|U| \geqslant u_{\frac{\alpha}{2}} = u_{0.025} = 1.96$

又 $\because |u| = \left| \dfrac{\overline{X} - 4.55}{\frac{10.8}{\sqrt{5}}} \right| = 0.039 < |u_\alpha|$

$\therefore$ 接受 H_0，总体均值无显著性变化.

2. 解题过程　$H_0 : \mu = \mu_0 = 23.8, H_1 : \mu \neq \mu_0$

σ^2 未知，令 $T = \dfrac{\overline{X} - \mu_0}{s/\sqrt{n}} \sim t(n-1)$

拒绝域为　$|T| > t_{\frac{\alpha}{2}}(n-1) = t_{0.025}(6) = 2.4469$

由已知条件得

$\overline{x} = 24.2, (n-1)s^2 = 6.25 + 4.84 + 0.01 + 10.24 + 9 + 0.64 + 0.64 = 31.62$

$s = 2.296$

故得　$|t| = \dfrac{24.2 - 23.8}{2.296/\sqrt{7}} = 0.4654 < t_{\frac{\alpha}{2}}(n-1)$

$\therefore$ 接受 H_0，即这组数据可以说明新安眠药的疗效.

3. 解题过程　$H_0 : \mu = \mu_0 = 0.009, H_1 : \mu \neq \mu_0$

σ^2 未知，令 $T = \dfrac{\overline{X} - \mu_0}{s/\sqrt{n}} \sim t(n-1)$

拒绝域为　$|T| > t_{\frac{\alpha}{2}}(n-1) = t_{0.05}(15) = 1.7531$

由题意得　$\overline{x} = 0.007375, (n-1)s^2 = 0.003997234375, s = 1.63 \times 10^{-2}$

$|t| = \left| \dfrac{0.007375 - 0.009}{0.0163/\sqrt{16}} \right| = 0.00040625 < t_{\frac{\alpha}{2}}(n-1)$

$\therefore$ 接受 H_0，即无显著降低.

4. 解题过程　$H_0 : \mu = \mu_0 = 8, H_1 : \mu \neq \mu_0$

σ^2 已知，令 $U = \dfrac{\overline{X} - \mu_0}{\sigma/\sqrt{n}} \sim N(0,1), \sigma = 0.09, \overline{x} = 7.923$

得拒绝域　$|U| \geqslant u_{\frac{\alpha}{2}} = u_{0.025} = 1.96$

$\because |u| = \left| \dfrac{\overline{x} - 8}{0.09/\sqrt{9}} \right| = 2.567 > |u_\alpha|$

$\therefore$ 拒绝 H_0，即弹壳不合格.

5. 解题过程　$H_0 : \mu = 0.618, H_1 : \mu \neq 0.618$

σ 未知，令 $T=\dfrac{\overline{X}-\mu_0}{s/\sqrt{n}}$，拒绝域为 $|T| \geqslant t_{\frac{a}{2}}(n-1)$

$n=20, \bar{x}=0.6605, s=0.0925$，查表得 $t_{0.025}(19)=2.093$

$\therefore$ $|t|=\left|\dfrac{x-\mu_0}{s/\sqrt{n}}\right|=2.055<2.093$

$\therefore$ 接受 H_0，即 $\mu=0.618$.

6. 解题过程 $H_0: \mu_1=\mu_2, H_1: \mu_1 \neq \mu_2$

σ_1^2 和 σ_2^2 未知，

令 $T=\dfrac{|\overline{X}-\overline{Y}|}{S_w\sqrt{\dfrac{1}{n_1}+\dfrac{1}{n_2}}} \sim t(n_1+n_2-2)$

$n_1=10, n_2=11, \bar{x}=0.273, \bar{y}=0.133, s_1=0.1677, s_2=0.0801, s_w^2=0.0167$

查表得 $t_{0.025}(19)=2.093$

拒绝域为 $|T| \geqslant t_{\frac{\alpha}{2}}(n_1+n_2-2)=2.093$

观测值 $|t|=\dfrac{|\bar{x}-\bar{y}|}{s_w\sqrt{\dfrac{1}{n_1}+\dfrac{1}{n_2}}}=2.479>2.093$

$\therefore$ 拒绝 H_0，即处理后平均含脂率有显著降低.

7. 解题过程 $H_0: \mu_1=\mu_2, H_1: \mu_1 \neq \mu_2$

$\sigma_1^2=\sigma_2^2$ 未知，

令 $T=\dfrac{\overline{X}-\overline{Y}}{S_w\sqrt{\dfrac{1}{n_1}+\dfrac{1}{n_2}}} \sim t(n_1+n_2-2)$

计算得 $\bar{x}=21.5, \bar{y}=18, (n_1-1)S_1^2=30.02, (n_2-1)S_2^2=7.78, S_w=2.324$

查表得 $t_{\frac{\alpha}{2}}(n_1+n_2-2)=t_{0.025}(7)=2.3646$

拒绝域为 $|T| \geqslant 2.3646$.

观察值为 $|t|=\left|\dfrac{\bar{x}-\bar{y}}{S_w\sqrt{\dfrac{1}{n_1}+\dfrac{1}{n_2}}}\right|=2.245<2.3646$

$\therefore$ 接受 H_0，即甲、乙两煤矿的含灰率无显著差异.

8. 解题过程 $H_0: \mu=\mu_0=0, H_1: \mu \neq \mu_0$

令 $T=\dfrac{\overline{X}-\mu_0}{S/\sqrt{n}} \sim t(n-1)$

计算得 $n=9, \bar{x}=0.06, s^2=0.01505$

查表得 $t_{0.025}(8)=2.3060$

拒绝域为 $|T| \geqslant t_{\frac{\alpha}{2}}(n-1)=t_{0.025}(8)=2.3060$

又 $|t|=\left|\dfrac{\bar{x}-0}{s/\sqrt{n}}\right|=1.4673<2.3060$

∴不能判定不同工艺方法对产品的该性能指标影响有显著差异.

9. 解题过程 $H_0:\mu=\mu_0=0, H_1:\mu \neq \mu_0$

令 $T=\dfrac{\bar{X}-\mu_0}{S/\sqrt{n}} \sim t(n-1)$

拒绝域为 $|T| \geqslant t_{\frac{\alpha}{2}}(n-1)=t_{0.025}(9)=2.2622$

又 $\because n=10, \bar{x}=13.6, s^2=48.04$

$\therefore |t|=\dfrac{13.6}{\sqrt{48.04/10}}=6.2049>2.2622$

$\therefore$拒绝 H_0,两种稻种产量有显著差异.

10. 解题过程 $H_0:\mu_2-\mu_1=2, H_1:\mu_2-\mu_1>2$

$\sigma_1^2=\sigma_2^2$ 未知,

令 $T=\dfrac{(\bar{X}-\bar{Y})-(\mu_1-\mu_2)}{S_w\sqrt{\dfrac{1}{n_1}+\dfrac{1}{n_2}}} \sim t(n_1+n_2-2)$

拒绝域为 $|T| \geqslant t_{0.05}(22)=1.7171$

由题意得 $n_1=n_2=12, \bar{x}=5.25, \bar{y}=1.5, s_1^2=0.9318, s_2^2=1, s_w^2=0.9659$

$\therefore |t|=\left|\dfrac{-1.5+5.25-2}{s_w\sqrt{\dfrac{1}{n_1}+\dfrac{1}{n_2}}}\right|=4.362>1.7171$

$\therefore$拒绝 H_0

习题 8-3

1. 解题过程 $H_0:\sigma^2=\sigma_0^2=0.048, H_1:\sigma^2 \neq 0.048$

令 $\chi^2=\dfrac{(n-1)s^2}{\sigma^2}$

由题意得 $n=5, s^2=0.00778, \chi_{1-\alpha}^2(n-1)=\chi_{0.9}^2(4)=1.064$

拒绝域为 $\chi^2 \leqslant \chi_{0.9}^2(4)=1.064$

又 $\because \chi^2 = \dfrac{(5-1)\times 0.00778}{0.048} = 0.648 < 1.064$

$\therefore$ 拒绝 H_0,即 σ^2 有显著变化.

2. 解题过程 $H_0 : \sigma^2 \geqslant \sigma_0^2 = 20^2$,$H_1 : \sigma^2 < 20^2$

令 $\chi^2 = \dfrac{(n-1)S^2}{\sigma_0^2} \sim \chi^2(n-1)$

拒绝域为 $\chi^2 < \chi_{1-\alpha}^2(n-1) = \chi_{0.95}^2(9) = 3.325$

由题意得 $\bar{\chi} = 62.4$,$(n-1)s^2 = 1096.4$

$\therefore \chi^2 = \dfrac{1096.4}{20^2} = 2.726 < 3.325$

$\therefore$ 拒绝 H_0,即整批保险丝的熔化时间的标准差小于 20.

3. 解题过程 $H_0 : \sigma_1^2 = \sigma_2^2$,$H_1 : \sigma_1^2 \neq \sigma_2^2$

用 $F = \dfrac{S_1^2}{S_2^2} \sim F(n_1-1, n_2-1)$ 作统计量

则拒绝域为 $F \geqslant F_{\frac{\alpha}{2}}$ 或 $F \leqslant F_{1-\frac{\alpha}{2}}$

查表得 $F \geqslant F_{\frac{\alpha}{2}} = F_{0.025}(5,5) = 7.15$,

$\qquad\quad F \leqslant F_{1-\frac{\alpha}{2}} = F_{0.975}(5,5) = 0.1399$

由题意得 $\bar{x} = 0.1407$,$(n_1-1)s_1^2 = 0.0000393$,$\bar{y} = 0.1385$,$(n_2-1)s_2^2 = 0.0000355$

$\therefore F = \dfrac{s_1^2}{s_2^2} = 1.108$

$0.1399 < 1.108 < 7.15$

$\therefore$ 接受 H_0,即这两批电子元件电阻值的方差一样.

4. 解题过程 设甲、乙机床加工零件尺寸分别为 X 和 Y,$X \sim N(\mu_1, \sigma_1^2)$,$Y \sim N(\mu_2, \sigma_2^2)$

则 $H_0 : \sigma_1^2 = \sigma_2^2$,$H_1 : \sigma_1^2 \neq \sigma_2^2$

用 $F = \dfrac{S_1^2}{S_2^2} \sim F(n_1-1, n_2-1)$ 作统计量

拒绝域为 $F \geqslant F_{\frac{\alpha}{2}} = F_{0.025}(10,8) = 4.30$

或 $F \leqslant F_{1-\frac{\alpha}{2}} = F_{0.975}(10,8) = 0.2597$

由题意得 $\bar{x} = 6$,$\bar{y} = 5.7$,$(n_1-1)s_1^2 = 0.64$,$(n_2-1)s_2^2 = 0.24$

计算得观察值为 $F = \dfrac{s_1^2}{s_2^2} = 2.133$

$\therefore F_{1-\frac{\alpha}{2}} < F < F_{\frac{\alpha}{2}}$

$\therefore$ 接受 H_0,即两台新机床加工零件的精度无显著差异.

5. 解题过程 由上题知 $X \sim N(\mu_1, \sigma_1^2)$, $Y \sim N(\mu_2, \sigma_2^2)$

则 $H_0: \sigma_1^2 = \sigma_2^2$, $H_1: \sigma_1^2 \neq \sigma_2^2$

选 $F = \dfrac{S_1^2}{S_2^2} \sim F(n_1 - 1, n_2 - 1)$ 作统计量

则拒绝域为 $F \geqslant F_{\frac{\alpha}{2}} = F_{0.025}(10, 9) = 3.96$

$\qquad\qquad\quad$ 或 $F \leqslant F_{1-\frac{\alpha}{2}} = F_{0.975}(10, 9) = 0.2645$

又 $\because \overline{x} = 6, \overline{y} = 6, (n_1 - 1)s_1^2 = 0.64, (n_2 - 1)s_2^2 = 0.82$

$\therefore$ 观察值 $F = \dfrac{s_1^2}{s_2^2} = 0.7024$

$\therefore F_{1-\frac{\alpha}{2}} < F < F_{\frac{\alpha}{2}}$

$\therefore$ 接受 H_0，即不可以认为这台机床经长时间使用后精度显著降低了.

■ 习题 8-4 ■

1. 解题过程 $H_0: p = 0.6, H_1: p > 0.6$

设一级品数为 X，则 $E(X) = 60, D(X) = 24$

$\therefore$ 可认为 $\dfrac{X - E(X)}{\sqrt{D(X)}} = \dfrac{X - np_0}{\sqrt{np_0(1-p_0)}} \sim N(0,1)$，其中 $p_0 = 0.6$

$\therefore$ 拒绝域为 $u > u_{0.95} = 1.65$

又 $\because u_\alpha = \dfrac{x - np_0}{\sqrt{np_0(1-p_0)}} = 0 < 1.65$

$\therefore$ 接受 H_0

2. 解题过程 $H_0: \mu_1 = \mu_2, H_1: \mu_1 \neq \mu_2$

可近似地认为 $\dfrac{\overline{X} - \mu_1}{\sigma_1/\sqrt{n_1}} \sim N(0,1)$, $\dfrac{\overline{Y} - \mu_2}{\sigma_2/\sqrt{n_2}} \sim N(0,1)$

又 $\because \overline{X}$ 和 $\overline{Y}$ 相互独立

$\therefore$ 可认为 $\dfrac{(\overline{X} - \overline{Y}) - (\mu_1 - \mu_2)}{\sqrt{\dfrac{\sigma_1^2}{n_1} + \dfrac{\sigma_2^2}{n_2}}} \sim N(0,1)$

用 S_1^2、S_2^2 分别代替 σ_1^2, σ_2^2 得

$|u| = \dfrac{2805 - 2680}{\sqrt{\dfrac{120.41^2}{110} + \dfrac{105.00^2}{110}}} = 8.2061 > u_{\frac{\alpha}{2}} = u_{0.025} = 1.96$

$\therefore$ 拒绝 H_0，即这两种子弹的平均速度有显著差异.

习题 8-5

1. 解题过程 设鱼的序号为 X

则 H_0 为 X 的分布律如下

X	1	2	3	4
P_K	0.2	0.15	0.4	0.25

在 H_0 成立条件下,将 X 可能值的全体分为 4 个两两不相交的子集 A_1、A_2、A_3、A_4,计算得下表

A_i	f_i	p_i	np_i	$f_i^2/(np_i)$
A_1	132	0.2	120	145.2
A_2	100	0.15	90	111.11
A_3	200	0.4	240	166.67
A_4	168	0.25	150	188.16

令 $\chi^2 = \sum_{i=1}^{k} \dfrac{f_i^2}{np_i} - n$,代入数据,得观察值 $\chi^2 = 11.14$

又∵为右边检验

∴P 值 $= P\{\chi^2 \geqslant 11.14\} = 0.011 < 0.05$

∴拒绝 H_0

2. 解题过程 用 $t = \dfrac{\overline{X} - \mu_0}{S/\sqrt{n}}$ 作为统计量

$H_0 : \mu = 4.0, H_1 : \mu \neq 4.0$

由题意得 $n = 9, \overline{x} = 4.3, s = 1.2$

∴$t = \dfrac{4.3 - 4}{1.2/\sqrt{9}} = 0.75$

又∵为右边检验

∴P 值 $= 2 P\{t > 0.75\} = 0.4747 > 0.05$

∴接受 H_0

习题 8-6

1. 解题过程 (1)u 检验法犯第二类错误的概率为

$$\beta(u)=\Phi(u_0-\frac{\mu-\mu_0}{\sigma/\sqrt{n}})=\Phi(-0.355)=0.362$$

(2)$\beta(u)\leqslant0.1$

即 $\Phi(1.645-\dfrac{1.3-0.9}{1/\sqrt{n}})\leqslant0.1$

$$\Rightarrow\sqrt{n}\geqslant7.31$$

$$\therefore n\geqslant54$$

2. **分析** 由泊松分布可加性可知 $X_1+\cdots+X_{20}\sim\pi(20\lambda)$

解题过程 犯第 I 类错误的概率为

$$\alpha=P\{(X_1,\cdots,X_{20})\in C|\lambda=0.2\}=P\{X_1+\cdots+X_{20}=0|\lambda=0.2\}=e^{-4}$$

犯第 II 类错误的概率为

$$\beta=P\{(X_1,\cdots X_{20})\notin C|\lambda=0.1\}=1-P\{X_1,\cdots,X_{20})\in C|\lambda=0.1\}$$
$$=1-P\{X_1+\cdots+X_{20}=0|\lambda=0.1\}=1-e^{-2}$$

习题 8-7

1. **解题过程** $H_0:P\{x=k\}=\dfrac{\lambda^k e^{-\lambda}}{k!}(k=0,1,2\cdots),H_1:P\{x=k\}\neq\dfrac{\lambda^k e^{-\lambda}}{k!}(k=0,1,2\cdots)$

参数 λ 的极大似然估计为

$$\hat{\lambda}=\overline{x}=\frac{1}{2608}\times(57\times0+203\times1+\cdots+27\times9+16\times10)=3.8673$$

计算结果如列表所示 且 $\alpha=0.05,l=11,k=1,\chi^2_{0.05}(11-1-1)=16.919$

A_i	m_i	p_i	np_i	$\dfrac{(m_i-np_i)^2}{np_i}$
0	57	0.020915	54.5457	0.110432
1	203	0.080884	210.9446	0.299209
2	383	0.156401	407.893	1.51978
3	525	0.201616	525.8149	0.001263
4	532	0.194928	508.371	1.098274
5	408	0.150769	393.2046	0.556716
6	273	0.097178	253.44	1.509597
7	139	0.53688	140.0184	0.007407
8	45	0.025953	67.68663	7.603914
9	27	0.011152	29.08495	0.149459
10	16	0.004313	11.24802	2.00758

$$\therefore \chi^2 = 14.8630 < 16.919$$

$\therefore$ 接受 H_0，即该放射粒子数服从泊松分布.

2. 解题过程 $H_0: f(x) = f_0(x) = \dfrac{1}{\sqrt{2\pi}\sigma} e^{-\frac{(x-\mu)^2}{2\sigma^2}}, H_1: f(x) \neq f_0(x)$

μ 和 σ 未知，μ 和 σ 的极大似然估计分别为

$$\hat{\mu} = \bar{x} = 11.0024, \hat{\sigma}^2 = s^2 = 0.03202$$

$H_0 \sim N(11.0024, 0.03202)$，且 $\hat{p}_i = P\{a_{i-1} < x \leqslant a_i\} = \Phi\left(\dfrac{a_i - \bar{x}}{\sigma}\right) - \Phi\left(\dfrac{a_{i-1} - \bar{x}}{\sigma}\right)$

$a_0 = -\infty, a_{10} = +\infty$

计算结果如列表所示

编号	f_i	p_i	np_i	$(f_i - np_i)^2$	$(f_i - np_i)^2/np_i$
1	5	0.0397	3.97	1.0609	0.2672
2	8	0.1046	10.46	6.0516	0.5785
3	20	0.1921	19.21	0.6241	0.0325
4	34	0.2465	24.65	87.4225	3.5466
5	17	0.2103	21.03	16.2409	0.7723
6	6	0.1255	12.55	42.9025	3.4185
7	6	0.05	5.00	1.00	0.20
8	4	0.0192	1.92	4.3264	2.2533

$\alpha = 0.05, n = 8, k = 2, \chi^2_{0.05}(8-2-1) = 11.071$

$$\chi^2 = \sum_{i=1}^{n} \frac{(f_i - n\hat{p}_i)^2}{n\hat{p}_i} = 11.069 < 11.071$$

$\therefore$ 接受 H_0，即螺栓直径服从正态分布.

3. 解题过程 $H_0: F_1(x) = F_2(y), H_1: F_1(x) \neq F_2(y)$

符号检验表如下：

甲	1.13	1.26	1.16	1.44	0.86	1.39	1.21	1.22	1.20	0.62	1.18	1.34	1.57	1.30	1.13
乙	1.21	1.31	0.99	1.59	1.41	1.48	1.31	1.12	1.60	1.38	1.60	1.84	1.95	1.25	1.50
符号	$-$	$-$	$+$	$-$	$-$	$-$	$-$	$+$	$-$	$-$	$-$	$-$	$-$	$+$	$-$

$\therefore n_+ = 3, n_- = 12, n = 15, S = 3$

$\therefore$ 拒绝域为 $S \leqslant S_\alpha(n) = S_{0.05}(15) = 3$

$\because S = S_{0.05}(15) = 3$

$\therefore$ 拒绝 H_0，即两个车间所生产的产品的该项指标的波动分布不同.

4. 解题过程 $H_0 : F_1(x) = F_2(y)$，$H_1 : F_1(x) \neq F_2(y)$

$F_1(x)$、$F_2(y)$ 分别表示接种 A、B 后存活天数的分布函数

且 $n_1 = 6$，$n_2 = 11$

近似认为 $T \sim N\left(\dfrac{n_1(n_1 + n_2 + 1)}{2}, \dfrac{n_1 n_2 (n_1 + n_2 + 1)}{12}\right) = N(54, 99)$

计算得 $T = 33$，故 $|u| = \left|\dfrac{33 - 54}{\sqrt{99}}\right| = 2.11 > u_{0.025} = 1.96$

$\therefore$ 拒绝 H_0，即接种 A、B 后动物存活天数有显著差异．

5. 解题过程 设事故类型为 X，原料类型为 Y

即检验假设 $H_0 : X$、Y 相互独立 $H_1 : X$、Y 不相互独立

拒绝域为 $\chi^2 = n\left(\displaystyle\sum_{i=1}^{r} \sum_{j=1}^{s} \dfrac{m_{ij}^2}{m_i \cdot m_{\cdot j}} - 1\right) \geqslant \chi_\alpha^2((r-1)(s-1))$

计算得 $\chi^2 = 0.6 < \chi_{0.05}^2((r-1)(s-1)) = 5.991$

$\therefore$ 接受 H_0，即事故类型与原料类型相互独立．

总习题

1. 解题过程 (1) σ^2 已知，用 $U = \dfrac{\overline{X} - \mu_0}{\sigma \sqrt{n}} \sim N(0, 1)$ 作统计量

$\therefore$ 拒绝域为 $\dfrac{\overline{x} - 0}{1/\sqrt{10}} \geqslant u_{\frac{\alpha}{2}} = u_{0.025} = 1.96$

$\therefore \overline{x} \geqslant 1.96 \times 1/\sqrt{10} = 0.62$

$\therefore c = 0.62$

(2) 观察值为 $\overline{x} = 1 > 0.62$

$\therefore$ 拒绝 H_0，即不能接受 H_0

(3) 由拒绝域 $\dfrac{\overline{x} - 0}{1/\sqrt{10}} \geqslant u_{\frac{\alpha}{2}}$ 得

$\dfrac{1}{\sqrt{10}} u_{\frac{\alpha}{2}} = 1.15$

$\therefore u_{\frac{\alpha}{2}} = 1.15 \cdot \sqrt{10} = 3.6366$

$\therefore \alpha = 0.0003$

2. 解题过程 $H_0 : \mu = \mu_0 = 190, H_1 : \mu > \mu_0$

σ^2 未知，令 $T = \dfrac{\overline{X} - \mu_0}{S/\sqrt{n}} \sim t(n-1)$

∴拒绝域为 $T \geqslant t_\alpha(n-1) = t_{0.05}(15) = 1.7531$

由题意得

$n = 16, \bar{x} = 195, s = 8$,故观察值 $t = \dfrac{195 - 190}{8/\sqrt{16}} = 2.5 > 1.7531$

∴拒绝 H_0，即这些数据不能说明这种装置的平均工作温度高于厂商所称．

3. 解题过程 $H_0 : \mu = \mu_0 = 12, H_1 : \mu > \mu_0$

σ^2 未知，选 $T = \dfrac{\overline{X} - \mu_0}{S/\sqrt{n}} \sim t(n-1)$ 为统计量．

拒绝域为 $T > t_\alpha(n-1) = t_{0.05}(99) \approx 1.65$

由题意得

$n = 100, \bar{x} = 11.2, s = 2.6$

观测值为 $t = \dfrac{11.2 - 12}{2.6/\sqrt{100}} = -3.077 < 1.65$

∴接受 H_0，即不能认为这批木材小头直径均值在 12cm 以上．

4. 解题过程 $H_0 : \mu = \mu_0 = 10.5, H_1 : \mu \neq \mu_0$

σ^2 未知，令 $T = \dfrac{\overline{X} - \mu_0}{S/\sqrt{n}} \sim t(n-1)$

拒绝域为 $|T| \geqslant t_\alpha(n-1) = t_{0.025}(30) = 2.0423$

又 $n = 31, \bar{x} = 11.08387, s^2 = 0.2581$

∴ $|t| = \dfrac{11.08387 - 10.5}{\sqrt{0.2581/31}} = 6.4 > 2.0423$

∴拒绝 H_0，即此车床工作不正常．

5. 解题过程 $H_0 : \mu_1 = \mu_2, H_1 : \mu_1 \neq \mu_2$

$\sigma_1^2 \mathbin{、} \sigma_2^2$ 未知，用 $T = \dfrac{\overline{X} - \overline{Y} - (\mu_1 - \mu_2)}{S_w \sqrt{\dfrac{1}{n_1} + \dfrac{1}{n_2}}} \sim t(n_1 + n_2 - 2)$ 作统计量

∴拒绝域为 $|T| \geqslant t_{\frac{\alpha}{2}}(n_1 + n_2 - 2) = t_{0.025}(64) \approx 1.96$

又∵ $n_1 = n_2 = 33, \bar{x} = 2710, \bar{y} = 2830, s_1 = 147, s_2 = 118$

∴ $S_w^2 = 28571$

$$\therefore \quad |t| = \frac{|2830 - 2710|}{S_w \sqrt{\frac{1}{33} + \frac{1}{33}}} = 3.657 > 1.96$$

$\therefore$ 拒绝 H_0,即第 I、II 期患者的肺活量有显著变化.

6. 解题过程 设熔化时间为 X,$X \sim N(\mu, \sigma^2)$

$H_0: \sigma^2 \leqslant \sigma_0^2 = 400, H_1: \sigma^2 > \sigma_0^2 = 400$

用 $\chi^2 = \frac{(n-1)S^2}{\sigma_0^2} \sim \chi^2(n-1)$ 作统计量,故拒绝域为 $\chi^2 \geqslant \chi_\alpha^2(n-1) = \chi_{0.05}^2(24) = 36.415$

又 $\because n = 25, s^2 = 388.58$

$$\therefore \chi^2 = \frac{24 \times 388.58}{400} = 23.3148 < 36.415$$

$\therefore$ 接受 H_0,即这批产品的方差符合要求.

7. 解题过程 $H_0: \sigma_1^2 = \sigma_2^2, H_1: \sigma_1^2 \neq \sigma_2^2$

令 $F = \frac{S_1^2}{S_2^2} \sim F(n_1 - 1, n_2 - 1)$

得拒绝域 $F \geqslant F_{\frac{\alpha}{2}}(n_1 - 1, n_2 - 1) = F_{0.025}(12, 8) = 4.20$

或 $F \leqslant F_{1-\frac{\alpha}{2}}(n_1 - 1, n_2 - 1) = F_{0.975}(12, 8) = 0.285$

又 $\because n_1 = 13, n_2 = 9, \bar{x} = 25.892, \bar{y} = 22.511, s_1^2 = 6.969, s_2^2 = 1.641$

$\therefore$ 观察值 $f = \frac{s_1^2}{s_2^2} = \frac{6.969}{1.641} = 4.247 > 4.20$

$\therefore$ 拒绝 H_0,即两种方法生产的产品的杂质含量波动有明显差异.

8. 解题过程 设次品率为 p 且 $p_0 = 0.05$,X 为 400 片磁盘中的次品数

$H_0: p \leqslant p_0 = 0.05, H_1: p > 0.05$

由中心极限定理得

$$n \to \infty 时, \frac{X - E(X)}{\sqrt{D(X)}} = \frac{X - np}{\sqrt{np(1-p)}} \sim N(0,1)$$

$$\therefore \quad 近似认为 U = \frac{X - np_0}{\sqrt{np_0(1-p_0)}} \sim N(0,1)$$

拒绝域为 $U > u_\alpha = u_{0.02} = 2.5$

$$u = \frac{32 - 400 \times 0.05}{\sqrt{400 \times 0.05 \times (1 - 0.05)}} = 2.75 > 2.5$$

$\therefore$ 拒绝 H_0,即不能接受这批磁盘.

9. 解题过程 设 X、Y 分别为养猫户、无猫户有无老鼠活动,X 和 Y 相互独立,p_1、p_2 分别为养猫户、

无猫户有老鼠活动的概率.

且 $X=\begin{cases}0,养猫户无老鼠活动\\1,养猫户有老鼠活动\end{cases},Y=\begin{cases}0,无猫户无老鼠活动\\1,无猫户有老鼠活动\end{cases}$

检验 $H_0:p_1=p_2,H_1:p_1<p_2$

n_1、n_2 很大,由中心极限定理得

$$\overline{X}\sim N(p_1,\frac{\sigma_1^2}{n_1}),\overline{Y}\sim N(p_2,\frac{\sigma_2^2}{n_2})$$

$$\frac{\overline{X}-\overline{Y}-(p_1-p_2)}{\sqrt{\sigma_1^2/n_1+\sigma_2^2/n_2}}\sim N(0,1)$$

令 $U=\dfrac{\overline{X}-\overline{Y}}{\sqrt{\sigma_1^2/n_1+\sigma_2^2/n_2}}\sim N(0,1)$,拒绝域为 $U<-u_\alpha=-u_{0.05}=-1.645$

又 $\sigma_1^2\approx S_1^2,\sigma_2^2\approx S_2^2,\overline{x}=0.126,\overline{y}=0.139,S_1^2=0.1111,S_2^2=0.1198$

$$\therefore u=\frac{0.126-0.139}{\sqrt{0.1111/119+0.1198/418}}=-0.3721>-1.645$$

$\therefore$接受 H_0,即认为养猫与不养猫对大城市家庭灭鼠无显著差异.

10. **解题过程** 设正确配对的个数为 X,

检验假设 $H_0:P\{X=0\}=\dfrac{1}{3},P\{X=1\}=\dfrac{1}{2},P\{X=3\}=\dfrac{1}{6}$

计算结果如下表所示

A_i	m_i	P_i	nP_i	m_i-nP_i	$\dfrac{(m_i-nP_i)^2}{nP_i}$
A_0	14	$\dfrac{1}{3}$	$\dfrac{50}{3}$	$-\dfrac{8}{3}$	$\dfrac{32}{75}$
A_1	24	$\dfrac{1}{2}$	25	-1	$\dfrac{1}{25}$
A_2	12	$\dfrac{1}{6}$	$\dfrac{25}{3}$	$\dfrac{11}{3}$	$\dfrac{121}{75}$

拒绝域为 $\chi^2=\sum\limits_{i=0}^{2}\dfrac{(m_i-np_i)^2}{npi}\geqslant\chi_\alpha^2(l-k-1)=\chi_{0.05}^2(3-0-1)=5.991$

又$\because\chi^2=\dfrac{32+3+121}{75}=\dfrac{156}{75}<5.991$

$\therefore$接受 H_0,即受试者无特异功能.

第九章

线性回归分析与方差分析

本章知识结构图

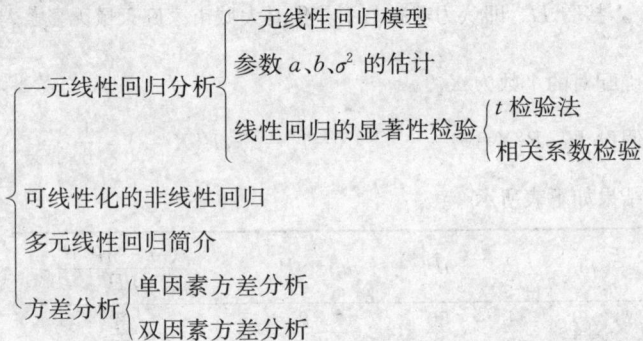

$$
\text{一元线性回归分析}
\begin{cases}
\text{一元线性回归模型} \\
\text{参数 } a、b、\sigma^2 \text{ 的估计} \\
\text{线性回归的显著性检验}
\begin{cases}
t \text{ 检验法} \\
\text{相关系数检验}
\end{cases}
\end{cases}
$$

可线性化的非线性回归

多元线性回归简介

$$
\text{方差分析}
\begin{cases}
\text{单因素方差分析} \\
\text{双因素方差分析}
\end{cases}
$$

知识点归纳

■ 一元线性回归分析

1 散点图

假定要考虑自变量 x 与因变量 Y 之间的相关关系，x 为普通的变量，Y 是一个与 x 有关的随机变量. 对于可控制变量 x 取定一组不完全相同的值 $x_1,\cdots,x_n$，作 n 次独立试验，得到 n 对观测结果：

$$(x_1,y_1),(x_2,y_2),\cdots,(x_n,y_n)$$

其中 y_i 是 $x=x_i$ 时随机变量 Y 的观测结果. 将 n 对观测结果 $(x_i,y_i)(i=1,\cdots,n)$ 在直角坐标系中进行描点, 这种描点图称为散点图.

2 一元线性回归模型

一般地, 假设 x 与 Y 之间的相关关系可表示为

$$Y=a+bx+\varepsilon, \tag{1}$$

其中 a、b 为未知常数, ε 为随机误差且 $\varepsilon\sim N(0,\sigma^2)$, σ^2 未知, x 与 Y 的这种关系称为一元线性回归模型. $y=a+bx$ 称为回归直线, b 称为回归系数, 此时, $Y\sim N(a+bx,\sigma^2)$. 对于 (x,Y) 的样本 (x_1,y_1), $\cdots$, (x_n,y_n), 有:

$$\begin{cases} y_i=a+bx_i+\varepsilon_i, & i=1,\cdots,n \\ \varepsilon_i\sim N(0,\sigma^2),\varepsilon_i=\varepsilon_1,\cdots,\varepsilon_n \text{ 且相互独立} \end{cases}$$

如果由样本得到一元线性回归模型中 a、b 的估计值 $\hat{a}$、$\hat{b}$, 则称 $\hat{y}=\hat{a}+\hat{b}x$ 为拟合直线或经验回归直线, 它可作为回归直线的估计.

3 参数 a、b、σ² 的估计

用最小二乘法估计模型 (1) 中的未知参数 a、b.

记 $$Q=Q(a,b)=\sum_{i=1}^{n}\varepsilon_i^2=\sum_{i=1}^{n}(y_i-a-bx_i)^2,$$

称 $Q(a,b)$ 为偏差平方和. 最小二乘法就是选择 a、b 的估计 $\hat{a}$、$\hat{b}$, 使得 $Q(a,b)$ 为最小, 即 $Q(\hat{a},\hat{b})=\min\limits_{a,b}Q(a,b)$.

为求 $Q(a,b)$ 的最小值, 分别求 Q 关于 a、b 的偏导数, 并令它们等于零:

$$\begin{cases} \dfrac{\partial}{\partial a}Q(a,b)=\sum_{i=1}^{n}(y_i-a-bx_i)(-2)=0 \\ \dfrac{\partial}{\partial b}Q(a,b)=\sum_{i=1}^{n}(y_i-a-bx_i)(-2x_i)=0 \end{cases}$$

经整理得
$$\begin{cases} na+(\sum_{i=1}^{n}x_i)b=\sum_{i=1}^{n}y_i \\ (\sum_{i=1}^{n}x_i)a+(\sum_{i=1}^{n}x_i^2)b=\sum_{i=1}^{n}x_iy_i \end{cases}$$

上式称为正规方程组.

由正规方程组解得

$$\hat{b}=\frac{\sum_{i=1}^{n}(x_i-\bar{x})(y_i-\bar{y})}{\sum_{i=1}^{n}(x_i-\bar{x})^2},\hat{a}=\bar{y}-\hat{b}\bar{x}$$

其中 $\bar{x} = \dfrac{1}{n}\sum\limits_{i=1}^{n} x_i, \bar{y} = \dfrac{1}{n}\sum\limits_{i=1}^{n} y_i$.

用最小二乘法求出的估计 $\hat{a}$、$\hat{b}$ 分别称为 a、b 的最小二乘估计. 此时,拟合直线为

$$\hat{y} = \hat{a} + \hat{b}x = \bar{y} + \hat{b}(x - \bar{x})$$

由此可知,回归直线总是过样本点集的几何中心 $(\bar{x}, \bar{y})$.

参数 σ^2 常用 $\sigma^2 = \dfrac{1}{n-2}\sum\limits_{i=1}^{n}(y_i - \hat{a} - \hat{b}x_i)^2$ 作估计.

几个定理:

(1) $\hat{a} \sim N\left(a, \dfrac{\sigma^2\sum\limits_{i=1}^{n} x_i^2}{n\sum\limits_{i=1}^{n}(x_i - \bar{x})^2}\right)$;

(2) $\hat{b} \sim N\left(b, \dfrac{\sigma^2}{\sum\limits_{i=1}^{n}(x_i - \bar{x})^2}\right)$;

(3) $\dfrac{n-2}{\sigma^2}\hat{\sigma}^2 \sim \chi^2(n-2)$;

(4)$\hat{\sigma}^2$ 分别与 $\hat{a}$ 和 $\hat{b}$ 独立.

4 线性回归的显著性检验

若假设 $Y = a + bx + \varepsilon$ 符合实际,则 b 不应为零,因为如果 $b = 0$,则 $Y = a + \varepsilon$,意味着 Y 与 x 无关,所以 $Y = a + bx$ 是否合理,归结为对假设:

$$H_0 : b = 0, H_1 : b \neq 0$$

进行检验.

(1) t 检验法.

若 H_0 成立,即 $b = 0$,由定理知,

$$\dfrac{\hat{b}}{\sigma / \sqrt{\sum\limits_{i=1}^{n}(x_i - \bar{x})^2}} \sim N(0,1), \dfrac{n-2}{\sigma^2}\hat{\sigma}^2 \sim \chi^2(n-2)$$

且 $\hat{b}$ 与 $\hat{\sigma}^2$ 独立,因而

$$\dfrac{\dfrac{\hat{b}}{\sigma / \sqrt{\sum\limits_{i=1}^{n}(x_i - \bar{x})^2}}}{\sqrt{\dfrac{(n-2)\hat{\sigma}^2}{\sigma^2} \Big/ (n-2)}} = \dfrac{\hat{b}}{\sigma}\sqrt{\sum\limits_{i=1}^{n}(x_i - \bar{x})^2} \sim t(n-2)$$

故 $P\{|T| \geqslant t_{a/2}(n-2)\} = a$

a 为显著性水平,即得 H_0 的拒绝域为

$$|T| > t_{a/2}(n-2)$$

（2）相关系数检验法.

取检验统计量

$$R = \frac{\sum_{i=1}^{n}(x_i - \overline{x})(Y_i - \overline{Y})}{\sqrt{\sum_{i=1}^{n}(x_i - \overline{x})^2}\sqrt{\sum_{i=1}^{n}(Y_i - \overline{Y})^2}}$$

通常称 R 为样本相关系数. R 的取值 r 反映了自变量 x 与因变量 Y 之间的线性相关关系. 可以推出：在显著性水平 a 下，当 $|r| > r_a$ 时拒绝 H_0，其中临界值 r_a 查表得出.

5 预测

设当 $x = x_0$ 时，Y 的取值为 y_0，有

$$y_0 = a + bx_0 + \varepsilon_0, \varepsilon_0 \sim N(0, \sigma^2)$$

可取经验回归值　　$\hat{y}_0 = \hat{a} + \hat{b}x_0$

作为 y_0 的预测值，可以证明

$$T = \frac{y_0 - \hat{y}_0}{\hat{\sigma}\sqrt{1 + \frac{1}{n} + \frac{(x_0 - \overline{x})^2}{\sum_{i=1}^{n}(x_i - \overline{x})^2}}} \sim t(n-2)$$

可得　　$$P\{|T| < t_{a/2}(n-2)\} = 1 - a$$

所以，给定置信概率 $1 - a$，y_0 的置信区间为 $(\hat{y}_0 - \delta(x_0), \hat{y}_0 + \delta(x_0))$

其中

$$\delta(x_0) = t_{a/2}(n-2)\hat{\sigma}\sqrt{1 + \frac{1}{n} + \frac{(x_0 - \overline{x})^2}{\sum_{i=1}^{n}(x_i - \overline{x})^2}}$$

易知在 x_0 处，y 的置信区间的长度为 $2\delta(x_0)$. 当 $x_0 = \overline{x}$ 时，置信区间的长度最短，估计最精确. 当 n 很大且 x_0 位于 $\overline{x}$ 附近时，有

$$t_{a/2}(n-2) \approx u_{a/2}, x_0 \approx \overline{x}$$

则 y_0 的置信水平为 $1 - a$ 的预测区间近似为

$$(\hat{y}_0 - u_{a/2}\hat{\sigma}, \hat{y}_0 + u_{a/2}\hat{\sigma})$$

■ 可线性化的非线性回归

若变量之间不存在线性相关关系，而是非线性的相关关系，但能经过变量变换转化成为线性回归模型，对于此类问题，可通过转化成线性归回模型来处理.

■ 多元线性回归简介 ▬

若要考察 p 个自变量 $x_1,x_2,\cdots,x_p$ 与因变量 Y 之间的线性相关关系. 设

$$Y=b_0+b_1x_1+\cdots+b_px_p+\varepsilon,\varepsilon\sim N(0,\sigma^2)$$

其中 $b_0,b_1,\cdots,b_p$ 和 σ^2 为与 $x_1,x_2,\cdots,x_p$ 无关的未知参数,这就是 p 元线性回归模型. 对 x_1, $x_2,\cdots,x_p$ 和 Y 作 n 次观测得到样本值:

$$(x_{i1},\cdots,x_{ip},y_i),i=1,\cdots,n$$

这里 $y_1,\cdots,y_p$ 同分布,且有

$$y_i=b_0+b_1x_{i1}+\cdots+b_px_{ip}+\varepsilon_i,\varepsilon_i\sim N(0,\sigma^2)$$

引进矩阵表示,记

$$Y=\begin{bmatrix}y_1\\y_2\\\vdots\\y_n\end{bmatrix},X=\begin{bmatrix}1&x_{11}&x_{12}&\cdots&x_{1p}\\1&x_{21}&x_{22}&\cdots&x_{2p}\\\vdots&\vdots&\vdots&&\vdots\\1&x_{n1}&x_{n2}&\cdots&x_{np}\end{bmatrix},b=\begin{bmatrix}b_0\\b_2\\\vdots\\b_p\end{bmatrix},\varepsilon=\begin{bmatrix}\varepsilon_1\\\varepsilon_2\\\vdots\\\varepsilon_n\end{bmatrix}$$

则等式

$$y_i=b_0+b_1x_{i1}+\cdots+b_px_{ip}+\varepsilon_i$$

可表示为

$$Y=Xb+\varepsilon.$$

用最小二乘法求未知参数的估计,即参数 $b_0,b_1,\cdots,b_p$ 应使

$$Q=\sum_{i=1}^n[y_i-(b_0+b_1x_{i1}+\cdots+b_px_{ip})]^2=(Y-Xb)^T(Y-Xb)$$

为最小. 根据高数中求最小值的方法,可求得 $b_0,b_1,\cdots,b_p$ 的估计:

$$\hat{b}=\begin{bmatrix}\hat{b_1}\\\hat{b_2}\\\vdots\\\hat{b_n}\end{bmatrix}=(X^TX)^{-1}X^TY$$

从而得到 Y 与 $x_1,x_2,\cdots,x_p$ 的经验回归方程:

$$Y=\hat{b_0}+\hat{b_1}x_1+\cdots+\hat{b_p}x_p$$

■ 方差分析 ▬

方差分析就是在试验中根据实验的结果进行分析,用以鉴别各有关因素对实验结果的影响的有效方法.

在试验中,将要考察的指标称为试验指标,影响试验指标的条件称为因素,因素所处的状态称为该因素的水平.若试验仅考虑一个因素,则称为单因素试验,否则称为多因素试验.

1 单因素方差分析

设影响指标值的因素 A 有 s 个水平 $A_1, A_2, \cdots, A_s$,在水平 $A_i(i=1,2,\cdots,s)$ 下进行 $n_i(n_i \geqslant 2)$ 次独立试验,样本为 $X_{ij}, j=1,2,\cdots,n_i$:

观测值 　　　水平	A_1	A_2	$\cdots$	A_s
	X_{11}	X_{21}	$\cdots$	X_{s1}
	X_{12}	X_{22}	$\cdots$	X_{s2}
	$\vdots$	$\vdots$		$\vdots$
	X_{1n_1}	X_{2n_2}	$\cdots$	X_{sn_s}
样本均值	$\overline{X}_1.$	$\overline{X}_2.$	$\cdots$	$\overline{X}_s.$
总体均值	μ_1	μ_2	$\cdots$	μ_s

记
$$\overline{X}_1. = \frac{1}{n_i}\sum_{i=1}^{n_i}X_{ij} \quad i=1,\cdots,s$$

$$\overline{X} = \frac{1}{n}\sum_{i=1}^{s}\sum_{j=1}^{n_i}X_{ij} \quad n=\sum_{i=1}^{s}n_i$$

假定水平 A_i 下的样本来自正态总体 $N(\mu_i, \sigma^2)$,μ_i 和 σ^2 未知,且不同水平 A_i 下的样本独立,有
$$X_{ij} \sim N(\mu_i, \sigma^2), X_{ij} \text{ 相互独立}, j=1,\cdots,n_i; i=1,\cdots,s$$

于是
$$X_{ij} = \mu_i + \varepsilon_{ij},$$

ε_{ij} 为随机误差,由假设,得 $\varepsilon_{ij} \sim N(0,\sigma^2)$.

为了定量分析因素 A 的不同水平对指标值的影响,将上式变为
$$X_{ij} = \mu + a_i + \varepsilon_{ij}, j=1,\cdots,n_i, i=1,\cdots s$$

其中
$$\mu = \frac{1}{n}\sum_{i=1}^{s}n_i\mu_i$$

称 μ 为总平均 $\quad a_i = \mu_i - \mu$

称 a_i 为水平 A_i 的效应,$a_i,\cdots,a_s$ 满足

$$\sum_{i=1}^{s}n_ia_i = 0$$

要检验 $\mu_1 = \mu_2 = \cdots = \mu_s$ 等价于检验

$$H_0: a_1 = a_2 = \cdots = a_s = 0, H_1: a_1, a_2, \cdots, a_s \text{ 不全为零}.$$

记
$$S_T = \sum_{i=1}^{s}\sum_{j=1}^{n_i}(X_{ij}-\overline{X})^2$$

称 S_T 为总偏差平方和.

有
$$S_T = S_E + S_A$$

其中 $$S_E = \sum_{i=1}^{s} \sum_{j=1}^{n_i} (X_{ij} - \overline{X}_i)^2, \quad S_A = \sum_{i=1}^{s} n_i (\overline{X}_i. - \overline{X})^2$$

称 S_E 为误差平方和，S_A 为因素 A 的平方和.

定理：

(1) $\dfrac{1}{\sigma^2} S_E \sim \chi^2(n-s)$；

(2) S_E 与 S_T 相互独立；

(3) 当 $a_1 = a_2 = \cdots = a_s = 0$ 时，$\dfrac{1}{\sigma^2} S_A \sim \chi^2(s-1)$.

为检验　　　　　$H_0 : a_1 = a_2 = \cdots = a_s = 0$

取　　　　　　　$F = \dfrac{S_A/(s-1)}{S_E/(n-s)}$

当 H_0 成立时，由定理知，

$$F \sim F(s-1, n-s)$$

由　　　　　　　$P\{F \geqslant F_a(s-1, n-s)\} = a$

得到在显著性水平 a 下 H_0 的拒绝域为：

$$F \geqslant F_a(s-1, n-s)$$

若检验结果认为假设 H_0 不成立，则可用 $\overline{X}_i.$ 作为 μ_i 的点估计，或者对 μ_i 进行区间估计.

计算 F 值用下面的单因素方差分析表：

偏差来源	平方和	自由度	均方和	F 值
因素 A 误差	S_A S_E	$s-1$ $n-s$	$\overline{S}_A = \dfrac{S_A}{s-1}$ $\overline{S}_E = \dfrac{S_E}{n-s}$	$F = \dfrac{\overline{S}_A}{\overline{S}_E}$
总和	S_T	$n-1$		

2 双因素方差分析

假定考察两个因素 A, B 对某项指标值的影响. 因素 A 取 s 个水平 $A_1, A_2, \cdots, A_s$，因素 B 取 r 个水平 $B_1, B_2, \cdots, B_r$. 在 A, B 的每对组合水平 (A_i, B_j) 上作一次试验，试验结果为 X_{ij}，$i = 1, \cdots, s; j = 1, \cdots, r$. 所有 X_{ij} 独立，数据列表如下：

因素 B ＼ 因素 A	B_1	B_2	$\cdots$	B_r	$\overline{X}_i.$
A_1	X_{11}	X_{12}	$\cdots$	X_{1r}	$\overline{X}_1.$
A_2	X_{21}	X_{22}	$\cdots$	X_{2r}	$\overline{X}_2.$
$\vdots$	$\vdots$	$\vdots$		$\vdots$	$\vdots$
A_s	X_{s1}	X_{s2}	$\cdots$	X_{sr}	$\overline{X}_s.$
$\overline{X}_j$	$\overline{X}.1$	$\overline{X}.2$	$\cdots$	$\overline{X}.r$	

其中
$$\overline{X}_{i\cdot} = \frac{1}{r}\sum_{j=1}^{r} X_{ij}, i=1,\cdots,s$$

$$\overline{X}_{\cdot j} = \frac{1}{s}\sum_{i=1}^{s} X_{ij}, j=1,\cdots,r$$

要考察因素 A、B 是否对指标值产生显著性影响.

设
$$X_{ij} \sim N(\mu_{ij},\sigma^2)$$

则有
$$X_{ij} = \mu_{ij} + \varepsilon_{ij}$$

ε_{ij} 为随机误差,且

$\varepsilon_{ij} \sim N(0,\sigma^2)$,$\varepsilon_{ij}$ 相互独立,$i=1,\cdots,s; j=1,\cdots,r$.

再假定在水平组合 (A_i,B_j) 下的效应可以用水平 A_i 下的效应(记为 a_i)与水平 B_j 下的效应(记为 β_j)之和来表示,即

$$u_{ij} = \mu + a_i + \beta_j$$

其中
$$\mu = \frac{1}{rs}\sum_{i=1}^{s}\sum_{j=1}^{r}\mu_{ij}, \sum_{i=1}^{s}a_i=0, \sum_{j=1}^{r}\beta_j=0$$

作假设
$$H_{01}:a_1=a_2=\cdots=a_s=0, H_{02}:\beta_1=\beta_2=\cdots=\beta_r=0$$

若 H_{01} 成立,表明因素 A 对指标值无显著影响;若 H_{02} 成立,表明因素 B 对指标值无显著影响.

记
$$\overline{X} = \frac{1}{rs}\sum_{i=1}^{s}\sum_{j=1}^{r}X_{ij}, S_T = \sum_{i=1}^{s}\sum_{j=1}^{r}(X_{ij}-\overline{X})^2$$

$$S_A = r\sum_{i=1}^{s}(\overline{X}_{i\cdot}-\overline{X})^2, S_B = s\sum_{j=1}^{r}(\overline{X}_{\cdot j}-\overline{X})^2$$

$$S_E = \sum_{i=1}^{s}\sum_{j=1}^{r}(X_{ij}-\overline{X}_{i\cdot}-\overline{X}_{\cdot j}+\overline{X})^2$$

通过简单推导,下列平方和分解式:

得 $\quad S_T = S_A + S_B + S_E$

可用比较 S_A 与 S_E 的值来检验假设 H_{01},用比较 S_B 与 S_E 的值来检验假设 H_{02}.

定理:

(1) S_T、S_A、S_B 相互独立,且 $\frac{1}{\sigma^2}S_E \sim \chi^2((s-1)(r-1))$;

(2) 当 H_{01} 成立时,$\frac{1}{\sigma^2}S_A \sim \chi^2(s-1)$;

(3) 当 H_{02} 成立时,$\frac{1}{\sigma^2}S_B \sim \chi^2(r-1)$.

由定理
$$F_A = \frac{S_A/(s-1)}{S_E/(s-1)(r-1)} \sim F(s-1,(s-1)(r-1))$$

于是有
$$P\{F_A \geq F_a(s-1,(s-1)(r-1))\} = a$$

则 H_{01} 在显著性水平 a 下的拒绝域为:

$$F_A \geqslant F_a(s-1,(s-1)(r-1))$$

同理，H_{02} 在显著性水平 a 下的拒绝域为：

$$F_B \geqslant F_a(s-1,(s-1)(r-1))$$

其中

$$F_B = \frac{S_B/(r-1)}{S_E/(s-1)(r-1)} \sim F(r-1,(s-1)(r-1))$$

计算 F_A、F_B 值用下面的双因素方差分析表：

偏差来源	平方和	自由度	均方和	F 值
因素 A 因素 B 误差	$S_A = \sum\limits_{j=1}^{s} r(\overline{X}_i. - \overline{X})^2$ $S_B = \sum\limits_{j=1}^{r} s(\overline{X}._j - \overline{X})^2$ $S_E = \sum\limits_{i=1}^{s}\sum\limits_{j=1}^{r}(X_{ij} - \overline{X}_i. - \overline{X}._j + \overline{X})^2$	$s-1$ $r-1$ $(s-1)(r-1)$	$\overline{S}_A = \dfrac{S_A}{s-1}$ $\overline{S}_B = \dfrac{S_B}{r-1}$ $\overline{S}_E = \dfrac{S_E}{(s-1)(r-1)}$	$F_A = \dfrac{\overline{S}_A}{\overline{S}_E}$ $F_B = \dfrac{\overline{S}_B}{\overline{S}_E}$
总和	$S_T = \sum\limits_{j=1}^{s}\sum\limits_{j=1}^{r}(X_{ij} - \overline{X})^2$	sr		

典型题型归类

回归分析

例 1 下表数据是退火温度 x(℃)对黄铜延性 Y 效应的试验结果，Y 是以延长度计算的.

$x/℃$	300	400	500	600	700	800
$y/℃$	40	50	55	60	67	70

画出散点图并求 Y 对于 x 的线性回归方程.

【解】 将 6 组数据 $(x_i, y_i)(i=1,2,3,4,5,6)$ 画在图上.

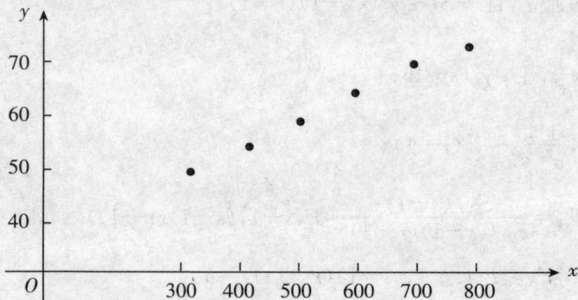

由散点图可见,Y 关于 x 的回归函数 $\mu(x)$ 具有线性函数形式,即 $\mu(x)=a+bx$,其一元线性回归模型为

$$Y=a+bx+\varepsilon$$

给出 6 组数据 $(x_i,y_i)(i=1,2,3,4,5,6)$ 且 x_i 不全相同,则 (x_i,y_i) 满足回归模型

$$y_i=a+bx_i+\varepsilon_i \quad (i=1,2,3,4,5,6)$$

参数 b 和 a 的最小二乘估计分别为 $\hat{b}=\dfrac{\sum\limits_{i=1}^{6}(x_i-\bar{x})}{\sum\limits_{i=1}^{6}(x_i-\bar{x})^2}$,$\hat{a}=\bar{y}-\hat{b}\bar{x}$

其中 $\quad \bar{x}=\dfrac{1}{b}\sum\limits_{i=1}^{6}x_i,\bar{y}=\dfrac{1}{b}\sum\limits_{i=1}^{6}y_i$

$$S_{xx}=\sum\limits_{i=1}^{6}(x_i-\bar{x})^2=\sum\limits_{i=1}^{6}x_i^2-\frac{1}{6}(\sum\limits_{i=1}^{6}x_i)^2$$

$$S_{xy}=\sum\limits_{i=1}^{6}(x_i-\bar{x})(y_i-\bar{y})=\sum\limits_{i=1}^{6}x_iy_i-\frac{1}{6}(\sum\limits_{i=1}^{6}x_i)(\sum\limits_{i=1}^{6}y_i)$$

$$S_{yy}=\sum\limits_{i=1}^{6}(y_i-\bar{y})^2=\sum\limits_{i=1}^{6}y_i^2-\frac{1}{6}(\sum\limits_{i=1}^{6}y_i)^2$$

善于利用简化的计算公式,便于计算,还可以减少计算过程的误差

由试验数据得

$$\sum\limits_{i=1}^{6}x_i=3300,\bar{x}=550,\sum\limits_{i=1}^{6}x_i^2=1990000$$

$$\sum\limits_{i=1}^{6}x_iy_i=198400,\sum\limits_{i=1}^{6}y_i=342,\bar{y}=57$$

得

$$S_{xx}=175000,$$

$$S_{xy}=10300$$

则 a、b 的最小二乘估计值分别为

$$\hat{b}=\frac{S_{xy}}{S_{xx}}=\frac{10300}{175000}=0.058857$$

$$\hat{a}=57-0.05885\times550=24.62865$$

则所求一元线性回归方程为

$$\hat{y}=24.62865+0.058857x$$

例 2　一个年级有三个小班,他们进行了一次英语考试.现从各班级随机地抽取一些学生成绩,记录如下:

Ⅰ 班			Ⅱ 班			Ⅲ 班		
73	66	73	88	77	74	68	41	87
89	60	77	78	31	80	79	59	71
82	45	43	48	78	56	56	68	15
93	80	36	91	62	85		91	53
			51	76	96	71	79	

试在显著性水平 0.05 下检验各班级的平均分数有无显著差异.

【分析】　试验指标为成绩,因素为班,三个小班为三个水平.

【解】　设总体 $X_i \sim N(\mu, \sigma^2)(i=1,2,3)$,$\mu$ 和 σ^2 均未知,分别从三个总体抽取容量为 n_1、n_2、n_3 的样本,X_{ij} 表示第 i 个总体的第 j 个观测值,$(i=1,2,3;j=1,2,\cdots,n_i)$ 且 X_{ij} 相互独立,$X_{ij} \sim N(\mu_i, \sigma^2)$.

检验假设:

$H_0: \mu_1 = \mu_2 = \mu_3$,$H_1: \mu_1, \mu_2, \mu_3$ 不全相等

总离差平方和分解为

$$S_T = \sum_{i=1}^{3} \sum_{j=1}^{n_i} (X_{ij} - \overline{X})^2$$

$$= \sum_{i=1}^{3} \sum_{j=1}^{n_i} (X_{ij} - \overline{X_{i\cdot}})^2 + \sum_{i=1}^{3} \sum_{j=1}^{n_i} (\overline{X_{i\cdot}} - \overline{X})^2$$

其中　$n_1 = 12, n_2 = 15, n_3 = 13, n = \sum_{i=1}^{3} n_i = 40$,

而　$S_T = \sum_{i=1}^{3} \sum_{j=1}^{n_i} (X_{ij} - \overline{X})^2 = \sum_{i=1}^{3} \sum_{j=1}^{n_i} X_{ij}^2 - \frac{1}{40} (\sum_{i=1}^{3} \sum_{j=1}^{n_i} X_{ij})^2$

$S_A = \sum_{i=1}^{3} \sum_{j=1}^{n_i} (\overline{X_{i\cdot}} - \overline{X})^2 = \sum_{i=1}^{3} n_i (\overline{X_{i\cdot}} - \overline{X})^2$

$$= \sum_{i=1}^{3} n_i (\overline{X_i})^2 - \frac{1}{40} (\sum_{i=1}^{3} \sum_{j=1}^{n_i} X_{ij})^2$$

$$S_E = S_T - S_A$$

平方和 S_T、S_A、S_E 的自由度分别为 39、2、37.

当原假设为真时,选取检验统计量为

$$F = \frac{S_A/2}{S_E/37} \sim F(2,37)$$

给定显著性水平 $\alpha = 0.05$,使

$$P\{F \geqslant F_{0.05}(2,37)\} = 0.05$$

查 F 分布表得 $F_{0.05}(2,37) = 3.23$

由样本观测值得

$$\sum_{i=1}^{3} \sum_{j=1}^{n_i} x_{ij} = 2726, \sum_{i=1}^{3} \sum_{j=1}^{n_i} x_{ij}^2 = 199462, \overline{x_1} = 68.0833, \overline{x_2} = 71.4, \overline{x_3} = 64.4615$$

则 S_T、S_A、S_E 的观测值分别为

$$S_T = 13685.1, S_A = 335.234, S_E = 13349.866$$

则 F 的观测值为

$$F = \frac{335.234/2}{13349.866/37} = 0.4646$$

$F = 0.4646 < 3.23$,未落在拒绝域中,所以接受原假设,可以认为各班的平均成绩无显著差异.

方差分析表如下:

方差来源	平方和	自由度	均方	F 值	F 的临界值
因素 A	336.234	2	$\overline{S_A} = \dfrac{335.234}{2}$	$\dfrac{\overline{S_A}}{\overline{S_E}} = 0.4646$	$F_{0.05}(2,37) = 3.23$
误差 E	13349.866	37	$\overline{S_E} = \dfrac{13349.866}{37}$		
总和	13685.1	39			

习题全解

习题 9-1、2、3

1. 证明 一元线性回归模型如下

$$\begin{cases} y_i = a + bx_i + \varepsilon_i, & i = 1, 2, \cdots, n \\ \varepsilon_i \sim N(0, \sigma^2), & \varepsilon_1, \varepsilon_2, \cdots, \varepsilon_n \text{ 相互独立} \end{cases}$$

可得 $y_i \sim N(a + bx, \sigma^2)$

极大似然函数 $L = \left(\dfrac{1}{\sqrt{2\pi}\sigma} \right)^n e^{-\frac{1}{2\sigma^2} \sum\limits_{i=1}^{n} (y_i - a - bx_i)^2}$

L 最大时, $\sum\limits_{i=1}^{n} (y_i - a - bx_i)^2$ 最小, 利用微积分中求根值法求得使 $Q = \sum\limits_{i=1}^{n} (y_i - a - bx_i)^2$

最小的 $\hat{a}$ 与 $\hat{b}$ 得线性回归方程 $\hat{y} = \hat{a} + \hat{b}x$

同样利用求极值法可确定 a、b 的最小二乘估计使 $Q(\hat{a}, \hat{b}) = \min Q(a, b) = \min \sum\limits_{i=1}^{n} (y_i - a - bx_i)^2$ 最小, 即 $\hat{y} = \hat{a} + \hat{b}x$ 为所求线性回归方程.

$\therefore a$、b 的最小二乘估计恰是极大似然估计.

2. **解题过程** 偏差平方和 $Q = \sum\limits_{i=1}^{n} \varepsilon_i^2 = \sum\limits_{i=1}^{n} (y_i - bx_i)^2$

$$\frac{dQ}{db} = \sum_{i=1}^{n} (y_i - bx_i)(-2x_i) = 0 \quad \Rightarrow \hat{b} = \frac{\sum\limits_{i=1}^{n} x_i y_i}{\sum\limits_{i=1}^{n} x_i^2}, Q \text{ 最小, 即为 } b \text{ 的最小二乘估计.}$$

3. **分析** 由散点图看出, 可取 $a + bx$ 为回归函数.

解题过程 (1) 散点图如图所示.

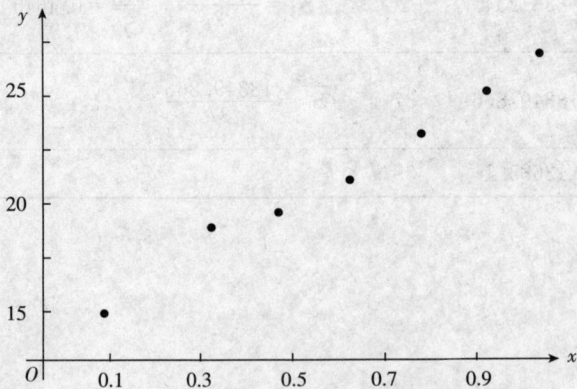

(2) 计算得 $n = 7, \sum\limits_{i=1}^{n} x_i = 3.8, \sum\limits_{i=1}^{n} y_i = 145.4, \sum\limits_{i=1}^{n} x_i^2 = 2.595, \sum\limits_{i=1}^{n} y_i^2 = 3104.2,$

$$\sum_{i=1}^{n} x_i y_i = 85.61$$

$$\therefore \hat{b} = \frac{\sum\limits_{i=1}^{n} x_i y_i - \frac{1}{n}(\sum\limits_{i=1}^{n} x_i)(\sum\limits_{i=1}^{n} y_i)}{\sum\limits_{i=1}^{n} x_i^2 - \frac{1}{n}(\sum\limits_{i=1}^{n} x_i)^2} = 12.55, \hat{a} = \bar{y} - \hat{b}\bar{x} = 13.96$$

$\therefore$ 经验回归方程为 $\hat{y} = 13.96 + 12.55x$

(3) $n = 7, \alpha = 0.01$, 查表得 $r_{0.01} = 0.7977$

$$又 R = \frac{\sum\limits_{i=1}^{n}(x_i - \bar{x})(y_i - \bar{y})}{\sqrt{\sum\limits_{i=1}^{n}(x_i - \bar{x})^2}\sqrt{\sum\limits_{i=1}^{n}(y_i - \bar{y})^2}} = \frac{6.6786}{6.6872} = 0.999 > 0.7977$$

$\therefore$ 拒绝 H_0, 即 $b \neq 0$.

4. **分析** 可通过散点图判断回归函数 $a + bx$ 是否合适.

解题过程 (1) 取回归函数为 $a + bx$.

由计算可得

$n = 8, \sum\limits_{i=1}^{n} x_i = 2569, \sum\limits_{i=1}^{n} y_i = 319.1, \sum\limits_{i=1}^{n} x_i^2 = 827653, \sum\limits_{i=1}^{n} y_i^2 = 12773.13, \sum\limits_{i=1}^{n} x_i y_i$

$= 102141.5$

$$\therefore \hat{b} = \frac{\sum\limits_{i=1}^{n} x_i y_i - \frac{1}{n}(\sum\limits_{i=1}^{n} x_i)(\sum\limits_{i=1}^{n} y_i)}{\sum\limits_{i=1}^{n} x_i^2 - \frac{1}{n}(\sum\limits_{i=1}^{n} x_i)^2} = -0.123, \hat{a} = \bar{y} - \hat{b}\bar{x} = 79.37$$

$\therefore$ 经验回归方程为 $y = 79.37 - 0.123x$

(2) $H_0 : b = 0, H_1 : b \neq 0$

查表得 $r_{0.01}(6) = 0.8343$

$$又 |R| = \left| \frac{\sum\limits_{i=1}^{n}(x_i - \bar{x})(y_i - \bar{y})}{\sum\limits_{i=1}^{n}(x_i - \bar{x})^2 \sum\limits_{i=1}^{n}(y_i - \bar{y})^2} \right| = \left| \frac{-329.4875}{347.57} \right| = |-0.9480| > 0.8343$$

$\therefore$ 拒绝 H_0, 即回归效果显著.

(3) $x_0 = 340$ 时, y_0 的预测值为 37.57

y_0 的预测区间为 $(y_0 - \delta(x_0), y_0 + \delta(x_0)) = (35.18, 39.96)$

5. **解题过程** 由 $pv^k = c$ 知 $\ln p + k\ln v = \ln c$, 令 $p' = \ln p$, $v' = \ln v$ 故 $p' = \ln c - kv'$

可得

v_i^1	0.482426	0	-0.28768	-0.47804	-0.65393	-0.77653
P_i^1	-0.69315	0	0.405465	0.693147	0.916291	1.098612

计算可得　　$n=6, \sum\limits_{i=1}^{n} v'_i = -1.713754, \sum\limits_{i=1}^{n} P'_i = 2.420365, \sum\limits_{i=1}^{n} v'^2_i = 1.57464,$

$$\sum\limits_{i=1}^{n} P'^2_i = 3.171849, \sum\limits_{i=1}^{n} v'_i P'_i = -2.234685$$

$$\therefore k = -\frac{\sum\limits_{i=1}^{n} v'_i p'_i - \frac{1}{n}\left(\sum\limits_{i=1}^{n} v'_i\right)\left(\sum\limits_{i=1}^{n} p'_i\right)}{\sum\limits_{i=1}^{n} v'^2_i - \frac{1}{n}\left(\sum\limits_{i=1}^{n} v'_i\right)^2} = 1.42, \hat{c} = e^{\bar{p}' + k\bar{v}'} = 0.998$$

6. 解题过程　用 m_1、m_2、m_3、m_4 表示 4 个物体的质量,有 $x_5 = x_1 m_1 + x_2 m_2 + x_3 m_3 + x_4 m_4$

$$Q = \sum\limits_{i=1}^{4} (x_{5i} - m_1 x_{1i} - m_2 x_{2i} - m_3 x_{3i} - m_4 x_{4i})^2 = (Y - XM)^T (Y - XM)$$

且　$Y = \begin{bmatrix} 20.2 \\ 8.0 \\ 9.2 \\ 1.4 \end{bmatrix}$, 　$X = \begin{bmatrix} 1 & 1 & 1 & 1 \\ 1 & -1 & 1 & -1 \\ 1 & 1 & -1 & -1 \\ 1 & -1 & -1 & 1 \end{bmatrix}$, $M = \begin{bmatrix} m_1 \\ m_2 \\ m_3 \\ m_4 \end{bmatrix}$

利用求最小值方法得最小二乘估计

$$\hat{M} = \begin{bmatrix} \hat{m}_1 \\ \hat{m}_2 \\ \hat{m}_3 \\ \hat{m}_4 \end{bmatrix} = (X^T X)^{-1} X^T Y = \begin{bmatrix} 9.7 \\ 5 \\ 4.4 \\ 1.1 \end{bmatrix}$$

习题 9-4

1. 解题过程　$H_0 : \mu_1 = \mu_2 = \mu_3, H_1 : \mu_1, \mu_2, \mu_3$ 不完全相等

查表得　$F_{0.1}(2,12) = 2.81, F_{0.05}(2,12) = 3.89$

由题意得　$n_1 = n_2 = n_3 = 5, S = 3, n = 15$

$\therefore$ 方差分析如下

来源	平方和	自由度	均方和	F 值
因素 A	672.9333	2	336.4667	20.99
误差	192.4	12	16.0333	

当 $\alpha=0.1$ 时,$F>F_{0.1}(2,12)$

$\therefore$ 拒绝 H_0,即各厂生产的电池的使用寿命有显著差异.

2. **解题**过程 $H_{01}:\mu_{A_1}=\mu_{A_2}=\mu_{A_3}=\mu_{A_4}$,$H_{02}:\mu_{B_1}=\mu_{B_2}=\mu_{B_3}$

由题意得方差分析表如下:

来源	平方和	自由度	均方和	F 值
因素 A	47457.67	3	15819.22	2.258
因素 B	38174.00	2	19087.00	2.724
误差	42043.33	6	7007.22	
总和	127675.00	11		

$F_{0.05}(3,6)=4.76>2.258$,　$F_{0.05}(2,6)=5.14>2.724$

$\therefore$ 接受 H_{01}、H_{02},即鼠种和剂量对子宫质量均无显著差异.

3. **解题**过程 $H_{01}:\mu_{A_1}=\mu_{A_2}=\mu_{A_3}$,$H_{02}:\mu_{B_1}=\mu_{B_2}=\mu_{B_3}=\mu_{B_4}$

$s=3,r=4$,由题意得方差分析表如下

来源	开方和	自由度	均方和	F 值
因素 A	74.91	2	37.455	63.22
因素 B	36.10	3	12.034	20.31
误差	3.56	6	0.593	
总和	114.57	11		

得 $F_{0.01}(2,6)=10.9<F=63.22$,$F=20.31>F_{0.01}(3,6)=9.78$

$\therefore$ 拒绝 H_{01}、H_{02},即 A 和 B 的效应显著.

总习题

1. **解题**过程 (1)由散点图知选 $a+bx$ 为回归函数

由题意得 $\quad n=30, \sum\limits_{i=1}^{n} x_i = 4797. \sum\limits_{i=1}^{n} y_i = 3078, \sum\limits_{i=1}^{n} x_i^2 = 767949,$

$$\sum\limits_{i=1}^{n} y_i{}^2 = 316212, \sum\limits_{i=1}^{n} x_i y_i = 492714$$

$$\therefore \hat{b} = \frac{\sum\limits_{i=1}^{n} x_i y_i - \frac{1}{n}(\sum\limits_{i=1}^{n} x_i)(\sum\limits_{i=1}^{n} y_i)}{\sum\limits_{i=1}^{n} x_i^2 - \frac{1}{n}(\sum\limits_{i=1}^{n} x_i)^2} = 0.596, \hat{a} = \bar{y} - \hat{b}\,\bar{x} = 7.262$$

$\therefore$ 线性回归方程为 $y = 7.262 + 0.596x$

(2) $H_0 : b = 0, H_1 : b \neq 0$

$r_{0.01}(28) = 0.4629$

$$|r| = \frac{\sum\limits_{i=1}^{n}(x_i - \bar{x})(y_i - \bar{y})}{\sqrt{\sum\limits_{i=1}^{n}(x_i - \bar{x})^2 \sum\limits_{i=1}^{n}(y_i - \bar{y})^2}} = \frac{541.8}{609.79} = 0.8885 > 0.4629$$

$\therefore$ 拒绝 H_0,即线性关系显著.

2. 解题 过程 由散点图可取回归函数为 $a + bx$

又 $\because n = 5, \sum\limits_{i=1}^{n} x_i = 132, \sum\limits_{i=1}^{n} y_i = 285, \sum\limits_{i=1}^{n} x_i^2 = 4792, \sum\limits_{i=1}^{n} y_i^2 = 16612.5, \sum\limits_{i=1}^{n} x_i y_i = 8205$

$$\therefore \quad \hat{b} = \frac{\sum\limits_{i=1}^{n} x_i y_i - \frac{1}{n}(\sum\limits_{i=1}^{n} x_i)(\sum\limits_{i=1}^{n} y_i)}{\sum\limits_{i=1}^{n} x_i^2 - \frac{1}{n}(\sum\limits_{i=1}^{n} x_i)^2} = 0.521, \hat{a} = \hat{y} - \hat{b}\,\bar{x} = 43.25$$

$\therefore \quad$ 回归直线方程为 $y = 43.25 + 0.521x$,即 $U = 43.25 + 0.521l$

检验假设 $\quad H_0 : b = 0, H_1 : b \neq 0.$

$$r_{0.01}(3) = 0.9587, r = \frac{\sum\limits_{i=1}^{n}(x_i - \bar{x})(y_i - \bar{y})}{\sum\limits_{i=1}^{n}(x_i - \bar{x})^2 \sum\limits_{i=1}^{n}(y_i - \bar{y})^2} = \frac{681}{693.1} = 0.9825 > 0.9587$$

$\therefore$ 拒绝 H_0,即线性关系显著.

3. 解题 过程 可将非线性回归问题化为线性回归问题.

由 $y = \alpha x^\beta$,得 $\ln y = \ln \alpha + \beta \ln x$

令 $y' = \ln y, x' = \ln x, a = \ln \alpha, b = \beta$,故 $y' = a + bx'$

由原表得新数据如下

i	y	$y'=\ln y$	x	$x'=\ln x$
1	0.5	−0.693	29	3.3673
2	34	3.5264	60	4.0943
3	75	4.3175	12.4	4.8202
4	122.5	4.8081	155	5.0434
5	170	5.1358	170	5.1358
6	192	5.2575	185	5.2204
7	195	5.2730	190	5.2470

计算得 $\quad \sum x'_i = 32.9284, \sum y'_2 = 27.6252, \sum x'_i y'_i = 138.6548$

$\quad\quad\quad \sum x'^2_i = 157.9322, \sum y'^2_i = 136.4968, \overline{x} = 4.7041, \overline{y} = 3.9464$

$\quad\quad\quad lx'x' = 157.9322 - \frac{1}{7} \times 32.9284^2 = 3.0351$

$\quad\quad\quad ly'y' = 136.4968 - \frac{1}{7} \times 27.6252^2 = 27.4751$

$\quad\quad\quad lx'y' = 138.6548 - \frac{1}{7} \times 32.9284 \times 27.6252 = 8.7043$

$\quad\quad \therefore \quad \hat{b} = \frac{lx'y'}{lx'x'} = 2.8679, \hat{a} = \overline{y'} - \hat{b}\,\overline{x'} = -9.5445$

得回归方程 $y' - 9.5445 + 2.8679 x'$

又由于 $V = \hat{b} lx'y' = 24.9631, Q = ly'y' - V = 2.5120, F = \frac{V}{Q}(n-2) = 49.69$

$F > F_{0.01}(1,5) = 16.26$

$\therefore \quad$ 回归方程显著有效

且 $\hat{\alpha} = e^{-9.5445} = 7.16 \times 10^{-5}, \hat{\beta} = \hat{b} = 2.8679$

$\therefore \quad$ 经验公式为 $\hat{y} = 7.16 \times 10^{-5} x^{2.8679}$

4. 解题过程 (1) $\overline{x} = -0.41, \overline{y} = -0.45$

$$\hat{b} = \frac{\sum\limits_{i=1}^{n} x_i y_i - \frac{1}{n}(\sum\limits_{i=1}^{n} x_i)(\sum\limits_{i=1}^{n} y_i)}{\sum\limits_{i=1}^{n} x_i^2 - \frac{1}{n}(\sum\limits_{i=1}^{n} x_i)^2} = 3.44, \hat{a} = \overline{y} - \hat{b}\,\overline{x} = 0.96$$

$\therefore$ 线性回归方程为 $y = 0.96 + 3.44x$

(2) $H_0 : b = 0, H_1 : b \neq 0$

$$r_{0.01} = 0.765$$

相关系数

$$r = \frac{\sum_{i=1}^{n}(x_i - \bar{x})(y_i - \bar{y})}{\sqrt{\sum_{i=1}^{n}(x_i - \bar{x})^2 \sum_{i=1}^{n}(y_i - \bar{y})^2}} = 0.928 > 0.765$$

$\therefore$ 拒绝 H_0,即线性关系显著.

(3) $x = 0.05$ 时,y 的 95% 的预测区间为$(y_0 - \delta(x_0), y_0 + \delta(x_0)) = (-1.312, 6.67)$

(4) 由 $|y| < 4$ 得 $-0.282 < x < -0.277$

5. 解题过程 $Q(a,b) = \sum_{i=1}^{n} e_i^2 = (y_1 - a)^2 + (y_2 + b - 2a)^2 + (y_3 - a - 2b)^2$

$$Q(\hat{a}, \hat{b}) = \min_{a,b} Q(a,b)$$

分别对 a、b 求偏导

$$\begin{cases} \dfrac{\partial}{\partial a}Q(a,b) = -2(y_1 - a) + 2(y_2 + b - 2a)(-2) - 2(y_3 - a - 2b) = 0 \\ \dfrac{\partial}{\partial b}Q(a,b) = 2(y_2 + b - 2a) + 2(y_3 - a - 2b) \times (-2) = 0 \end{cases}$$

整理得

$$\begin{cases} 12a - 2y_1 - 4y_2 - 2y_3 = 0 \\ 10b + 2y_2 - 4y_3 = 0 \end{cases}$$

得 a、b 最小二乘估计

$$\hat{a} = \frac{1}{6}(y_1 + 2y_2 + y_3),\ \hat{b} = \frac{1}{5}(-y_2 + 2y_3)$$

6. 解题过程 $H_0: \mu_1 = \mu_2 = \mu_3 = \mu_4,H_1: \mu_1、\mu_2、\mu_3、\mu_4$ 不全相等

计算可得 $\hat{u}_1 = \bar{x}_1 = 145,\hat{u}_2 = \bar{x}_2 = 144,\hat{u}_3 = \bar{x}_3 = 133,\hat{u}_4 = \bar{x}_4 = 130$ 且 $\quad n_1 = n_2 = n_3 = 4,n = 16,S = 4$ 方差分析表如下:

来源	平方和	自由度	均方和	P 值
因素 A	696	3	232	13.39
误差	208	12	17.33	

$\because F > F_{0.05}(3,12) = 3.49$

$\therefore$ 拒绝 H_0,即外壳类型对传导率有显著影响.

7. 解题过程 $H_0:\mu_1=\mu_2=\mu_3$，$H_1:\mu_1,\mu_2,\mu_3$ 不全相等

由题意得 $n_1=n_2=n_3=6,n=18,S=3$

方差分析表如下：

来源	平方和	自由度	均方和	F 值
因素 A	148.1111	2	74.0556	
误差	217.6667	15	18.1111	4.089

$\because F>F_{0.05}(2,15)=3.68$

$\therefore$ 拒绝 H_0，即教师的评价影响了学生智力的发展.

8. 解题过程 $H_{01}:\mu_{A_1}=\mu_{A_2}=\mu_{A_3}$，$H_{02}:\mu_{B_1}=\mu_{B_2}=\mu_{B_3}=\mu_{B_4}$

$S=3,r=4$，方差分析表如下：

方差来源	平方和	自由度	均方和	F 值
因素 A	3000.67	2	1500.33	6.606
因素 B	82619.58	3	27539.86	121.262
误差	1362.67	6	227.11	
总和	86982.92	11		

$6.606>F_{0.05}(2,6)=5.14$

$121.262>F_{0.05}(3,6)=4.76$

$\therefore$ 拒绝 H_{01}、H_{02}，即不同加压水平及机器均对纱线强度影响显著.